本书为教育部2010年人文社会科学研究一般项目《英国法学权威著作译介与评述》（项目批准号：10YJC820084）和2010年重庆大学中央高校基本业务费资助项目《通过民主过程的司法认同：以希腊审判团和英格兰陪审制为中心的历史考察与理论反思》（项目批准号：CDJSK10 00 05）的研究成果，感谢教育部和重庆大学对此研究的资助。

　　本书的出版，还得到了侣化强先生的大力帮助，特此致谢！

总主编◎侣化强　苗文龙

· 宗教与法律经典文库 ·

论英格兰王国的法律和习惯

A Treatise on the Laws and Customs of the Kingdom of England

作于亨利二世国王统治时期

［英］拉努尔夫·德·格兰维尔◎著
吴训祥◎译
苗文龙◎校

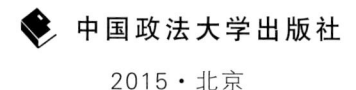

中国政法大学出版社

2015·北京

林肯律师会馆（Lincoln's Inn）的出庭律师
约翰·毕默思先生（John Beames，ESQ）译注

从历史窥视文化与器物、制度的关系

——《宗教与法律经典文库》代总序

一、宗教与法律：从器物到制度到文化，还是从文化到制度到器物？

从器物到制度的百年路径，其成效并不理想：器物制造并未强国，制度复制如大学、医院、法院等，最终被证明是引入方的一厢情愿；而文化引入则始终停滞不前。

以司法制度为例，早在20世纪40年代，在与西式审判制度的对决中，广受群众欢迎的"马锡五"审判方式在陕甘宁边区最终胜出，[1]这一快捷、便利、实事求是、重实体轻程序的纠纷解决方式，已成为人们对现代版公正司法的追忆对象。相较之下，民众对当今司法、法官积怨的爆发，此起彼伏的闹庭、闹诉事件，各色法官丑闻的爆料，以及"大调解"的一度盛行，均宣告了司法制度移植在一定程度上的失败；而国家领导人对司法人员的谴责——**"许多案件，不需要多少法律专业知识，凭良知就能明断是非，但一些案件的处理就偏偏弄得是非界限很不清楚"**——也表达出了上层对司法的不满。

不仅法院司法制度，大学和医院也同样遭遇了"滑铁卢"。"钱学森之问"不仅是对"器物"生成匮乏的诘问，更是对大学教育的责问。接连不断的医患对立事件，不啻宣告了"白衣

---

[1] 见侯欣一：《从司法为民到人民司法——陕甘宁边区大众化司法制度研究》，中国政法大学出版社2007年版，第181~258页。

天使"的堕落。

凡此种种，无不让人反思从器物到制度这一路径的可行性。其实，如果我们仔细探究"器物"、"制度"与文化的关系，就会发现，三者的顺序从发生学和因果关系上看，应当是：

$$\text{基督教文化}\begin{cases}\text{良心决疑法} \Rightarrow \text{器物、自然科学兴起}\\ \text{良心与爱} \Rightarrow \begin{cases}\text{司法制度、大学制度}\\ \text{法院、医院、慈善机构}\end{cases}\end{cases}$$

换言之，正是天主教传统之爱，让司法和大学成为爱的乐园；更重要的是，正是清教之良心和良心决疑法原则，不仅为清教国家装备了永不枯竭的创新"发动机"，从而让器物、现代科技创造引领世界，更让大学成为创新人才的摇篮，让法院成为正义神殿，[1]让医院成为天使驻地、成为患者的温馨乐园。正如西方研究清教的权威纳彭（Knappen）教授总结道：

> 今天，有学者说"清教主义诞生了民主"，也有学者说"清教主义催生了现代的资本主义"，还有学者宣称清教主义是现代科学之父。16世纪的清教徒或许确实在不经意间偶然完成了这些成就。但是，清教徒从来不在意这些事情：他是在拯救自己的灵魂，免遭地狱之灾……我们必须记住，在清教徒的眼中，尤为重要的是心系来世的命运，并且，按照他自己的标准判断，他命运中的绝大部分——就像一座微露海面的冰山一样——均维系于那个看

---

[1] 关于清教决疑法的特点及其对政治、法律、经济和科技创新的影响，详见侣化强：《形式与神韵：基督教良心与宪政、刑事诉讼》，上海三联书店2012年版，第304~380页。

不到的世界。[1]

因此，舍文化而求器物、舍文化求制度之良好运转，无异于缘木求鱼、本末倒置，根本不可能成功。或许，做出调整不失为可行之道：从文化到器物，从文化到制度；总之，深入看不见的文化。唯有从文化入手，才能破译现代科技创新、经济健康发展、政治法律文明进步的核心密码！

二、为何历史？

本文库收入的著作均为历史或研究历史之作，原因如下：

就我本人研究的刑事诉讼、司法制度、证据制度而言，在7年前（2006~2010）的博士学位论文写作过程中我意识到，中国当前的诉讼证据制度，其面临的问题和问题解决之道，和英国中世纪后期至17世纪具有惊人的相似之处。换言之，中西之间存在着一个"年代错位"（anachronism）。2014年的调查研究成果和2015年关于法官权责制的学术论文，均相继证实了我此前的判断。[2] 这一"年代错位"不仅存在于诉讼证据制度方面，也存在于更为广泛的政治制度、国家权力与个人权利的关系甚至司法制度运行方面。比如，我惊奇地发现，目前"维稳政策"所适用的语言、支配该政策的精神，与我本人近两年所挖掘的15~17世纪兴起的国家理性、国家主义神学起源之语言、逻辑和精神，几乎同出一辙。这一"曲径通幽"的探究，

---

[1] M. M. Knappen, *Tudor Puritanism*, 1970, p. 350, 转引自俉化强：《形式与神韵：基督教良心与宪政、刑事诉讼》, 上海三联书店2012年版, 第366页。
[2] 关于该调查研究, 参见拙文："事实认定'难题'与法官独立审判责任落实——从中外裁判者心证的共相展开", 载《中国法学》2015年第4期。关于法官权责制, 参见拙文："法官权责制的神学起源和发展", 载《中国法学》2015年第5期。

再次验证了我以前的判断：我们时代的问题和解决之道，相当于英国 15～17 世纪。

因此，宗教、历史与法律，就是本文库的主题。

侣化强

2015 年 6 月 29 日

重印版导言 *

一、格兰维尔的生平

拉努尔夫·德·格兰维尔（约 1130 年）出生在萨福克郡（Suffolk）的斯特拉特福德。据信，他是斯蒂芬国王的侍臣赫维·德·格兰维尔爵士（Sir Hervey de Glanville）的儿子，后者的父亲则是追随着征服者威廉的另一位拉努尔夫·德·格兰维尔。这个家族声名显赫，在萨福克郡和诺福克郡（Norfolk）拥有大片的地产。格兰维尔的公共生涯开始于 1164 年，那时他被任命为约克郡（Yorkshire）的郡长，并在这个职位上一待就是 6 年。1171 年，他成为里士满城堡（Richmond Castle）的长官；1174 年又出任兰开郡（Lancashire）的郡长。在那一年，苏格兰人入侵英格兰，他率领兰开郡和里士满的军队进行抵抗，并（会同约克郡的郡长及其军队）出乎意料地在阿尼克（Alnwick）击溃了苏格兰人，且俘虏了苏格兰国王威廉一世（William the Lion）。这场胜利为他带来的巨大战功和荣耀，使他成了最受亨利二世国王（King Henry II）赏识的人。在 1175～1179 年间，他担任威斯特摩兰郡（Westmoreland）的郡长；并自 1177 年起第二次就任约克郡的郡长，直到他生命的终结。此外，他在 1176 年被任命为王室法庭的法官，1180 年开始担任首席法官。此外，他还身负其他显赫的公共职责。

---

* 本导言是根据 1900 年约翰·伯恩出版公司（John Byrne & Co.）重印本书的版本译出。——译者注

论英格兰王国的法律和习惯
A Treatise on the Laws and Customs of the Kingdom of England

1177年，他作为使节被派往佛兰德斯（Flanders）。1182年，他统率军队同威尔士人进行战斗。1184年，他同鲍德温大主教（Archbishop Baldwin）一道出使南威尔士，会见了格里菲斯国王（Rice ap Griffin）。他的下一次威尔士远行发生在若干年以后（依然同鲍德温一道），这次是为了召集十字军。1186年，他作为使节被派到法国国王那里，在日索尔（Gisors）的和平谈判中尽心竭力。1189年，正当亨利国王被他的儿子们串通法国的腓力二世在诺曼底发起的叛乱搞得焦头烂额之际，他被派往坎特伯雷（Canterbury），去对付那里的教士们。不久他便再次前往诺曼底与亨利会合，尔后，他返回英格兰召集军队以协助他的主人，而亨利国王却在此期间去世了。

他所担任的这些要职，既来自于他本人的成就，以及他对国家做出的巨大贡献，也与他本人同亨利二世国王的私人关系、与这位国王的个人喜好相关。他是亨利二世国王的遗嘱见证人，也是这位国王的受托人，负责管用于特定宗教和慈善机构的5000个银马克，以及用于贫困而自由的英格兰女子婚姻的300个金马克。亨利指名让他担任埃莉诺王后（Queen Eleanor*）的监护人，以及他个人财产的主管。当他的传令兵在阿尼克战役之后抵达伦敦时，国王对他的良好印象为我们呈现出了一幅温馨的画面。这位传令兵来到伦敦时已是午夜，不过他执意要见国王。在获准进入宫廷后，他冒冒失失地闯到了国王的榻前，并把国王从沉睡中唤起。国王跳了起来，喊道："你是干什么的？""我是您忠实的仆人拉努尔夫·德·格兰维尔的传令兵，来见您是为了传达一个

---

* 即"阿基坦的埃莉诺"（Eleanor of Aquitaine, 1122/1124?~1204），因家族继承而成为阿基坦公爵，随后先后由于与路易七世和亨利二世的婚姻，成为法国（1137~1152）和英格兰（1154~1189）的王后。被认为是中世纪欧洲最具影响力的女子之一。——译者注

好消息。""我们的格兰维尔还好吧?"国王叫道。他的感情更多是对这个消息的发出者,而不是这个消息本身。"我的主人很好。"回答如是,"我的主人抓到了您的敌人,苏格兰的国王,他现在已经是关押在里士满的一个犯人了。"

在亨利去世之后,格兰维尔的处境就变得艰难起来。亨利是一位保守主义者,尽管也是一位改革者,他把他的王国政府建立在法律和正义的基础之上,并创造了一个有效而纯粹的管理机器。新国王则对他父亲的那种政府原则毫不关心。他本人粗暴而激进,对于管理事务的日常细节没有任何兴趣。而格兰维尔,根据同时代人的记述,"在他的迟暮之年,眼见国王做了许许多多方式新奇、却毫无智慧和远见可言的事情。"他见证了查理的加冕,随后被这位国王派去镇压犹太人反对他即位的暴动。关于他的下一步行动,我们看到了不同的记载。1186 年他参加了十字军。至于他究竟是主动请求辞职并获准随军前往圣地,抑或是被查理解职后关押了起来,并被迫以 15 000 磅银子赎回自由,我们就不得而知了。无论如何,他与坎特伯雷的大主教鲍德温,他的外甥、索尔兹伯里的主教休伯特(Hubert)一起去到巴勒斯坦,在查理(这位国王本人姗姗来迟)麾下的英格兰军队中听从号令。因为不健康的气候所引发的疾病,格兰维尔于 1190 年逝世于阿卡城下。他留下了一个儿子和三个女儿,他们早已因父亲的伟大功绩而生活富足。格兰维尔建立了巴特利(Butley)的小修道院,莱斯顿(Leiston)的修道院,以及萨默顿(Somerton)的医院。

格兰维尔以其强健的体魄和心灵给同时代的人留下了深刻的印象。他是一个诚实和审慎的人,"对于好运和不幸有着最为忠实的信仰","睿智、严肃而雄辩",是"国王的眼睛";"他的名字高踞于万千姓名之上,在君主之间流传,受人民的敬仰"。他博学、公正而仁慈,当时的智者和学者无不寻求同他结交,并叹服于他的观点。只有一则负面消息曾困扰过他。他被控错误地将吉尔伯特·德·普兰顿爵士(Sir Gilbert de Plumpton)裁断犯有强奸罪并处死,以图把他的寡妇改嫁给莱纳(Rainer),后者是格兰维尔的朋友兼管家。吉尔伯特爵士的刑罚被国王减为终身监禁。这段流言,不仅与我们所了解的格兰维尔的人品相比有着太大的出入,而且与他在国王心目中的地位极为不符,因此可以被我们稳妥地排除掉。

他的家族分享了他的荣耀。在亨利及其儿子们的治下,他的近亲属中有不少于7人担任过高级司法职务。在英格兰,几乎没有其他的家族比拉努尔夫·德·格兰维尔做出过更大的贡献:使节、管理人、将军、法官和法学家。

关于格兰维尔生平和事迹的记载,可以在那个时代的一切编年史中找到。这些文献中最有价值的包括霍韦登(Hoveden*)、本尼迪克特修道院院长(Benedictus Abbas**)、杰拉尔都斯·坎布雷西(Giraldus Cambrensis***)、纽波利(Newburgh****)、德韦齐

---

* 即"霍韦登的罗杰"(Roger of Hoveden, ? ~1201),英格兰人,编年史作者,撰写了《亨利二世时期与查理时期的编年史》(*Gesta Regis Henrici Secundi et Gesta Regis Ricardi*)和《编年史》(*Chronica*)等著作。——译者注

** 指彼得伯勒修道院(Peterborough Cathedral)的院长本尼迪克特(? ~1194),英格兰人,在20世纪之前曾被普遍认为是《亨利二世时期与查理时期的编年史》的作者,但已被当代学者的考证推翻。事实上,他只是在彼得格勒修道院主持了该书的抄写工作,并将抄本保存在了修道院的图书馆里。——译者注

*** 即"威尔士的杰拉尔德"(Gerald of Wales, 1146~1223),威尔士-诺曼学者,布雷肯(Brecon)教区的执事长、著名的历史学家和编年史作者,著有《爱尔兰征服史》(*Expugnatio Hibernica*)、《威尔士游记》(*Itinerarium Cambriae*)等。——译者注

**** 即"纽波利的威廉"(William of Newburgh or Newbury, 1136? ~1198?),英格兰人,历史学家、奥古斯丁派教士,著有《英格兰史》(*Historiarerum Anglicarum*)。——译者注

斯的查理（Richard of Devizes*）以及迪切托（Diceto**）的著作。当代对于他的生平最全面的介绍来自梅特兰教授，参见《牛津国家人物传记大辞典》（Dictionary of National Biography）中的相关词条。其他的当代记述，参见福斯（Edward Foss）的《英格兰法官传》（Judges of England），第1卷第376页；托马斯·怀特（Thomas Wright）的《不列颠传记》（Biographia Britannica），第1卷第275页；坎贝尔勋爵（Lord Cambell）的《英格兰诸首席法官生平》（Lives of the Chief Justices of England），第1卷第19页；以及格罗斯教授（Professor Gross）的《英格兰历史的史料与文献》（Sources and Literature of English History）第315页。

还有许多关于格兰维尔的家谱和财产的有趣记载，参见格兰维尔-理查兹（Glanville-Richards）：《盎格鲁-诺曼的格兰维尔家族纪实》（Records of the Anglo-Norman House of Glanville）。

二、这部著作的作者

读者们面前的这本《论英格兰王国的法律和习惯》出版于1187~1189年间。书中提到了一份终结协议制作于1187年，而且随处都有提及当时的国王亨利。这本著作在当时享有盛誉，曾被大规模传抄，时至今日依然留存有大量的钞本。它塑造了格兰维尔那个时代许多其他的法律汇编。在格兰维尔去世后不久，这本书就被——或部分被——翻译为法语，并在接下来两代人的时间后逐渐被改造和发展。最终，它被布拉克顿（Bracton）那更为全面和详细的著作而取代。

---

* 英格兰人，12世纪晚期的僧侣、编年史作者，著有《查理一世时期的编年史》（Chronicon de Rebusgestis Ricardi Primi）。——译者注

** 即"迪切托的拉尔夫"（Ralph de Diceto，生存年代不详），英格兰僧侣，著有《编年史缩略》（Abbreviationes Chronicorum）和《历史图像》（Ymagines Historiarum）。——译者注

论英格兰王国的法律和习惯
A Treatise on the Laws and Customs of the Kingdom of England

这部著作本身是没有署名的，钞本中只提到它撰写于亨利二世时期，"那时，格兰维尔掌管着正义之舵"。然而，较早的版本却声称它是由格兰维尔本人撰写的，这一说法在 13～19 世纪被作为事实而获得了普遍接受。现代的学者们则对此提出了质疑。利特尔顿（在《亨利二世传》*中）认为格兰维尔不可能写作本书，因为他并未获得授权，从而有被立时免职之虞。事实上，无论是否获得授权，高级官员在向书记员（clerk）口述一部拉丁文著作时，他本人必须具有足够的拉丁文功底，而格兰维尔的文采则被不止一位同时代的人称颂。亨特［在《终结协议》（*Fines***）的前言部分］的反对意见是，在这部著作的形成时期，格兰维尔应该忙于公务，根本没有时间去写书。他说这本书的作者可能是威廉·德·格兰维尔（William de Glanville），即格兰维尔的儿子（并自 1186 年起担任他的秘书），一位生活于查理时期的法官。然而这仅仅是个猜测罢了。梅特兰（Maitland）教授推测说（理由或许有些牵强），作者有可能是休伯特·瓦尔特（Hubert Walter）。利伯曼（Libermann）则捍卫格兰维尔的作者身份。可以明确的是，外部的证据并不足以证明格兰维尔就是这部著作的作者，尽管这位作者肯定是身居高位且声誉卓著的，否则这本书也不会如此迅速地获得成功。可内部的证据也不能为我们带来丝毫进展。它的撰写风格如同某位权威在侃侃而谈，但很有可能并非是这位首席法官本人在写作。在进一步的考证之前，我们不能轻易地把"休伯特是作者"这

---

* 指乔治·利特尔顿爵士（Sir George Lyttelton, 1709～1773）撰写的《亨利二世传（1767～1771）》（*The History of the Life of Henry the Second: 1767－1771*）。《格兰维尔》的英译者也曾多次提到本书。——译者注

** 指英国历史学家约瑟夫·亨特（Joseph Hunter, 1783～1861）在 1835 年编辑出版的《终结协议，或协议附尾》（*Fines, sive pedes finium*）。——译者注

种说法抛开。

休伯特是格兰维尔的妻子的外甥，也有一种记载是，他是格兰维尔本人的外甥，因为格兰维尔的弟弟娶了格兰维尔妻子的妹妹。而无论休伯特的父亲赫维·瓦尔特（Hervey Walter）究竟是不是赫维·德·格兰维尔，以下总是明确的：休伯特自幼便与格兰维尔家族有着亲密的关系；他成了格兰维尔的秘书；格兰维尔认为他是一位得力的顾问；1186年，他被任命为约克大教堂的院长（Dean of York），格兰维尔的秘书一职则由威廉担任。他陆续担任了索尔兹伯里的主教和坎特伯雷的大主教，并成为王国的首席法官；他被描述为兼具远见和智慧之人；据说他的心更为关注人间的事务而非圣事，且通晓王国的全部法律；不过，他的"文笔平平"，一位编年史作者还曾嘲讽过他的拉丁文风。

这部著作究竟是格兰维尔撰写的，还是休伯特撰写的？抑或是由他们二人合作撰写的？在对这部著作进行更细致的考量之后，我们或许能得到一个假设性的结论。

这部著作最引人注目的特点是，它是以令状的汇编为基础的。除却序言和最后关于王权之诉的那一卷，这本书1/3的章都是以令状进行划分的。它们包括了一切种类的令状：无论是向领主法庭、郡法庭或教会法庭颁发的令状，还是退回王室法庭的令状。后世的作者们在使用令状时要更为随心所欲，但在这部著作中，令状构成了整体的轮廓，恰如同裁判卷宗在布拉克顿的书中、判例汇编在柯克以及其他晚近作者的书中起到的作用。这80份令状的搜集必定是长期努力的结果，因为其中的某些令状显然是难得一见的。首席法官或他的书记员查证了所有这些令状，他们都有机会和理由去从事这种搜集工作；除此之外，王国中不会有其他人还可能去做它。

这本著作的大部分内容是以一种仓促、不怎么优美，但清楚准确的风格写就的。而在开篇的某些段落中，我们却能感受到对深沉之思维和优雅之措辞的赞赏与模仿。尤其是序言以及第 2 卷第 7 章中对咨审（根据传统的理解，它正是由格兰维尔一手创造出来——或至少是建立起来——的）进行表彰的部分，确实配得上一个"睿智而雄辩"（sapiens simul et eloquens）的作者；与之形成鲜明对照的是这本书的其他部分，它们仿佛在暗示作者"通晓全部王国的法律"（omnia regni novit jura），但却"文笔平平"（non eloquio pollens）。

这部著作的前 10 卷撰写得相当细致，评论很充足，主题的阐发也很详尽。然而，后 4 卷显得似乎是草草堆砌而成的。令状与正文的比例要比前面几卷的两倍还高；事实上，在论述郡法庭（格兰维尔曾在那里主持了数年的工作，对那里的法律和程序必定会如同王室法庭一样了解）的那一卷中，几乎没有评论。可能的情况是，作者对郡法庭的习惯已经作了详尽评注的准备，且令状的搜集工作也已经完成，但最终还是放弃了这一计划。

这件作品的确切日期只能借助两份记载了日期的文件来确定——两份终结协议，分别制作于 1187 年的 6 月 27 日和 1187 年的约 11 月 1 日。这两份终结协议在那时刚刚订立，因此对它们的描述比较仔细。本书剩下的内容，似乎是在这两份协议记录入册的日期之后不久便撰写而成了。这两份终结协议的记录都是在格兰维尔在场时完成的。

现在我们可以推测，这部著作的作者（或作者们）曾经花了若干年的时间搜集令状，要么是为了保存有用的先例，要么是为了给它们撰写评注。一旦搜集工作完成了，那么对于一位通晓法律且令状在手的人而言，再去向一位同样通晓法律的秘书口授评注，无论花多长时间、无论有多艰难，便统统不在话下了。假使这位搜集者就是格兰维尔，而这位秘书是休伯特，那么我们可以猜测，这本书的撰写时间开始于1185年或1186年：这个期限对此二人的工作而言并非严苛。特别重要的内容或格兰维尔格外感兴趣的内容由他本人来负责，剩余部分的实际形成工作则可以放心地交给他那能干的秘书来完成，最后再由他来审阅。到了1186年，时任约克大教堂的院长去世，休伯特成为继任者，而格兰维尔也将启程出使法国。在这种情况下，这部著作的撰写工作仍有时间去有条不紊地进行，只是接下来几卷的内容较少经过雕饰罢了。1187年2月，格兰维尔与休伯特在威斯敏斯特的法庭共事；从这个月起到1189年初（在此需要排除掉1188年，即格兰维尔赴威尔士召集十字军的时间），他们二人似乎都在英格兰，也没有其他公务上的重大干涉。事实上，1188年也是格兰维尔公务生涯中最后一个忙碌的年头；直到他的时间被亨利二世晚期的一系列麻烦吞噬之前，并没有什么能阻止这项工作的继续进行。因此，最后几卷就可能是在1188年间仓促完成的。

这样看来，早期且持久的传统观点即这部著作是由格兰维尔撰写的，并没有受到冲击，反倒是得到了强化；诚然，大部分的实际写作工作可能是由休伯特·瓦尔特来完成的。

对于《格兰维尔》作者身份的最详细的讨论来自波洛克和梅特兰的《英格兰法律史》（History of the English Law），第1卷第163页。里弗斯［《英格兰法律史》（History of the English Law），芬利森版（Finlayson's Edition），第1卷第254页］和福斯（《英格兰法官传》，第1卷第180页）在这一方面的讨论同样具有价值。利伯曼［《导论》（*Einleitung**），第73页］支持格兰维尔是作者的理论，且在《罗马语文学杂志》（*Zeitschrift für romanische Philologie*）第19卷第81页中，为这部著作在早期的广受欢迎给出了有趣的证明。另请参见梅特兰教授的文章《〈格兰维尔〉修订版》（*Glanvill Revised*），载《哈佛法律评论》（*Harvard Law Review*）第6卷第1期。

关于休伯特的生平和事迹，可以在杰维斯（Gervase）的《坎特伯雷大主教史》（*Actus Pontificum Cantuariensis*）中找到。格兰维尔和休伯特的旅行情况，参见埃尔顿（Eyton）的《亨利二世的巡行》（*Itinerary of Henry II***）。

三、本著作的特点

《论英格兰王国的法律和习惯》是近代最早的体系化法律著作。诚然，一些早期的法律和教令的汇编，如格拉蒂安（Gratian）的《教令集》和《耶路撒冷法典》，在出版年份上确实较早，但它们并未如本书一样规则地呈现出既存法律体系的面貌。布拉克顿的作品效仿了格兰维尔；经由布拉克顿，格兰维尔塑造了近代法律评注的形式。在苏格兰，稍后出现了一部模仿自——许多部分干脆是抄袭自——本书的著作，即《国王之尊》，且在一段时间里，关于其乃原创而《格兰维尔》是仿制品的主张一度甚嚣尘上。这个观点根本不堪一击，早已在毕默思（Beames）先生的导言中被驳斥了。

---

　　* 指德国历史学家菲利克斯·利伯曼（Felix Liebermann, 1851~1925）1875年在哥廷根大学撰写的历史学博士学位论文《〈财政署对话录〉导论》（*Einleitung in den Dialogus de scaccario*）。——译者注

　　** 指英国作家罗伯特·威廉·埃尔顿（Robert William Eyton, 1815~1881）在1875年出版的《亨利二世国王的法庭、王室及巡行》（*Court, Household, and Itinerary of King Henry II*）。——译者注

重印版导言

　　这本著作的第一个版本是由托特尔（R. Tottel*）在1554年左右以12开的小册子印行的。柯克说，这来自一位博学的法官和作家威廉·斯坦福（William Stanford）爵士的建议。第二个版本出现在1604年，由托马斯·怀特（Thomas Wright）印行。这个版本中的文本根据"众多钞本"进行了修订。在1673年，这个版本在删去了前言之后原封不动地得到了重印。这部著作的再次出现是在瓦尔（Houard）编写的《盎格鲁－诺曼习惯汇编》(*Traités sur les Coutumes Anglo-Normandes*) 第1卷里，1776年以四开本出版于鲁昂。拉丁文版本的最后一次出版是在1780年，由约翰·莱纳（John Rayner）以八开本印行的，根据威尔默特（J. E. Wilmot）所藏的牛津大学柏德利图书馆（Bodleian）、科顿图书馆（Cottonian）、哈尔莱图书馆（Harleian）和米尔斯博士（Doctor Milles）的钞本进行了校订。拉丁文版本还作为附录出现在菲利普斯（Phillips）的《大英帝国及其法律史》(*Englische Reichs-und Rechtsgeschichte*)，柏林1828年版，第2卷第335页。现代英语的版本由约翰·毕默思翻译而成，并加入了译注，1812年以八开本出版于伦敦，也就是当下重印的这个版本。

　　这部著作不仅仅是一本法律书。它是一座丰碑，上面镌刻着跻身法律史上最伟大的改革者之列的国王的天才创造。当亨利二世登上王座之时，英格兰王国刚刚经历了一段混乱的岁月，处在一大堆杂乱无章的世俗法庭和封建法庭控制之下的，是数不清的法律体系。他使王室法庭成为王国中的普通法庭；他让它的判决足以对抗教会、领主和郡长；他使它成为国王安宁的守护者，庇佑着王国之内无论高贵抑或卑微的人。在他那暴风

---

* 理查德·托特尔（Richard Tottel, ? ~ 1594）是英格兰的一位出版商，印行了从古典时代以来的大量法律文献。——译者注

论英格兰王国的法律和习惯
A Treatise on the Laws and Customs of the Kingdom of England

骤雨般的生涯中，建立和平成了首要的目的。格兰维尔的著作正向我们展示了他借以巩固自己目的的手段。

通过国王或他的法官自由签发的令状，他限制了其他一切法庭的管辖权，并将它们划归王室法庭之下。通过一套将案件由领主移送至郡，再由郡移送至国王的规整体系，他保证了法律的渐次统一化。领主法庭在管理领地时有其习惯，郡法庭亦然，尽管它们都来自于日耳曼法，但在数个世纪的演变中已经形成了极大的差异，尤其是在王国中几个古老的区域内。从现在起，王室法庭开始创造一种普通法，这种法律部分来源于盎格鲁－撒克逊，部分来源于诺曼，但在很大程度上塑造于亨利的正式或非正式立法，并出于衡平的缘故，正如格兰维尔数度强调的，而得到缓和。

为扩大王室法庭的影响，并把它们带到人民中去，亨利依靠一个早已存在的机构：巡回法庭（*iter* 或 *eyre*）；但他改进了它的体系，使得它几乎成了新的造物。整个王国被划分为若干个巡回区，每个区包括若干临近的郡，法官在每个巡回区内巡视，并在各郡主持王室法庭，从而将王国的每个部分都纳入国王的直接控制之下。格兰维尔本人便是北方巡回区的首批巡回法官之一。

在亨利为维持国王安宁而设立的规定中，最为重要的是创造了保护和平占有的令状，并且禁止哪怕是真实所有者的占有侵夺。这类令状彻底否定了暴力的私力救济，将一切关于占有侵夺的法律争端带到了王室法庭之上。新近侵占地产令状、收回继承地令状、最终圣职推荐权令状，它们都由亨利的立法所确立，成为了英格兰土地法的基础。

另一项更具有深远影响的改革，在于他创造出了一种更为理性的方式来确立案件事实。他用咨审（不久演变成了陪审）取代了神明裁判、宣誓涤罪和决斗，使之成为查清真相的手段。在王室法庭中通过陪审团进行的审判逐渐流行，最终压倒了其他法庭进行的诉讼；它是如此令人满意，以至于教化了英格兰的人民，使他们尊重法律并乐于接受其判决的约束，这在接下来的几个世纪里渐渐地成了他们的民族特质。

作为另一种维护和平的手段，一事不再理（res judicata）的学说似乎也在那时获得了认同。在格兰维尔的笔下，此前尚未得到彻底贯彻的判决，哪怕有了权利令状也必须是终局性的；而格兰维尔则极力主张将这个原则贯彻到底，就如同我们现在的法律一样。

在改革工作中，格兰维尔似乎是亨利身边热情而干练的助手。这部著作通篇都在赞扬国王和他的立法。对人民进行和平的管理，是王权的一项伟大职责。这位国王——他热爱和平，他本人就是和平的缔造者——公正、谨慎、仁慈地对待他的臣民。他的意志就是法律，与贵族们的建议一样被公布了出来，连同长期以来的合理习惯，共同形成了英格兰的法律，而把它们书写成文或许是有裨益的。

四、这部著作与法律

从格兰维尔的这部著作出发，我们可以得到一个亨利二世统治晚期普通法的相当完整的图景。领主法庭通常不仅处理有关农奴地产的诉讼，而且包括一切涉及保有自领主处的地产的案件。只是后一类诉讼必须通过国王的令状才能开启；当领主拒绝实施正义时，案件可能被移送给郡法庭，如同一切有关自由保有地产的诉讼；领主可以凭自己的意思，推迟疑难问题进入王室法庭的时间。郡法庭拥有涉及农奴身份和通常役务及一切根据国王的令状而呈送的案件的最初管辖权，以及根据权利令状而自领主法庭移送而来的案件管辖权。显然，它还可以管辖涉及私人财产的资格或占有的案件。教会法庭负责审理有关婚姻、遗产、遗嘱和宗教事务的纠纷，王室法庭的令状将禁止它们插手其他事务。

王室法庭的诉讼程序与今天相比差别不是太大。诉讼以令状开启、由郡长负责、以扣押被告的土地作为强制措施。这套程序的最重要特点，是对不到庭借口或延期（continuance）的精细规定。通过对不到庭借口的熟练运用，原告或被告有可能将由权利令状开启的诉讼拖延数年，而在新创设的占有咨审中，几乎不允许使用不到庭借口，诉讼要比以前迅速得多，这极大地提高了它们的受欢迎程度。王室法庭的最终判决自那个时候就需要记录入册，通过诉讼和解而让与土地所有权（levying a fine）的方式也成了地产让与的普遍做法。

不动产法的一切本质性要素均已具备。地产及其附属物的所有法律都被确定了下来，只有继承和遗嘱转让的规则尚待明确。根据监护的规则（现已废除），当事人的监护人可以被召唤——或用术语表达：传唤（vouch）——至一桩诉讼之中，进而取代最初的当事人：这在当下的实践中仍具有极为重要的意义。现代的抵押制度，比如为担保某条件的实现，在那时并未出现：格兰维尔笔下的土地抵押，就如同那个时代的以人格作担保，仅仅是一种以保证的方式而进行的许可。

在私人财产的领域，法律并未有多大的进步。保证人和寄托的规定来自于古老的日耳曼法，被应用于郡法庭之中：例如，受托人的绝对责任依然是可以被强制执行的。尽管存在着非法扣押令（wirt of detinue）和因之而起的诉讼，王室法庭依然很

018

快就把这类案件加以控制,建立起现代的寄托法和承运人(carriers)法。

特定形式的合同是可以在王室法庭获得强制履行的。定额债务令状(writ of debt)可以依租赁、买卖或特许状所创设的义务而产生。对一般合同违约的补救措施,只能从管辖背信(deceit)之罪的教会法庭那里获得。王室法庭足足花了三个世纪,才发展出可供当事人要求履行其合同的规则。

也不存在侵权赔偿之诉。在那个时候,还没有任何迹象(从对重罪的指控,到因违反国王安宁而发出的侵权令状及侵权之诉)表明王室法庭最终会发展出现代的侵权法来。那时对侵权行为的任何救济都是由下级法庭完成的。

那时的王室法庭可以处罚除盗窃之外的一切重罪,对后者的管辖权是通过《大宪章》而获得的。直到很长的时间之后,王室法庭才获得了对重罪——以及作为"道德的守护者"(custos morum),从而也对轻罪——的排他管辖权。

如此这般的法律,我们应当承认,是粗糙且无法令人满意的。可相对于过去的岁月而言,它毕竟是长足的进步,在它的内部则有着现代普通法的萌芽。

小约瑟夫·亨利·比尔[*]
1900年10月,于哈佛大学

---

[*] Joseph Henry Beale, Jr. (1861~1943),美国法学家,哈佛大学法学院教授,主要研究冲突法和公司法。法律形式主义运动的倡导者。1902年出任芝加哥大学法学院的首任院长。——译者注

英译者导言 *

在评价本书声名卓著的作者拉努尔夫·德·格兰维尔（Ranulph de Glanville）时，柯克勋爵（Lord Coke）丝毫不吝惜他的赞誉之词。他告诉我们，格兰维尔是亨利二世时期的首席法官（Chief Justice），对英格兰的法律有着极为精深的论述，他的著作则一直被人传诵至今。"而且，"这位勋爵阁下继续写道，"我对这位尊敬的法官先生抱有深深的谢意，在判例汇编中我曾多次征引过他的大作，我承认，我从他已辛勤耕耘过的土地中收获成果。为了他本人及他的子嗣的荣耀，现在我把他的一些情况公之于众，而且（我盼望着）也将会在后世中长存，我认为它们历经了悠久的岁月，且具有无比的真实性，这些文字是：'拉努尔夫·德·格兰维尔，英格兰王国的法官，萨福克郡（Suffolk）巴特里（Butteley）修道院的建立者。该修道院于亨利国王时期，国王统治的第17年，亦即1171年，也就是坎特伯雷大主教托马斯·贝克特遇刺的当年建立。据说拉努尔夫出生于萨福克郡的斯特拉特福德（Stratford）村，拥有本哈尔（Benhal）庄园并享有全部的支配权，那是来自亨利国王的恩赐。他娶了贝莎（Bertha）为妻，后者是瓦力姆兹·西奥博尔德（Valeymz Theobald）爵士的女儿，帕汉姆（Parham）的领主，从她那里他

---

* 本导言以及下文是根据1812年伦敦瓦尔丕（A. J. Valpy）出版社印行的版本译出。——译者注

获得了位于巴特里的大批不动产及其附属物，作为自由嫁妆。据说拉努尔夫与贝莎生有3个女儿，即玛蒂尔达（Matilda）、阿莫比利娅（Amabilia）和赫勒维萨（Helewisa），他在去天国之前把自己的财产于她们之间进行了平分。'"[1]该文献随后对我们的作者的后人作了浮光掠影式的介绍，最后向我们这样总结道："前面所说的拉努尔夫·德·格兰维尔属于那类出类拔萃的人，比如他有着高贵的血统和充沛的精力。他在参加十字军与敌人作战的时候过早地奔向了天国，在沙场上英勇不屈力战至死。"[2][3]史实的隐晦和不足，或多或少可以从亨利二世时期的编年史中得到些弥补，尽管格兰维尔的名字并非经常在那里出现。在1171年，我们看到他的名字是柯南男爵封地（the Honor of Earl of Conan）的领主。[4]1172年，他除了保有这块封地之外又获得了霍伊兰自治镇（Fair of Hoiland）。[5]在1174年，他负

---

[1] Ranulphus de Glanvilla, Justiciarius Angliae, Fundator fuit domus de Butteley, in Comitatu Suffolciae, quae fundata erat anno Regis Henrici, filii Imperatricis, decimo septimo, et anno Domini 1171. quo anno Thomas Becket, Cantuariensis Archiepiscopus, erat occisus. Et dictus Ranulphus nascebatur in Villa de Stratford, in comitatu Suffolciae, et habuit Manerium de Benhall, cum toto Dominio, e dono dicti Regis Henrici. Et duxit in uxorem quandam Bertam, filiam Domini Theobaldi de Valeymz, Senioris domini de Parham: qui Theobaldus per Chartam suam dedit dicto Ranulpho et Bertae Uxori suae totam terram de Brochous, cum pertinentiis, in qua domus de Butteley sita est, cum aliis terris et tenementis, in libero maritagio. Praedictus vero Ranulphus procreavit tres filias de dicta Berta (viz.) Matildam, Amabiliam, et Helewisam, quibus dedit terram suam ante progressum suum versus Terram Sanctam.
[2] quod praefatus Ranulphus de Glanvilla fuit vir praeclarissimus genere, utpote de nobili sanguine, vir insuper strenuissimus corpore, qui provectiori aetate, ad Terram sanctam properavit, et ibidem contra inimicos Crucis Christi strenuissime usque ad necem dimicavit.
[3] Co. 8. Rep. pref.
[4] Madox's Exch. 439.
[5] Ibid. 203.

责管理战争中获得的战俘和赎金。[1]次年他声名大噪，因为据说他是那位俘获了苏格兰国王的将军。[2]在1175年，他依然是柯南男爵封地的领主，[3]同时担任了约克郡的郡长。[4]到了1176年，他被任命为王室法庭的法官，以及巡回法官。[5]同年，他获得了在其管家雷纳（Reiner）的协助下管理威斯特摩兰（Westmoreland）的权力，这是只有大贵族才能享有的特权。[6]1180年，他被任命为全英格兰的首席法官，这是与他同时代的霍韦登的罗杰（Roger of Hoveden）告诉我们的，他的话是如此值得铭记以至于我们决不应该忽视它：英格兰国王亨利任命拉努尔夫·德·格兰维尔为全英格兰最高的法官，他的智慧建立了下面所记载的法律，我们称之为英格兰的法律（*Henricus Rex Angliae pater constituit Ranulphum de Glanvilla summum Justiciarium totius Angliae, cujus sapientia conditae sunt leges subscriptae, quas Anglicanas vocamus.*）。[7]首席法官主持王室法庭（*Curia Regis*），地位仅次于国王，是所有民事和刑事案件的最高法官，并且当国王在海外巡视期间（这在当时并不罕见），如同"国王代理人"（Vice-Roy，副君主），副君主一般统治着王国。总而言之，这位长官被赋予了远远超过其他臣民所能染指的权力。几乎就在升职的同时，他立刻为王国的利益着手重建并确认了那些古老的法律。[8]亨利二世对格兰维尔的此番艰辛工作是何等的满

---

[1] Ibid. 253.
[2] Hume's Hist.
[3] Madox's Exch. 297.
[4] Ibid. 87.
[5] Hoveden, p. 600.
[6] Madox's Exch. 662.
[7] Hoveden, p. 600. n. 40.
[8] Madox's Exch. 24.

意，我们也许可以从那位勤勉精干的国王所赐予他的一大堆头衔中窥得一二。[1]1183年，我们的作者成了国王的大管家（Dapifer），同年又被任命为约克郡的领主：[2]这个职务与首席法官并不是十分相称。他似乎担任着首席法官一职直到亨利二世去世，[3]其间荣誉丝毫没有受到减损——尽管他曾把吉尔伯特·德·普拉姆普顿爵士（Sir Gilbert de Plumptun）谴责致死，这算是他的一个污点，但是幸运的是，由此可能导致的非难被那位富有洞察力的亨利的信任化解了。[4]在这位国王去世后不久，他参加了十字军，随即在1190年的阿卡围城战役（Siege of Acon）中英勇战死。[5]

尽管如此，获得了如此多的荣誉并在生命的不同阶段集如此相悖且毫无交集的职务——能征善战的将军与深谋远虑的法官、技艺精湛的侍臣与头脑清晰的立法者——于一身的，是否就是那同一个人，这在许多声名远扬的著作者那里依然疑云重重。就连这本书究竟是否为挂名的这位作者所作，也还是晦暗不明。事实上，利特尔顿勋爵（Lord Littleton）就倾向于认为这本书并非为格兰维尔所作，而是出自受他指派的某些神职人员之手。[6]这些疑问有可能展现了质疑者们的丰富想象力，可他们根本拿不出什么证据来。当围绕着格兰维尔身边的各种事迹之间显得龃龉不堪，而我们也开始注意到这位深沉的法官脱下法袍换上了戎装之际，我们或许已忽视了他那个时代的特点。

---

[1] Ibid. 35.
[2] Ibid. 225.
[3] Leg. Anglo-Sax. p. 339.
[4] Hoveden, pp. 622, 623. Note 10.
[5] Spelm. Gloss. ad voc. Justitia; and Plowden. 368. b.
[6] Hist. Hen. II.

论英格兰王国的法律和习惯
A Treatise on the Laws and Customs of the Kingdom of England

当我们因该书是用拉丁文写成,而下结论说它不可能出自俗人(Layman)之手时,我们实际上犯了一个想当然的错误:而且预设了只要是俗人,无论他是干什么的,无论有多勤奋,总也没法写出如本书这般流畅的拉丁语著作,我们对那个时代怀着悲悯的赞赏时,却已将某些仓促间得到的结论奉为理所当然了。而当我们认为本书中展现的法律知识,以及写就这本书所花费的劳动,既与格兰维尔的身份地位不相匹配也与他的工作不相关切时,我们大概忘却了他的擢升非一日之功,也忘却了那些真正伟大的头脑其实无所匮乏,而写作这样一本关于日常处理的法律问题的小书只要平时点滴的积累即可,无需在乎工作本身的性质。然而,我们不能隐瞒塞尔登(Seldon)先生在这个问题上看起来一锤定音式的说法:"我知道这部著作的权威性饱受质疑,恰恰一些最好且最古老的钞本上记载的作者名称是 *E. de N*,而我从一些在此领域探寻甚远的研究者那里获知,作者的名字有时也被记载为 *E. de Narbrough*,总之并非 *R. de Glanvilla*。因此这本著作也被认为是他人写就于稍后时代的作品。然而,正如一方面我不敢确定这本书是否出自格兰维尔的手笔,另一方面,即便它并非他的著作,我也毫不怀疑这本著作与他的那个年代同样的久远。书中那些署着他的名字的先例中令状的证明条款(*teste*),那种文风,尤其是那法官(*Justitia*)的称谓,我们在古老的岁月里曾称它为 *Jusiciarius*(*Justitia* 在亨利二世时期著作者们的笔下便是此意),以及书中所传达出的法律规则,无不证明它绝非任何稍后岁月里的产物。"[1] 尽管引文的后半部分可以成为其前半部分所提问题的回应,但英译者仍不敢忽略这

---

[1] Selden. opera omnia. 1669.

一吊诡之处,即那些"最好且最古老的钞本"统统无法为这一主张提供证明。

在谈到这部以英文面貌呈现于公众的著作本身时,有人认为它是自罗马帝国崩溃以来首部以纯粹法学专著的姿态出现的作品。[1]可惜这并不正确:假使如我们所确知的那样,《耶路撒冷法典》(Assises of Jerusalem)汇纂于1099年的话;假使封建法体系(System of Feudal Law)已由两位米兰法学家于1150年修编而成的话;假使格拉提安的《教令集》(Decretum)也出版于同一年份的话。虽然如此,这本著作是年代最久远最古老的英国法学专著,这已是毋庸置疑的,亦是从任何清晰连贯的记载中均可得出的结论。事实上,罗伯逊(Robertson)博士告诉我们,"在彼时的欧洲,没有哪个国家存在着对习惯的汇编,甚至压根没有使法律确定下来的意图。最初的尝试来自格兰维尔,英格兰的最高法官,来自他写作于1181年左右[2]的《论法律与习惯》(Tractatus de Legibus et Consuetudinibus)一书中。"[3]

人们认为,格兰维尔的这本英格兰法律的概要性著作是在亨利二世的明确授意之下写给大众使用的。默多克先生(Mr. Madox)发现,不仅剑桥大学圣体学院(Corpus Christi)图书馆所藏的一份被冠以《亨利二世的法律》(Leges Henrici Secundi)之名的手稿是抄写于爱德华二世时期的,其中很大部分内容与格兰维尔的印刷版相同,而且我们作者写作时的文风,尤其在本书的序言中所呈现出的面貌,无不证实着这种揣测。[4]无独有

---

[1] See 1. Reeves's Hist. Eng. Law. 223.
[2] 参见下文边码第198页,注释2。
[3] Robertson's Charles 5. Vol. 1. p. 296.
[4] Madox's Exch. 123. and Note.

偶，科顿图书馆（Cottonian）所收藏的格兰维尔钞本，其名字便是《亨利二世的法律》(*Laws of Henry the Second*)。然而里弗斯先生（Mr. Reeves）告诉我们，这种为著作冠名的方式在当时并不稀奇。[1]

这本著作似乎一直是以手抄本的形式存在的，爱德华·柯克爵士说，直到1554年，才在一位深沉而博学的民诉法院法官威廉·斯坦福爵士（Sir William Stanford）的游说和资助之下有了首个印刷本。[2]可它的命运却因种种离奇的变故而多舛。长久以来，尽管出于它固有的优点，这本著作一直享有盛誉且被人们当做权威而供奉起来，可奇怪的是，它一方面因其悠长的历史而声誉卓著，另一方面却被视为已陈旧过时而毫无用处的东西。诚然，这本著作的许多部分的确已被废弃，这是无可辩驳的，可每一位不带偏见且坦率（candid）的读者都应当清楚，这本著作本身绝非如此过时以至于应就此而被扫入故纸堆中。哪怕它的全部内容都已过时，它也不应被视作毫无助益的，因为至少在法学的领域里，它是无可替代和无可比拟的，尽管它读起来绝非现代，或用更贴切的话说，绝非方便。倘若我们熟悉古代作家们的著作，许多我们所不清楚的东西就不会向我们隐藏了（*Multa ignoramus quae nobis non laterent, si Veterum lectio nobis esset familiaris*）。现时代的法律与我们的父辈息息相关，今天所作出的许多判决都来自那些穿透久远岁月的迷雾而屹立于我们面前的原则之上。这些原则是现在的研习者（Student）所必须追溯的——倘若他想让自己配得上法律人（Lawyer）这个称呼的话，不仅要付出艰辛的工作，还要时常回想起，这些原

---

[1] Reeves's Hist. Eng. Law. 1. 213.
[2] 4 Inst. 345.

则曾呈递给柯克、黑尔（Hale）和布莱克斯通（Blackstone）这些大行家。伴随着他们那一步步在推理判断中迈出的步伐，这些前辈在我国法学早期时代的筚路蓝缕中从不做无用之功——哪怕有的内容在如今看来已有些不合时宜，但实在是曾启迪过他们的思维，同时将那些被他们始而阐明继而熟练驾驭的法律之基本原则展示给了世人。可是，上述作者那光辉的典范并没有激起后辈对更早先时代的效仿：《格兰维尔》、《布拉克顿》（*Bracton*）和《弗莱塔》（*Fleta*）这些著作在书架上孤独蒙尘，却只见其后年代著者们的大作一版复一版地更新换代，尽管他们也是从前者那些储量丰富无穷无尽的宝藏——那些奉献给我们英国法律人的著作——中采掘出珍宝来的。

下面就这个呈献给公众的译本说几句话。英译者所要达到的首要目标是忠实。如果说还有什么更高要求的话，他会以威廉·琼斯爵士（Sir William Jones）的盛名来为自己开脱："优雅，在面对一个诸如法律这般精致的主题时，为严谨起见，必须被排除。"自忠实而后，英译者所追求的还有简洁，即尽量与原文保持一致，或许还要用最贴切的英语传达出原文的精神。除了横亘在他面前的这两个目标之外，英译者深知，他还要牺牲掉原著中所饱含或充溢着的一切美感和一切优雅。幸而他永远无法牺牲掉那些本就不存在的东西。格兰维尔的文风毫无优雅可言，说得更极端一些，简直是枯燥冗长，而这据称来自一种奇特的旨趣。"我所试图以流俗的语言记载成文的内容直接来源于法庭，以方便那些对此等实践之事不甚了解之人阅读"（*Stilo vulgari et verbis curialibus utens ex industria, ad notitiam comparandam eis, qui hujusmodi vulgaritate minus sunt exercitati*）是他自己对本书写作风格的诠释。他对自己目标的实现是如此的成功，以至于摆在英译者面前的任务变得仿佛是在对待一门新的语言。然而英译者在此提到这些困难的用意并不是要为自己的错误敷衍塞责，尽管他已经很小心地试图避免它们了，英译者在此绝非是想彰显自己工作的艰辛，而在于指出本书的实际效果。

关于本书的注释，英译者最初只打算就某些废弃过时的术语仅仅作些说明，但出于使本著作变得更为有用的渴望，他经常偏离于他的初衷。关于书中所不时提到的其他著作，读者们尤其要注意《国王之尊》(*Regiam Majestatem*)——这个名字来自其字面的本义。这本书有时被认为记载了古代苏格兰法律的真实内容，有时却被斥为篡改而成的伪作。仅在这个问题上观点相左的人就包括斯基尼（Skene）、厄斯基尼（Erskine）、凯姆斯勋爵（Lord Kaims）、瓦尔（Houard）、达尔林普尔（Dalrymple）、克雷格（Craig）、斯太尔勋爵（Lord Stair）和罗伯逊博士等一干史家。而在《格兰维尔》和《国王之尊》究竟谁为原作上的争议激烈程度丝毫不逊于前一问题。不过，据说这个问题已由戴维森（Davidson）博士做出了满意的解决，他在出版的一本关于该争议的小册子中明确说到，从两部作品的内部证据来看，《格兰维尔》无疑应为原作，而且他注意到，"《格兰维尔》通篇整齐、系统、一以贯之；而《国王之尊》则依循着《格兰维尔》处理问题时的思路——这并非出于别的原因，而是为了掩盖真相——所以显得混乱、缺乏系统、有时自相矛盾。"英译者尚未拜读过戴维森博士的大作，但却从《格兰维尔》最新版本的序言对它所作的概括中获益匪浅。里弗斯先生如是写道："从《国王之尊》一书的方法论来看，有句话不得不说，即在把它和《格兰维尔》进行比较时，那位苏格兰的作者无疑要更清晰、明确、轮廓分明些,而且他在写作时用的是一种向别人解释问题的姿态,就像我们的《弗莱塔》意在解释《布拉克顿》时那样。该书中有无数类似的地方值得我们注意,这可能是证明它是一部仿作的决定性标志。而苏格兰的其他法律,即晚出于斯基尼编译的《国王之尊》的法律更加证实了我们的推断。因为它们与某些出现在前的英格兰法令相似,可以肯定是从后者照抄过来的,与原文的语言甚至字句都十分一致。特别是在罗伯特二世(Robert the Second)时期,几乎照搬了《封地买卖法》(quia Emptores)及其他法令,竟然丝毫也不掩饰一下。至少这几部法令在别的地方是找不到蓝本的。把它们的老祖宗《国王之尊》,对比《格兰维尔》和其他英格兰法律汇编来看的话,这些事实分明是在向世界表明,苏格兰的这部分法学是从我们这儿拿过去的。"[1] 而那位明智宽容的历史学家罗伯逊博士也不怎么赞同他的某些同胞们所持的观点,即在《国王之尊》的起源上,"这部被归在大卫一世(David the First)头上的著作似乎对《格兰维尔》有着强烈的模仿和依附。许多苏格兰的考古学家出于某种虔敬的原因——对自己祖国的热忱和荣誉感——轻信了一些草率的结论,认为《国王之尊》比格兰维尔的著作的年头还早,并认为这是由先进国家从其他政治上不怎么发达的国家那里借来的法律。这个理论须被驳倒的内在证据(也是我的领域所研究的),或许在于我前面提出的观点。而外部环境,也即诱使苏格兰的作家们陷入这个错误的原因,已由大卫·达尔林普尔爵士(Sir David Dalrymple)那缜密坦率的研究所阐明,他在 1767 年出版于爱丁堡的四开本《国王之尊》里

---

[1] I. Reeves's Hist. Eng. Law. 225.

试图扭转人们的这个偏见,并希望它别再复活。"[1]

在结束这个争议不休的问题时,我们还是回过头来审视里弗斯先生的文字,尽管毫无必要为《国王之尊》争取原创性,但还有一个更为紧迫的问题悬而未决——这部著作及其他许许多多由斯基尼整理出版的文献,究竟是否(或曾是否)就是苏格兰法律的组成部分——很多大人物在这个问题上观点迥异。可另一方面,《格兰维尔》的权威性却得到了普遍的认同,即被视作亨利二世时代那个王国的法典,所有的英格兰法律人——他们自那个时代至今在历史的漫漫长河中繁荣发展着——都或明示或默示认同这一观点,且从不曾被质疑过:我们可以排除某些判例的判决理由(dictum),它和《布拉克顿》的权威性在那里遭到反对,可只要那些理由被人们提起,它们便已被驳斥过成千上万次了。[2]不过还是让我们言归正传吧。

尽管英译者不曾获得一睹戴维森先生那本小册子的运气,但他在研究斯基尼的《国王之尊》译本时收获了更多的东西,它现藏于林肯律师会馆的图书馆中。英译者曾注意到《国王之尊》的某些部分与《格兰维尔》雷同,但当他仔细读过前书之后,发现两书之间的共同性竟是如此普遍,而且一致的地方竟如此相似,甚至可以说《国王之尊》是在逐字逐句地翻译《格兰维尔》,或者至少可以说是《格兰维尔》的另一个版本,其作者只做了一些细微的改动和调整,凭其个人喜好自娱自乐般地发明了一套既不怎么有趣也不怎么系统的体系。因此,英译者在注释中仅指出二者之间的那些与主题直接相关的变动之处就心满意足了。当然,英译者时常并不止步于此,他还要向《国

---

[1] Hist. Charles 5. Vol. 1. p. 296.
[2] Plowd. 357.

王之尊》求助,特别是在那些《格兰维尔》闪烁其词、观点不清的地方,尤其在当这一著作是由后人所出版时,前述问题有时自然会发生。除《国王之尊》外,注释中有时还会提到《诺曼底习惯法汇编》(*the Grand Custumary of Normandy*)、《布拉克顿》、《弗莱塔》、《布里顿》(*Britton*)、柯克、黑尔等。做这些注释的目的,有的是为了证实,有的是为了阐释文本,有的是为了说明该规定在我国并不罕见,有的则是为了表明该规则甚至被应用于现代某些邻国的法律中。在征引邻国的法律并时刻注意到它与亨利二世的法律之间或强或弱的相似性这个问题上,英译者听从了某位绅士的意见,这位绅士已然掌握着最为广博丰富的法学知识,可我们却更为他的宽宏和雅致,以及他那不凡的气度所惊叹。倘若那些更为贤达的头脑从英译者对这堆注释的期望和结果中不能收获什么益处,或许研习者们至少可以从中汲取到一点营养。如果说英译者在某些地方说得过多,那他在其他地方就只是做了扼要的文献说明。在某些场合,只需通过扼要的文献说明即可使研习者得到指引并打算作进一步了解,英译者始终反对使注释内容变得膨胀。除英译者所加的注释之外,读者们还会看到若干存在于一本《格兰维尔》钞本中的注释,该钞本以前属于阿尔兰德法官(Justice Aland)先生所有,现在则藏于皇家学会(Royal Institution)。然而,很难说这些注释是出自那位博学的法官之手,还是由另一位通晓盎格鲁-撒克逊语文的绅士——尊敬的艾斯托伯先生(Reverend Mr. Elstob)——所撰写。这些注释的后面统统标有"(Al. MS)"以示区别。

  英译者为使这本译作在其有限的能力之内做到尽善尽美,特地参考且仅参考了一些更重要的版本,比如牛津大学柏德利图书馆（Bodleian）、科顿图书馆、哈尔莱图书馆（Harleian）和米尔斯（Milles）博士所收藏的格兰维尔钞本。而藏于林肯会馆图书馆的格兰维尔钞本则没有被用作参照。

在对《格兰维尔》做了简单的介绍之后，英译者最后打算对它的内容简单说几句，这个概述在某种程度上得益于里弗斯先生撰写的法律史著作。

我们的作者总体上把自己讨论的问题限制在王室法庭所管辖的诉讼之中，把本书分成了14卷。前两卷处理王室法庭中由权利令状开启的诉讼及其过程中的全部阶段：传唤（Summons）、不到庭借口（Essoins）、出庭（Appearance）、控诉与答辩（Pleadings）、决斗（Duel）或大咨审团（Grand Assise）、判决（Judgment）和执行（Execution）。第三卷论述担保人的担保（vouching to Warranty），与前面两卷合起来清晰地介绍了通过权利令状恢复地产的整个诉讼过程。第四卷讨论圣职推荐权（Advowson）。第五卷涉及农奴身份（Villeinage）。第六卷则是寡妇地产（Dower）。第七卷处理财产让渡（Alienation）、血统（Descents）、法定继承（Succession）、监护（Wardship）和遗嘱（Testaments）。第八卷讨论终结协议（final Concords）和卷宗记录（Records）的一般问题。第九卷涉及臣服礼（Homage）、继承金（Relief）、效忠礼（Fealty）、各种役务（Services）及侵犯领地（Purprestures）。第十卷处理各种债（Debts）和合同（Contract）问题，第十一卷则是辩护士（Attornies）。如此这般解决了在王室法庭中开始的诉讼之后，我们的作者在本书第十二卷谈到了最初在领主法庭中由权利令状开启、但俟后又被移送至郡法庭和王室法庭的诉讼，这使得他列举出一系列向郡长签发的令状。他在第十三卷里处理了咨审（Assises）和侵占地产行为（Disseisins）。最后一卷的全部篇幅都在讨论王权之诉（Pleas of the Crown）的规则。

约翰·毕默思（John Beames）

> 我本来打算在这里记下那些为此事业慷慨解囊的绅士们的名字。可这份名单在一场吞噬了里德先生（Mr. Reed）的房屋的大灾中湮灭了，很多名字已经不可考，以致无法在此列出了。

序言

王权不应只为勇武之力所装饰，管制那些不服从于它及其王国的造反者和国家，而且也须由法律赋予荣耀，和平地治理其臣服者与子民。[1]我们那至贤至圣的国王游刃有余，无论在和平的岁月还是在战乱的年代，用右手的武力粉碎那来自暴戾狂躁和放荡不羁的傲慢无礼，与此同时，用那衡平的权杖使他的法官日益趋向谦卑和服从。正如他在降服他的敌人时那样无往不利，他在治理他的臣民时也无时无刻不表现出恰如其分的公正。那是多么的优雅得体、多么的富于激情、多么的精湛娴熟，当我们那最为圣贤的国王在敌意环伺中挥舞着武力时，他的显赫名声已彰寰宇，他的卓越功绩已垂天边。那是多么的公正无私、多么的严谨审慎、多么的悯恤宽怀，当我们的国王在和平时期治理臣民时，他热爱和平，而他本人就是和平的缔造者。他的法庭受着衡平的严格约束，为此，没有哪位法官胆敢轻率地背离正义的道路，抑或作出无论多么轻微地背离真相的判决。因此，他那对手的力量事实上无法把任何人，包括穷人和其他一切追求正义和良善的人，从他的法官的面前赶走。每个判决所依据的都是王国的法律，植根于理性及长期存在的习惯之中，除此之外，我们的国王并不拘泥于那些人的建议（尽

---

[1] 序言中起始的这段话是在模仿优士丁尼的《法学阶梯》，却莫名其妙地获得了那个时代法律著作的青睐，因为在《格兰维尔》之后，《国王之尊》、《布拉克顿》和《弗莱塔》都对这种做法进行了或多或少的效仿。

序 言

管他们是他的臣民),后者熟习于王国的法律与习惯——凭借着凌驾于他们之上的智慧和雄辩,国王选择那些合乎理性之要求的人,在正义的导引下审理案件并进行判决,以超乎寻常的严肃和注意力去作出他们所认为最适宜的判决。[1]那些英格兰的法律,尽管并未书写成文,仍然应该且毫无疑问地被冠以法律之名(因为它本身就是法律——君主所喜好的就是法律[2])。我的意思是,这些法律来自于贵族的建言,并在国王陛下的权威中公布,使得争议获得类似的解决。诚然,仅仅从写就成文的愿望出发,它们并不能被视作法律,因为,毫无疑问,成文法要比传诵于人间的衡平和理性更能传达出法律的权威。但是,试图把我们现时代的全部法律和制度统统付诸成文是不可能的,这不仅是因为作者们的才疏学浅,更在于法律的极其繁复和多样。即便如此,仍有一些法庭更普遍采用有章可循的程序,对我而言,把它们记录下来不仅是可能的,且对人们富于效用,乃至对记忆的传承也大有裨益。我所试图以流俗的语言记载成文的内容直接来源于法庭,以方便那些对此等俗事(Vulgarity)不了解之人阅读。我将使用卷和章来组织本书。

---

[1] 利特尔顿勋爵说道:"从这最后几句话可以看出,那个时候尚不存在明确的衡平法庭,王室法庭的法官们拥有在某些情况下缓和法律的权力。"(Hist. of Life Hen. 2. Vol. 3. p. 315. Oct. Ed) 本书第七卷第一章有着鲜明的体现。

[2] 这句话是罗马法中专制政治的基本原则。(优士丁尼《法学阶梯》L. 1. t. 2. s. 6.)我们有理由怀疑在这里引用这句话的意思是不是反讽。无论如何,本书中的篇章都无法证实著名的 M. Houard 据此得出的结论,不过读者们可以参考一下他的话:Le Texte de notre Auteur prouve qu' après la conquête, les Anglois reçurent, de Guillaume le Bâtard, les mêmes Maximes que nous avions jusques-là suivies, à l'égard du Droit exclusif, que nos Rois avoient toujours exercé, de faire les Loix (我们的作者的这段话表明了,英国人自诺曼征服之后一度从私生子威廉那里接受了君主专制的权力,也就是我们所长时间保留的那种权力)(Traités Sur les coutumes Anglo-Normandes par M. Houard. 1. 378)。

目录 Contents

001 | 从历史窥视文化与器物、制度的关系
——《宗教与法律经典文库》代总序

005 | 重印版导言

020 | 英译者导言

034 | 序　言

001 | **第一卷**

论属于王室法庭或郡长管辖的诉讼；以及不到庭借口；以及其他在诉讼过程中通常采取的准备程序，直到当事人双方全部到庭为止。

023 | **第二卷**

论诉讼开始前或紧接开始之后所通常采取的程序；以及用决斗或大咨审团来证明地产归属；以及决斗替手；以及属于决斗或大咨审团的其他事项。

041 | **第三卷**

论担保人；以及两位领主，分别由原告提出一位，被告提出一位。

047 | 第四卷
论圣职推荐权。

056 | 第五卷
论身份问题;以及天生农奴。

063 | 第六卷
论寡妇地产。

077 | 第七卷
论合法继承人;以及私生子,儿子或女儿,成年或未成年;以及对未成年人的监护和特权;以及最末继承人,指那些封地最终交回自己手中的领主;以及高利贷者,及其继承人;以及嫁妆和其他来自祖先的赠与;以及祖先的遗嘱和债务,它们都是继承人有义务为之担保的。

110 | 第八卷
论法庭上的终结协议;以及记载终结协议的骑缝证书;以及由法庭制作的卷宗记录,当某当事人打算推翻协议时;以及法庭作出的协议诉讼。

121 | 第九卷
论臣服礼;以及继承金;以及役务;以及协助金;以及侵犯领地;以及侵犯边界。

138 | 第十卷
论根据不同契约所产生的俗世之债,比如出卖、购买、赠与、出借、借用、租赁和继承;以及担保和质押,无论动产还是不动产;以及债务契据。

目录

155 | **第十一卷**
论辩护士,他们被置于委托人在法庭上所处的地位,并与他们共进退。

161 | **第十二卷**
论权利之诉;以及各种权利令状,它们因不同事由而向郡长或地产的领主发出。

172 | **第十三卷**
论咨审诉讼和认定;以及不同种类的侵夺。

195 | **第十四卷**
论属于王权管辖的刑事诉讼。

205 | 索　引

220 | 译后记

第一卷

> 论属于王室法庭或郡长管辖的诉讼；以及不到庭借口；以及其他在诉讼过程中通常采取的准备程序，直到当事人双方全部到庭为止。

第一章

诉讼要么是刑事的，要么是民事的。[1]前者分为属于王权（King's Crown）管辖的，以及属于郡长（Sheriffs of Counties）管辖的。下面这些诉讼属于王权的管辖。[2]

第二章

这些犯罪，用法律术语来说，包括冒犯国王罪（Laese Majes-

---

[1] "正如古老的田地里一定要长出新的庄稼，我们的古代典籍也在这个问题上作了详尽而又精彩的表述，那就是我们现时代所拥有的法律，诚如格兰维尔所云，'*Placitorum aliud est criminale, aliud Civile*, where *Placitum criminale is Placitum coronae*, and *Placitum civile*, *Placitum commune*, named in this Statute.'"[《大宪章》（Magna Charta）]（Vide 2 Inst. 21）。本书脚注中出现了大量的文献，对此译者尽量保留了原文，以供读者反查之需。在进行翻译时也括注了原文。——译者注

[2] LL. AEthelbyrti, c. 1. 2. 3. 4. 5. &c.（Al. M. S.）

ty），即弑君及在王国或军队内煽动叛乱[1]、欺骗性隐匿无主埋藏物（fraudulent concealment of Treasure-trove）、有关危害国王安宁（King's Peace）的诉讼、杀人、纵火、抢劫、强奸、欺诈犯罪[2]，以及其他类似性质的诉讼。[3] 对于这些犯罪，或者课以罚金，或者处以身体刑。[4] 但是，我们必须把盗窃罪排除在外，它当由郡长管辖并在郡法庭中审理裁决。[5] 其他属于郡长管辖的诉讼——如果抛开领主司法特权（Lords of Franchise）不论的话——包括扭打（Scuffles）[6]、斗殴（blows）或伤害（wounds）：除非指控人追加指控并声称该犯罪侵犯危害了国王的

---

[1]　"犯这些罪的人"，据《国王之尊》记载，"不仅因事实和行为，也因倾向和意图而受惩罚。"（*Reg. Maj.* L. 1. c. 1）

[2]　Crimen Falsi，这是一个从民法（Civil Law）中借鉴来的表述方式（*Vide Justin. Inst.* 4. 18. 7. & c.）。我们的作者也对该借鉴有所介绍，见下文第十四卷第七章。

[3]　Cap. 2. Hengham Magna, c. 2. p. 7. LL. Canuiti R. secul. c. 61. et Somneri Gloss, in voce emenda. (Al. MS.) 卡纽特法则采用了下述词语来表达：*Irruptio in domum et incendium et fürtum manifestum et ccedes publiea et domini proditio juxta leges humanas sunt inexpiabilia.* (Vide LL. Anglo-Saxon. Ed. Wilkins, p. 143)

[4]　早在卡纽特法中便存在着折损肢体的刑罚（LL. Canuti, c. 15. 33. & c.）。据此可以推断，是卡纽特大帝最先把这种刑罚带到英格兰的。但无论此论断是否成立，征服者的法律无疑为这一刑罚打下了更深的烙印。它禁止对任何犯罪处以死刑或绞刑，却转而将罪犯挖去双眼、砍掉手足等，以便他能在象征着邪恶和狡诈的身体中继续活着（*ita quòd truncus vivus remaneat in signum proditionis et nequitiae suae*）!!（LL. Gul. Conq. p. 218. Ed. Wilkins）

[5]　"盗窃与过失杀人"，根据《国王之尊》的规定，"当存在控告人时属郡长管辖，但存在公诉理由（dittay）时则否"（c. 1. L 1）。根据柯克勋爵的说法，"郡长在郡长治安巡视法庭（Tourn）中审理盗窃诉讼（其理当如此）"。但郡长的这部分管辖权已被《大宪章》第 17 条剥夺（参见 2 Inst. 30 - 1）。

[6]　Medletis，在 Harleian、Cottonian 和 Bodleian 的钞本中写作 melletis。从布拉克顿的记载中可以看出，有些侵犯行为是在领主司法特权的管辖之下，而当后者存在过错的情况下也可能复归于郡长管辖；还有些侵犯行为属于王权的管辖。《国王之尊》也采取了这种划分方法（vide Bracton, 154. B. Reg. Maj. L. 1, c. 2）。这个概念据说来自法语 mesler（Vide 3 Inst. 66, Spelm. Gloss. and Cowell's Interpreter）。

安宁。[1]

第三章

民事诉讼可以分为只在王室法庭审理和裁决的，和属于郡长管辖的。在前一法庭审理裁决的诉讼包括涉及男爵领地（Baronies）；教堂的圣职推荐权（Advowsons of Churches）；身份问题；寡妇地产（Dower），即当某女子被绝对禁止取得它时；违反在王室法庭作出的协议诉讼（Fine made in the King's Court）；行臣服礼（Homage）；收取继承金（Reliefs）；侵犯领地（Purprestures）[2]；俗世间各种债的问题。这些诉讼，实际上只与财产本身相关：只关注财产的占有，并通过认定（Recognition[3]）的方式加以审理裁决，我们将在适当的地方讨论。

第四章

属于郡长管辖的诉讼包括：与自由保有地产的权利相关的诉讼，当领主法庭无法主持公道时——我们以后还会讨论；天

---

[1]《国王之尊》以此作为郡长管辖权的列举式规定（L. 1. c. 3）。"在郡长与国王诉讼管辖权的区分之中，我们看到了许多仍作为现代公诉书（modern Indictments）和令状中所列举的理由：'以武力侵犯（vi et armis）'、'属于国王的王权和荣耀（of the king's crown and dignity）'、'国王的安宁（the king's peace）'以及'和平（the peace）'，随着郡长不再具有独立管辖的职能，仅上述最后一个理由就足以提出指控了。"（Vide Reeves's Hist. Eng. Law. 1. 113）

[2] 我们的作者将在本书第九卷第十一章阐释这个术语。

[3] *Recognitiones*。关于 *facere recognitionem*，爱德华·柯克勋爵评论道："*Cognitio* 是确认或认可，或者是承认，而 Recognition 是一种对存争议事实所作出的正式的认可或确认，此时的咨审员称作 *Recognitores Assisce*"（Vide Co. Litt. 158. b）。在此提醒读者，我们的作者将在第十二卷详细地阐释认定。

生农奴（Villeins-born）身份的诉讼。这些诉讼[1]的提起必须获得国王令状（King's Writ[2]）的批准。

第五章

当有人向国王本人或他的法官，就自己的封地（Fee）或自由保有地产（Freehold）提出控诉（complains[3]）时，倘若该控诉应由王室法庭审理，或由国王的恩准可以由王室法庭管辖时，控诉方便可以申请到一份传唤令：

第六章

"国王问候郡长健康。[4] 我命令你指令 A 不迟延地将位于某村的一海德土地（one Hyde of Land）归还于 B，因为 B 诉称该土地系由 A 自他处非法强占而得。除非他听从你的指令，否则派精干的传讯官将他传唤至我或我的法官面前，于复活节后第八日（*in crastino post octalas clausi Paschae*），于某

---

[1] 我们从布拉克顿那里得知，郡长可以对很多非属职权（*ex officio*）的案子进行管辖，但当他们依照国王的指令实行管辖时，他们的身份是王室法官（*Justiciarius Regis*）而非郡长（Bracton, 154. b）。这一区分殊为重要，而且似乎并不被《诺曼底习惯法汇编》（the Grand Custumary of Normandy）知晓（Vide c. 2）。

[2] *Breve*，也就是令状（Writ）。由于案由太多国王无力一一亲自指示，据克雷格说，他便把案件的要点记载下来转递给法官，故而得名 *Breve*（Craig. Jus. Feud. L. 2. dieg. 17, §24）。早在亨利一世时期，我们就发现了作为向国王抱怨并控诉他人的"控诉令状（*contemptus Brevium*）"（LL. Hen. 1. c. 14）。

[3] *Clamat*，参见 Spelm. Gloss. ad voc. Craig. Jus Feud. L. 2. Dieg. 17. §. 25. and L. 3. dieg. 5. §. 2.

[4] 参见 Fitz. Nat. Brev.（菲茨赫伯特《令状选编》）p. 5, Ed. 1687. 由于我们遇到了第一份令状，在此做一些说明便并非不合时宜：出于可想而知的理由，英译者在处理令状时沿用了诉讼过程中通用的技术性术语。

处，说明他不听从指令的理由。我命令你派遣传讯官并执行此令状。副署人（Witness）拉努尔夫·德·格兰维尔，于克拉伦敦。"

第七章

　　受传唤的当事人在法庭所指定的那天要么出庭，要么缺席，要么派信使（Messenger）亦即提出不到庭借口（Essoin[1]），要么干脆什么也不做。如果他既不到庭也不给出借口，而对方当事人亦即原告，在规定的当天出现于法官面前提出起诉的话，那么后者要在法庭等上3天。如果被告在第四天依旧不到庭，同时传讯官到庭说明已按时传讯过他了并提供证明，法庭将根据程序，再次向被告签发一份令状，要求他在至少15天的期限[2]内到庭对诉讼进行答辩，同时也要对为何不遵守第一份令

---

[1] *Essonium*，即借口（Excuse）。柯克勋爵认为这个词衍生自法语中的动词 *essonier* 或 *exonier*。他告诉我们，这个词就是民法中的 *excusatio*。亨利·斯佩尔曼（Henry Spelman）爵士也提到了相同的演变。希腊单词 εξομνυσθαι 被认为是另一个语源，此为用誓言来提出借口的方式，并出现于耶路撒冷法典中（c. 58）。如今的 Essoins 种类已经相当狭窄，而我们说在亨利二世时期主要有五种不到庭借口便足够了。我说"主要有"，是因为除此之外，还有许许多多不怎么重要的种类。据爱德华·柯克爵士的考证，这五种主要的不到庭借口包括：①*de servitio Regis*；②*In terrain sanctain*；③*Ultra marc*；④*De malo lecti*；⑤*De malo veniendi*；后两种有时也作 *ex infirmitate de reseantisa* 和 *ex infirmitate veniendi*，在本书中经常被我们的作者提及。据说不到庭借口是由诺曼人传递给我们的。（Vide Assies of Jerusalem, c. 58. , le Grand Custum. de Norm. sparsim, Bracton, 336. b. et seq. , Fleta L. 6. c. 7, Mirror, 117 et seq. , 2 Inst. 125, Spelm, Cowell. , Les termes de la ley, & c. & c.）

[2] 关于这段日期的确定，参见 *Articuli super chartas*, c. 15. 以及柯克勋爵的评论（2 Inst. p. 567）。诺曼法典也对一次合法的传唤要求了类似的期限，Grand Custum. de Norm. c. 49. See also Bracton, 334. a. and Fleta, L. 6. c. 6. s. 11. 12.

状的理由作出说明。[1] 这种情况下要送 3 份令状，如果被告在收到第三份令状时依然既不到庭又不指派辩护士（Attorney），他的地产将被收交到国王手中并保留 15 天。接下来，如果在这段时间里他仍旧不到庭，地产的占有（Seisin[2]）将会变更给对方当事人，自此之后被告的请求将不再被受理，除非关系到财产权利（Propriety）本身，并存在国王权利令状的授权。[3] 然而，假如被告在这 15 天里到庭，并期望恢复自由保有地产的话，他有可能会获得相应的权利，亦即如果他出庭，还是有可能恢复占有的。但当被告在第三份令状时到庭且承认已收到前面的几份传唤令状时，他将立刻丧失占有，除非他以国王的担保（King's Warrant）作为不到庭借口并能够即刻向法庭提交该令状：

第八章

"国王问候法官健康。我担保 B 根据我的命令于某日某地为我服役，故而他无法在你所指定的日期到庭。我命令你勿将他的不到庭（absence）视为缺席（default），并勿因之使他受到任

---

[1] 从《国王之尊》来看，似乎倘若这些传唤均由同一传讯官实施，并当着合法且充足的见证人之面，那就是有效的。见证人负责在责令被告答辩之前证实传唤。（Reg. Maj. L. 1. c. 6）

[2] Seisina，"是从法语 seisine 一词借来的，在我们的普通法中表达 possessio 的意思"（Cowell ad voc.）。克雷格还指出，既然我们借来了这个概念，那么也就同时借来了法国人的理论（Craig. de Feud. L. 2. Dieg. 7. s. 1）。柯克勋爵和斯佩尔曼爵士在这一语源上与科维尔以及克雷格的观点均一致（Co. Litt. 17. a. Spelm. Gloss. ad voc.）。这个概念似乎也在教会法和民法中存在着。（Cowell ubi supra: vide also Index ad Anglo-Sax. LL. verb. saisiare and references there）

[3] Vide Bracton, 367. a.

何损失。副署人……"[1]

第九章

假如他打算否认已收到所有的传唤令,他需要对每份令状逐个否认,并提供 12 个人的宣誓[2]作为证明。若在指定的当天,有任何宣誓助讼人(Compurgators[3])不合格或被正当地排除资格,且空缺没有被及时填补,那么被告将因缺席而立刻丧失占有。[4]如果被告成功否认了全部传唤令,他将在当天开始诉讼答辩。[5]

第十章

如果被传唤的被告在第一天没有到庭,而是提供了不到庭借

---

[1] Vide F. N. B. 36. 37. Ed. 1687.
[2] *Duodecima manu.* 评论者们把它表述为除当事人之外的 11 个人,这一表述得到了以下权威或多或少的赞同:Co. Litt. 295. a. 2 Inst. 44,and the Diversity of Courts,p. 324. 此外,Les Termes de la Ley 在叙述此问题时明确提出当事人也包括在这 12 个人之内(Ibid. ad voc. ley)。
布拉克顿在面对这一问题时采取了同样的表述方式,并称当被告没有宣誓或虽宣誓却仍失败时无法恢复地产,他还指出被告不得利用代理人行使权利,只能由他本人实施(Bracton, 366. a. 410. a)。对这种宣誓的起源感兴趣的读者可以参考 Cowell ad voc. Law 和 Les Termes de la Ley 以及 Bl. comm. p. 341,8cc.
在结束这一章前我们还要说,柯克勋爵曾指出,在《大宪章》之前,任何在存卷法庭(Court of Record)进行这种宣誓的人都必须提供诚信证人(*fideles Testes*)(Co. Litt. 168. b)。
[3] 布拉克顿告诉我们,宣誓助讼人不必与当事人身份等级相同:他们只需令人信赖、人品好即可。(Bracton, 410. a)
[4] 里弗斯先生指出,格兰维尔并没有把誓证裁决(waging of Law)当做民事诉讼中被告举证的方式。确实如此,它并不能构成诉讼中的防御行为。
[5] Vide Mirror, c. 4. s. 7. Bracton, 366. a. b. 368. a. b.

口的话，若借口合理则可被法庭采纳，在这种情况下，他可以连续提供 3 次不到庭借口。正当的借口有很多，我们将逐个考察。

第十一章

有的不到庭借口与身体不适有关，有的则不然。因身体不适而产生的借口——一是"被告因重病体弱而不能出庭（*ex infirmitate veniendi*），"二是"被告因久病体弱而不能出庭（*ex infirmitate de reseantisa*）"[1]。

第十二章

假如被传唤的被告在第一天提供了因重病体弱而不能出庭（*de infirmitate veniendi*）[2]的不到庭借口，那么将由已出庭的原告进行选择，要么由不到庭陈述人（Essoiner）在当天[3]为该借口的真实性提供合法的证明（lawful proof），要么提供诉讼担保物（pledgs），要么以庄重的宣誓表明自己会在指定的一天提供担保不到庭借口的担保人（Warrantor of the Essoin）。他可以

---

[1] *Reseantisa*，来自法语 *reseant* 或 *resiant*，英语化之后是 resiance，约翰逊博士在词典中对它的解释是"居住"（residence），又说这个词目前仅仅用于法律之中。我们的作者在下文曾使用过这个词的简单含义（第十二卷第七章）。然而它还有另外一种含义，古代英格兰和苏格兰的法律家把它作为一种 Essoin，正如斯基尼所说，指"长久顽固的疾病、一种 resident、严重的虚弱或沉疴"（*Regiam Majestatem*, L. 1. c. 8）。我们的作者在字里行间暗示着我们，这个不到庭借口与 de malo lecti 同义，亦即长久的身体不适所导致的某人卧床或无法出门。

[2] 在诺曼法典中又作 *de via Curiae*。当事人在前往法庭途中突染重病以致无法出庭时，可以提供这个借口。（le Grand Custum. de Norm. c. 39）

[3] 据 Cottonian、Bodleian 和 Dr. Milles 的钞本尚有"或其他日子"。

连续提供 3 次不到庭借口。如果，在第三天[1]他既没到庭也没提供不到庭借口，则命他于另行指定的某个届时他已康复的日期到庭，或派合适的辩护士替代他到庭并与他共进退。无论到时候是什么人替被告出庭承担辩护责任，是否有授权信（Letters）都不重要，只要人们知道他与被告属同一阵营的话，他就应为法庭所接受并与被告共进退。[2]或许有人会问，若被告提供了 3 次不到庭借口并均已担保的话又在第四天到庭了，应当如何处理？在这种情况下，他应该用自己的誓言证明每个借口的真实性，[3]并于当天开始诉讼答辩。如果在第四天他既没出庭也没派辩护士，那就把地产转到国王的手里，为此法庭需要签发一份令状，指令争议地产所在郡的郡长按以下令状的指示行事：

第十三章

"国王问候郡长健康。我命令你不迟延地将位于某村的某块土地交到我的手里，M 诉称为她的寡妇地产并与 R 在我的法庭中有一场诉讼。你应将扣押的日期告知我的法官们。并派精干的传讯官将前述 R 传唤至我[4]或我的法官面前，于威斯敏斯特，于复活节后 15 日内（*a crastino octabus clausi Paschae in quindecim dies*)，听取对他的审判。我命令你派遣传讯官并执行此令

---

[1] 据 Dr. Milles 的钞本应作"第四天"，显然应该是这样的。
[2] 参见后文第十一卷第五章。
[3] 从《布拉克顿》和《弗莱塔》可以看出，这种要求针对的是那些地位低于男爵的人，他们必须用自己的誓言保证不到庭借口的真实性（Bracton, 351. b. Fleta, L. 6. c. 10. s. 15）。但根据《马尔伯勒法》（Statute of Marlbridge）第 19 条，即便这些人也不必负此义务（2 Inst. 136）。
[4] Vide Madox's Excheq. c. 3. s. 3.

状。副署人拉努尔夫·德·格兰维尔,于威斯敏斯特,……"
此外,还应指令郡长将不到庭陈述人作为缺席者拘禁起来,为
此签发如下令状:

第十四章

"国王问候郡长健康。我命令你不迟延地在你郡仔细搜寻
A,他曾在 B 与 C 于我的法庭进行的诉讼中提供了虚假的不到庭
借口,你应妥善拘留他,直到我又有别的命令。副署人……"
同时也应把被告本人传唤至国王或他的法官面前出庭,说明不
担保不到庭陈述人的理由并进行诉讼答辩。此外不到庭陈述人
的保证人也需以下面的令状被传唤:

第十五章

"国王问候郡长健康。我命令你派精干的传讯官将 T 传唤至
我或我的法官面前,于威斯敏斯特,于圣灵降临节后的 15 天
内,说明他为何不于某日把 I 带到威斯敏斯特我的面前,而是担
保了 I 与 M 在我的法庭进行诉讼时提出的不到庭借口。我命令
你派遣传讯官并执行此令状。副署人……"

第十六章

但是,如果被告在 15 日内到庭并提出恢复地产,则应另行
指定一天让他听候自己应得的结果,如果当日他出庭并提供了
担保,就有可能恢复占有并保持下去。如果他否认全部传唤令
或为全部不到庭借口提供担保,且通过 12 人的誓言逐一完成;

又或是他承认第一份传唤令,为 3 次不到庭借口提供担保,并通过即刻提交国王的担保令状阻断了第四天的时效,他也有可能保住自己的地产。但是,若被告在 15 日内没有出庭,地产的占有将在次日移转给对方当事人,被告将不再被法庭理会,除非他获得了国王的权利令状。[1]原告可凭以下向郡长签发的令状恢复地产:

第十七章

"国王问候郡长健康。我命令你不迟延地将某村的某块土地的占有移转给 M,他在我的法庭中就此地产与 R 进行了诉讼。由于 R 在我的法庭中缺席,因此该地产的占有被移转给 M。副署人……"

第十八章

如果有人想用因久病体弱而不能出庭(*de infirmitate de Reseantis*a)借口不到庭,他可以用 3 次。[2]不到庭陈述人须在指定的第三天,于适宜的地点、适宜的人面前陈述不到庭借口。若在第三份传唤令之后被告依然不到庭,法庭应当查明被告的不作为(indisposition)是否出于衰弱(Languor)[3]。为此,要向郡长签发另一份令状:

---

[1] 这条严苛的规定由 9 Ed. 3.(爱德华三世第 9 年的法律)c. 2. 得以修改,不再有人会因 *non-plevin*(未收回)而丧失占有。我们的作者在这里的空白处加入了一个注释,但所引用的章目是错误的。

[2] 据 Cottonian、Dr. Milles 的钞本,尚有"并通过两个不到庭陈述人"一句。

[3] 斯基尼把衰弱解释为"身体或精神上长期的不适"。(*Reg. Maj.* L. 1. c. 8)

第十九章

"国王问候郡长健康。我命令你不迟延地派遣你郡中 4 名守法的人（lawful man[1]），以查明 B 是否衰弱，因为他在我的法庭与 R 进行诉讼时为其不到庭提出了体弱的借口。如果他们认为的确是衰弱，便给予他宽限自查明之日起一年零一日的时间于我或我的法官面前出庭，或指派合适的辩护士为他答辩。如果他们认为不是衰弱，就为他指定一天令其出庭或令其派辩护士为他答辩。另派精干的传讯官将前述 4 名骑士传唤来证实他们的查证情况，并说明他们所给他指定的日期。我命令你派遣传讯官并执行此令状。副署人……"还应注意，为提供不到庭借口至少需要 2 名不到庭陈述人。

第二十章

还需补充一点，在所使用的 3 个不到庭借口中，可以前两个借口是因重病体弱而不能出庭（de infirmitate veniendi），第三个借口是因久病体弱而不能出庭（de reseantisa）。

如果是这种情况，法庭需要查明被告的不作为是否出于衰弱。而如果前两个不到庭借口是因久病体弱而不能出庭（de reseantisa），而第三个是因重病体弱而不能出庭（de infirmitate veniendi）的话，就按所有借口都是因重病体弱而不能出庭（de infirmitate veniendi）来处理，因为判决必须依最后一个不到庭借

---

[1] 原文作 Homines（人），英译者以为这里应该是 milites（骑士）。这不仅从这份令状的后文可看出，也得到了《布拉克顿》、《弗莱塔》和《诺曼底习惯法汇编》等其他文献的验证。也可参见本卷第二十八章，那里在相同情况下派出了 4 名骑士。

口的性质而作出。

第二十一章

假如出现这种情况，即当事人已经出庭答辩，法庭又另行指定了一天要求他出庭，而在这天他既不到庭也没派辩护士的话，就把土地交到国王的手里并剥夺他的取回权。同时再进行传唤并指定一天要求他出庭听审——而且，无论他届时出庭与否都会丧失占有，以示对他缺席的惩罚，他不能拒绝这个传唤，除非他能即刻递交国王的令状以阻却缺席。被告可以于指定期间内的任意一天出庭，当他中途合法退庭之后可以再使用3次不到庭借口，除非他事先已有协议放弃此权利。如果被告在第一天提供了不到庭借口，第二天却既不出庭也不提供借口的话，郡长应当通过前面已给出的令状把不到庭陈述人作为缺席者拘禁起来。

第二十二章

在此应当说明，诚如当事人可以为自己提供不到庭借口，不到庭陈述人也可为自己提供不到庭借口。比方说，某人想采取一个合理的借口不到庭，为此他必须委托他人替他陈述不到庭的借口，而后者在出庭途中也遇到了若干有理由的障碍从而无法在指定的日期出庭，在这种情况下法庭会如等候当事人那样等待再不到庭陈述人3天，如果期间他到庭了，那么不到庭陈述人的不到庭借口将在当日为法庭所采纳，从而对他的委托人[1]产生同样的效果。

---

[1] Dr. Milles 的钞本作"被告"。

第二十三章

如前所述，不到庭陈述人可以委托他人为自己的不到庭提供借口。此种情况下，再不到庭陈述人（the second Essoiner）必须对法庭说明：被告有正当的借口无法在指定的日期出庭进行诉讼，他指定了另外一个人到庭为他陈述借口，但是该不到庭陈述人也遇到了合理的阻碍从而无法到庭，再陈述人必须依法庭的程序提供证明。这样一来，再不到庭陈述人将被法庭接受，同时在被告须为不到庭借口提供担保的情况下，向被告另指定一天通过不到庭陈述人的中介提出担保人。同理，不到庭陈述人需要为再不到庭陈述人担保（guarantee），除非后者在出庭首日已受过对方当事人的质询。

第二十四章

若被告在已提供不到庭借口且在第四天之内想要出庭进行诉讼，而日期已因不到庭陈述人的介入而重新确定，对方当事人也已离开法庭，那么原告[1]在该日之前无法恢复占有。

第二十五章

还有一种应被法庭接受的不到庭借口，即"被告因在国外而不能出庭（de ultra mare）"[2]。如果法庭接受了这种借口，

---

[1] 据 Bodleian 的钞本应为"被告"。
[2] 据《国王之尊》记载："尚有一种合理的不到庭借口，即当某人身处国外。如果这个借口被采纳，当事人将获得 40 天的宽限期。"（Vide Reg. Maj. L. 1. c. 8）对于这个借口所可能导致的滥用已经由《威斯敏斯特法 I》第 44 条加以弥补。参见柯克勋爵的评论，2 Inst. 251.

不到庭当事人将会获得至少 40 天的宽限期。但该期间截止后当事人仍不能到庭的，不中断法庭其他程序的继续。

第二十六章

还有一些其他的借口能够阻断那 4 天或其中之一的时效，并要求对方当事人在法庭等候：例如，洪水突袭，或其他不能预见的意外事件。

第二十七章

为国王服役（the service of the King）也是一种不到庭的借口，[1]一旦这个借口为法庭所采信，诉讼将被无限期（*sine die*）中断，直到当事人为国王的服役届满后归来。但对那些为国王提供持续性服役的人，比如仆人（Servants[2]），则不得享有此种借口，不过考虑到他们的身份，法庭的惯例和法律的命令也应留意。在处理这种借口时我们必须区分两种情况：申请为国

---

[1] 这个借口来自于政治性义务，但不得扩大至为他人的服役。（Bracton，336. b）
[2] *Servientes* 具有多重含义。有时指具有军衔的人，有时仅指附庸或佃户，有时又指候补骑士（Esquires）——利特尔顿勋爵和 Dr. Brady 似乎是在这个意义上使用该词的（Litt. Hist. Hen. 2. Vol. 3. p. 87）。塞尔登先生则在他的 *Treatise on Titles of Honor* 中指出这两个概念其实迥然不同。Dr. Sullivan 在征服者的法律中遇到这个概念时解释说它的含义是"未授骑士爵位的下级士兵，不能受封土地，但可以担任小修道院院长"（Lectures on Laws of England，p. 266）。约翰·斯基尼爵士（Sir John Skene）的说法，据我理解，意思是家务管家（domestic servants）（*Reg. Maj.* L. 1. c. 8）。我推测，尽管 *Servientes* 往往与 *domini Regis*（国王陛下）一起连用，但在本书中真正意思是每个郡都设置的某种官员，或许拥有某种权力，但与郡长或郡验尸官（Coroners）仍有不同之处。布拉克顿也曾提过他们。（L. 3. Tr. 2. c. 32）

王服役之借口（Essoin *per servitium Regis*）的当事人是先被传唤再有服役关系，还是先有服役关系后被传唤。

若当事人已经在为国王服役而俟后被传唤，那么我们先前所描述的规则便具有毋庸置疑的优先性。若当事人处于前述第一种情况，又请求因为国王服役而不能出庭的，需要进一步查明他的服役是按国王的一般或特别令状、指令以及敕令等的要求，还是其他。如果他是依照国王令状的指示履行役务的，那么也应遵循我们前述的规则。但若他并无令状指示而是出于自愿为国王履行役务的，就要再作区分，看他的役务是位于海外还是王国之内。如果当事人的役务要在海外履行，他将获得至少40天的延长期（respite[1]），但如果到期之后他仍无法到庭的话就要照法庭的惯例和法律的命令来处理了，无论何时，无论由他本人还是辩护士，只要出庭了就必须即刻向法庭递交国王的令状以担保他的不到庭借口。如果当事人的役务在王国之内履行，那么就由国王的法官依照自己的意愿和想法给当事人规定一个或长或短的期限（period[2]）出庭答辩，并使该期限符合国王的需要和正义的要求。

第二十八章

还可能有一种情况，当事人已经身在法庭所坐落的同一个郡中，但因为涉及其他正在审理中的案件而被拘禁在法庭中应

---

[1] 对所延误时间的延长（Respectus, pro mora, dilatione vel continuatione temporis）。这个词经常出现在古代的法律著作中（*Vide Reg. Maj.* L. 4. c. 20. and Spelm. Gloss. ad voc.）。《国王之尊》中有一份令状叫 *respectu computi vicecomitis habendo*，是指令郡长延期审理的。此外还有 *respectus Homagii*，即推迟行臣服礼（See Cowell ad voc.）。

[2] *Terminum*，"在民法中"，斯佩尔曼指出，"该词意谓对被告指定的一段日期，布拉克顿和格兰维尔也是在这个意义上使用该词的。"（Reliquiae Spelmannianae, p. 71）

诉，从而无法按时到庭。此时法庭应指示他在结束前案之后的 3 日内到庭，因此他将获得 3 天的延期。如果到了第三天他依旧不到庭，便由法庭指令 4 名骑士查看他的情况是否适于出庭答辩。如果他们认为当事人情况适宜，应当命令他出庭。如果他们认为当事人的情况不适宜且能够在法庭上作出证明，当事人将会获得至少 15 日的合理宽限期。

第二十九章

  法庭中常见的另一种不到庭借口是"被告因正在旅行途中而不能出庭（de esse in peregrinatione）"。对此我们应当作些区分，看当事人是在踏上旅途前主张这个借口的，还是在旅途中主张的。如果是前种情况，那么我们必须按法庭的章程和正义的指令来处理。但如果当事人并非是在开始旅行前收到的传唤令，那么再看他是去耶路撒冷旅行，还是去别的地方漫游。如果他是去到耶路撒冷，就至少给他宽限一年零一天的时间。如果是到别处漫游，就应由国王或他的法官依意愿和想法，并视旅途的长短而确定一个合理的期限。[1]

第三十章

  为传唤当事人而对郡长签发的传唤令状中总有这个句子："我命令你派遣传讯官并执行此令状（and have there the summoners and this Writ）。"

---

[1]《国王之尊》在处理不到庭借口这个问题时几乎逐字逐句地照抄了格兰维尔，只是多了一种我们的作者没有提过的借口即"因公共事务而不能到庭"。（*Reg. Maj.* L. 1. c. 8）

当原告在所指定的日期到庭时,首先要查看郡长是否已将传讯官安排到位,以及郡长本人是否在场。如果一切就绪,那么诉讼将按照我们前述的流程进行下去。但若郡长既无法在当日,也无法在被告必须出庭的第四日到庭的话,就需要再次向郡长签发一份国王令状指示他传唤被告,同时签发一份再传唤令(a Writ of second Summons)指令郡长本人到庭说明未执行第一份传唤令的原因。再传唤令的内容与传唤令相仿,只是加了如下内容:"……我命令你本人到庭说明你不执行第一份传唤令传唤他的原因。我命令你执行此令状,并前一份令状。"在所指定的当日,郡长到庭之后,要么坚持说自己已经执行了国王的令状,要么承认自己没去执行。

如果是后种情况,那他就要向国王缴纳罚金(be amerced to the King)。但此时原告也将丧失他的第一天,而对被告也要再进行传唤。但如果郡长宣称他已经派了合法的传讯官去执行第一份传唤令,而且他们也到庭证实了这一派遣的话,那就不单单郡长,连传讯官也要向国王缴纳罚金,[1]因为执行传唤令是他们的职责可他们却没有履行。但原告同样将丧失他的第一天。

如果郡长所指定的传讯官到庭后表示郡长没有派他们去传唤被告的话,需要进一步区分,看郡长是如他所当作的那样在郡法庭下达的指令(为此,当原告到庭提出控诉之后有可能被拘禁起来以候传唤),还是在别的什么地方下的指令。如果郡长是在郡法庭下的命令且有充分证据证明,那么传讯官要受罚,

---

[1] 似乎到了布拉克顿的时代之后,此种情况下只要求传讯官交罚金。(Bracton. 336. a)

因为他们不得否认一项已然存在于郡法庭的事实。[1]如若郡长是在郡法庭之外的地方下达的传唤被告的指令,且不具有公开性的话,那么郡长就应因不按正确方式执行国王令状而受罚。因为对于那些应为公众所知晓的程序——比如派遣传讯官、选择诉讼保证人以及出庭答辩[2]——而言,它们只是为达到最终裁决的一些准备性工作,让公众知悉这些程序能避免产生某些拖延最终决定之作出的问题。如果在第一天,传讯官没有到庭表示自己已按法律规定执行了传唤令,而是找人来提供了不到庭借口,不到庭陈述人又宣称自己已经合理地执行了传唤令,这种情况下原告将不会丧失他的第一天,而传讯官依然需缴纳罚金,因为他们没能在第一天到庭证实自己已执行过传唤令,除非他们能递交国王的担保令状为自己的缺席提供借口。此外,我们还不要忘记,只要两名传讯官中的任意一人在第一天合法地提供了不到庭借口,原告就不会丧失这一天。

第三十一章

我们已经讨论过被告只被传唤而无担保时不到庭情况的处理,但当依案件性质被告必须为出庭提供诉讼保证人(Pledges),且法官或郡法庭已经制作了卷宗记录(比如,违反在王室法庭中于国王或其法官面前作出的民事纠纷终结协议,或新近侵占土地之诉)时,若被告在第一天既没到庭也没提供不到庭借口,诉讼保证人应向国王缴纳罚金,被告也将被要求追加

---

[1] 因此,据布拉克顿说,郡法庭应当制作卷宗记录(Bracton. 336. a)。布拉克顿这番话的力量将在后世逐渐得到显现。
[2] 无论在民事裁判,还是刑事裁判中(*Tam in civili negotio, quam criminali.*)(Bracton, 336. a)。

诉讼保证人。而即便被告在3日内全部缺席的话，[1]诉讼也将照常进行，不过地产要转到国王的手中并依前述方式保留（retain），已受罚的诉讼保证人也将被要求于指定的某日到庭受审。不过，在刑事诉讼，比如违反国王安宁案件的诉讼中，处理方式大抵如上所述，只有一点不同：由于当事人是被指控的（is accused[2]），故当受传唤不到庭时，其人身应被拘禁起来，诉讼保证人也要被课以罚金（amerced[3]）。

第三十二章

在讨论过被告不到庭（absence）所导致的一些常见问题之后，接下来该说说原告不出庭（not appear）时的处理办法。如果原告在第一天没有到庭，他可以利用与被告相仿的方式提出借口来获益。

可如果他既不到庭也没提供借口，而被告却已由本人或合法指定的他人到庭时，法庭将裁决将被告无条件释放（be unconditionally dismissed）。但这并不排斥原告以后在某些限制条件下再恢复占有的权利，假如他确有意向（feel inclined）的话。

当原告确有意向再次起诉同一被告时，对于如何惩罚他此

---

[1] 这是《威斯敏斯特法 I》（West. the 1*st*）第 44、45 条的前身。
[2] *Rectatus*（犯罪嫌疑人），ad rectum vocatus.（Spelm. Glossr. ad voc.）*Rectum* 意味着受到刑事指控。
[3] *Misericordia*，对加害人所课以的罚金，其名称据斯佩尔曼考证，*quod lenissima imponitur misericordia*，相对于著名的 *redemptiones* 而言要更重些（Gloss. ad voc., see also Co. Litt. 126. b. and Madox's Excheq. c. 14）。与格兰维尔一道，我们还将遇到 *misericordia*、*misericordia domini*、*misericordia vice-comitis* 以及 *misericordia domini regis*。参见下文第九卷第十一章及其他部分。

前的缺席行为便产生了疑问且众说纷纭。有人认为他除了诉讼费用（Cost[1]）、其他开销以及第一份令状之外不再受任何包括诉讼事由（cause of Action）在内的损失。有人则认为应当无可逆转地剥夺他再度向被告起诉的权利，且应向国王缴纳罚金，因为他藐视了法庭。还有人指出，他理应向国王交罚金，但此后能否被法庭再次接受则须听凭于国王的意愿，以确定他是应无条件地恢复诉讼，抑或是有条件地恢复诉讼。至此我们已经对原告无诉讼保证人的诉讼流程说了足够多的东西。而在原告已为担保诉讼提供了诉讼保证人的情况下，如果他本人或辩护士在指定的当日没有出庭，被告将被无条件释放。原告将丧失第一份令状以及全部诉讼费用，他的诉讼保证人也要向国王缴纳罚金，一如前述。

另外有些观点认为他应丧失诉讼理由、诉讼保证人及其他东西。但这仅是在民事诉讼中常见的情况，即当诉讼只属于原告时的后果。而当诉讼不止属于他一个人，同时也是属于国王时，比如在侵犯国王安宁的刑事诉讼中，肩负起诉义务的原告就不能丧失诉讼理由，而是要被拘押起来并妥善安置，直到他提起控告（Appeal[2]）为止。他的诉讼保证人亦应受罚金刑处罚。

---

[1] *Custum.* 爱德华·柯克勋爵在评论《格罗塞斯特法》（the Statute of Gloucester）时指出，"在本法之前的普通法上，没有人能取回诉讼费用，无论是不动产诉讼、人身诉讼还是混合诉讼"，同时"本法首次规定了诉讼费用的缴纳"（2 Inst. 288）。为了支持自己的说法，他引证了我们作者现在这章的内容。不过很难看出本章内容究竟是如何支持柯克勋爵的观点的。我们的作者仅仅在提供一些不同的说法罢了，并没有给出自己的观点。柯克勋爵的结论或许是正确的，但该结论却不能从格兰维尔本书中得出。

[2] *Appeal* 在这里的涵义是开始刑事诉讼，读者可参考 4 Black. Comm. P. 312. et seq.

第三十三章

如果原被告均不到庭，国王和他的法官将对他们双方均课以惩罚，理由是一方藐视法庭，另一方虚假起诉。

第二卷

> 论诉讼开始前或紧接开始之后所通常采取的程序;以及用决斗或大咨审团来证明地产归属;以及决斗替手;以及属于决斗或大咨审团的其他事项。

第一章

最终,当两造当事人齐聚于法庭,原告提出针对自由保有地产的控诉之后,被告可以请求勘验该土地(pray a View of the Land)。

然而,考虑到这一请求需要花费时间,我们应该区分被告在村里除争议地产之外是否还拥有其他地产这两种情况。如果情况属后者,则不许他有任何迟延;但若他在村中还拥有其他地产,则允许他推迟一天再出庭,[1]当他离开法庭之后依然可以重新提出3次合理的不到庭借口。争议地产所在郡的郡长依据如下令状派出本郡的4名自由人勘验土地:

---

[1] "在他的不到庭借口生效之后,他将获得15天时间勘验土地。"(*Reg. Maj. L.* 1. c. 9)

第二章

"国王问候郡长健康。我命令你不迟延地派 4 名来自某村邻里（of the neighborhood[1]）的自由且守法的人去查看位于某村的一海德土地，M 正在我的法庭向 R 诉求这块地产，并把他们带到我或我的法官面前，于某日，证实他们的查看，并说明他们所向他指定的日期。副署人……"

第三章

随着查看土地而来的 3 次合理不到庭借口使用完毕，[2]双方当事人再度齐聚法庭之后，原告将以如下方式阐明他的诉求[3]："我向 H 请求位于某村的半个骑士领或两普楼兰土地，作为我的权利和遗产，我的父亲或祖父自从国王亨利一世的时

---

[1] Visineto，"此处应为 vicineto。Vicinetum 是从 vicinus 衍生而来的，意指街坊邻居，或邻近地区、附近区域。咨审团成员之所以要在邻里寻找是因为邻居者被推定为了解其邻居的情况（vicinus facta vicini presumitur scire）。"（Co. Litt. 158. b）

[2] "在用过 3 次合法的不到庭借口，当事人离开法庭前去勘验地产时，购买人一定要注意所勘验的地产恰好就是令状上所记载的那块地产。如果他带领大家去勘验的土地并非国王令状上所记载的，该令状将被认为是无效的。"（Reg. Maj. L. 1. c. 9）

[3] 据布拉克顿说，仅仅声明"作为我的权利我要求该土地"是不够的，除非原告说清楚是什么权利，这权利又从何而来，以何种方式归他所有。而声称他的祖先以自物保有的方式占有该地产也还不够，还要说明他本人也如此这般占有着该地产。不过有了这两个权利（dreit-dreit，双重权利）即占有和所有还不行，还要加上他的祖先是自物保有着该争议地产，因为假如他以役务保有该地产也不行。最后一点，他的祖先不仅占有该地产、具有所有权、自物保有，而且还取得着地产的收益（Esplees），因为不获收益短期地占有并不足以说明问题，无法建立财产权的合理基础。以上条件都具备了，还要向法庭指出时效。（Bracton, 372. b. 373. a）

代,或自从我们的国王加冕以来便以自物占有的形式拥有着它(was seised in his Demesne as of Fee),每年能从它获取至少价值5个先令的庄稼[1]、草料还有其他作物。我愿提供自由人 I 来为我作证,倘若他发生什么不测的话,还有他,还有他……(此时原告可以以列举尽可能多的名字,不过这些人里面只有一人可参加决斗[2])他们曾经耳闻目睹了上述事实。"[3]原告也可以使用以下措辞:"……我愿提供自由人 I 来为我作证,他的父亲在临终前的床榻上曾嘱咐他怀抱这样的信念:当他看到争议发生于这块土地的时候,他要站出来告诉大家,以下事实是他的父亲亲眼所见亲耳所闻的……"云云。[4]

---

[1] Bladis,柯克勋爵告诉我们,意指谷物、小麦等一切地里长出来的庄稼。(2 Inst. 81)

[2] 司法决斗似乎是一种最为古老的纠纷解决手段,发源于北方各民族。彼得拉克(Velleius Paterculus, L. 2. c. 118)告诉我们,凡是罗马人能用法律审判方式解决的问题,日耳曼人统统交给武力去办。这一手段被引入了大部分,如果不是全部,被哥特部落征服的欧洲国家。这种方式融合了对武力的热忱和对迷信的盲从,因受君主的支持和神职人员的青睐而得以长久存在(Mentesq, *Spirit of Laws*)。据古代典籍记载,最早对这种手段加以限制的尝试来自我们的亨利一世,但他只在小额财产争议中禁止了决斗裁判(Brussel usage des Fiefs, vol. ii. p. 962)。法国的路易七世效仿先例,制定了相同的法律。圣路易(St. Louis)也只将禁令拓展到自用领地(Hist. du France par le Pere Daniel tom. 5. 259)。要说给司法决斗以致命一击的,当属我们的国王亨利二世,他凭借杰出而稳定的手段建立了大容审团救济制度,如果我没有记错的话,霍韦登的罗杰(Roger Hoveden)曾说这来自格兰维尔的创造。

[3] 决斗替手免除宣誓说自己耳闻目睹了事实或祖先要求自己作证义务,是到了《威斯敏斯特法 I》第41条(41. c. West. 1)的时候。直到这个法律上的改变作出之前,"原告的替手几乎不怎么发伪誓"。(2 Inst. 246)

[4] 斯基尼所翻译的《国王之尊》相应内容原文如下:"I sick ane man sayes and proponis against N. that my Father, my guidshir, or my Brother, or Sister, or some other of my Parentage or kindred, was in the possession of sic ane Land by the space of certain zieres and dayes; quhilk lyes in sic ane Towne, be certain meths and marches, betwixt the Lands perteining to sic ane man: quhilk Land I clame to perteine to me heritablie, halden of our Soveraine Lord the King, or of sic ane other

论英格兰王国的法律和习惯
A Treatise on the Laws and Customs of the Kingdom of England

42
43　　原告的诉求如是阐明了,接下来轮到被告做出选择,是通过决斗来捍卫自己,[1]还是通过国王的大咨审团(the King's Grand Assise)对双方谁对争议土地拥有更多权利作出认定。

　　如果他选择了前一种模式,他必须否认原告的权利:由他本人或其他合适的人对原告的诉求进行逐字逐句的反驳。但我们还要说明一点,当被告选择了决斗以后就必须受自己选择的约束,俟后不得再请求咨审(Assise[2])。在诉讼的这个阶段,
44 被告依然对自己或替手(Champion[3])的不到庭连续享有3次

  Lord. Payand to him zierlie therefore" sameikill and to others sameikill. Quhilk lands, with the pertinents, perteins to me heritablie, be discent, or succession, be the death of sic ane other of my blude and consanguinitie, as'my awin proper right. The quhilks Lands, with the pertinents, the said N. be force and unjuslie halds fra me, against the Law of the Land; to my great shame and skeath of ten pounds money, mair or lesse. The quhilk gif the said N. denyes. I ask an assise of the indwellers of sic ane Towne or place; and referres my claim to God, and ane gude assise of neighbours. Provyding that, na suspect persons passe upon the " said assise. And, mairover. that it sail be lesome to me to say, mair gif need beis." (L. 1. c. 10)

[1]　"普通法自很久以前就允许替手参与由权利令状开启的诉讼,此时被告需要选择由大咨审团审判还是通过替手与原告的替手进行决斗。其原因在于,被告有可能已经因为胆怯、受贿或死亡而失去他的见证人,此时法律允许他依靠他的替手来与原告的替手进行决斗,以希望上帝能借胜利赐给他权利。就算他失败了,通常也不会因此失去生命,因为胜利的条件并非剥夺对方的生命,而且用以决斗的武器只不过棍子(batounes)而已。"爱德华·柯克勋爵接下来给出了替手誓言的格式,并指出:"替手的战斗义务自星辰升起(stars appear)时方告免除,如果被告能坚持到星辰升起,那他就算胜利了。"(2 Inst. 246)

[2]　据科维尔考证, *Assisa* 来自法语 *asseoir*,意为坐下。这个词的涵义相当丰富,在此我们仅列举出重要的几个:①令状,如堂区牧师的新近侵占土地令状(*assisa of novel disseisin of Juris Utrum*)等;②咨审团(a Jury);③法令或法律,如《面包及麦芽酒法》(*assisa panis et cervisiae*)、《克拉伦敦法》(*assisa de Clarendon*)等;④审判令状所指定的法庭或地点或时间;⑤一定的数目;⑥税(tax)或贡金(tribute);⑦罚金(fine)。(Vide Spelm. Gloss. Anglo-Sax. LL Ed. Wilkins, p. 328)

[3]　*Campionis*. "*Campio dicitur a campo*,因为决斗是在野外进行的,所以又叫 *camp-fight*。替手必须是自由人(*liber homo*)。(2 Inst. 246)"斯佩尔曼也同意

合理的借口。不到庭借口已作废的异议可在决斗开始前依前述规则提出，原告必须在武装好的替手陪同之下到庭答辩。此时他不得更换替手，哪怕换的是在誓言中念过名字的人，在决斗开始后也是如此。

可是如果参与决斗的替手在诉讼未完成时死亡了，应分情况处理。若他是自然死亡，且经过了邻里（Vicinage）的证实（对某事实存疑时通常采取此做法），原告可在第一时间从誓词的名单里另寻一人作替手，甚至也可找个名单中没出现的人，前提是他为毋庸置疑的见证人——诉讼继续进行。但如若他的死亡是因自己过失而导致的，他的委托人将败诉。有人会问，原告的替手能否在法庭上指定他人代替自己宣誓，事实上，根据王国的法律和古老习惯[1]，除了自己的婚生子外他不得指定他人，[2]而且，原告的替手还必须是事实的见证者。原告也不可以由自己来进行诉讼，除非他找来至少一名事实真相的见证者。

如果他自愿这么做的话，被告可以亲自或找其他毋庸置疑的见证者来实施防御。而当他的替手在诉讼期间死亡时又该如何处理？被告能否另选他人作为替手？抑或判被告败诉还是仅丧失占有？我们还得回到前面所作的区分，被告的替手不得在法庭上指定他人代替自己进行防御，除非那人是自己的合法子嗣（lawful[3] son）。

这种说法。有兴趣的读者可以参考后者对 *formula campi seu duelli* 词条的解释。（Gloss）——Also the mirror, c. 3. s. 24. 23. Bracton, the Assise of Jerusalem, Grand Custumary of Normandy, & c.

[1] Vide Gul. 1. Instituta Saxonice in textu Roffensi. Item Somneri Gloss, ad LL. Hen. in voce *Bellum*. (Al. MS.)

[2] Vide Mirror, c. 4. s. 11.

[3] 此处 Cottonian、Bodleian 和 Dr. Milles 的钞本均缺少"合法"（lawful）一词。然而根据 Harleian 的钞本以及这个印刷本，且从原告替手的替代者应为合法子嗣这一情况来看，被告替手没有理由不遵循相同的规则。这条规则似乎从那个年代的尚武精神而来，也为了在贵族常参与的审判中维持家族的尊严。

不过，经常出现有花钱雇来的替手为了获取报酬而承担宣誓的情况。如果对方当事人对替手的资格提出异议，宣称对方是为了报酬才宣誓的，并非合格的见证者，且能亲自或由某恰值该替手收取报酬时在场之人提供证明（如果对方替手否认这一指控）的话，他的指控将被法庭受理，原决斗暂停。在受到这种指控的情况下，若原告替手被证实有罪或在决斗中战败，他的委托人将败诉，替手本人也将丧失法律资格，亦即不再被法庭承认作为见证者在决斗中为他人作证。[1]但当他本人的人身受到恶性（atrocious）或违反国王安宁的伤害时还是可以出庭进行诉讼。他还可以通过决斗来保护自己封地和遗产的权利。

决斗结束之后，战败的当事人将被处以 60 先令的罚金[2]，背负"懦夫"（Recreantise[3]）的恶名并丧失法律资格。如果被告的替手战败，他的委托人将丧失争议地产连同占有地产期间获得的一切作物和收成，同时不得再向法庭就同一地产的问

---

[1] 在诺曼法典中，战败的替手将被剥夺充任见证人、替手或咨审员等的资格（le Grand Custum. de Norm. sparsim），这与格兰维尔此处的叙述在实质上没有区别。

[2] *Qui bellum vadiaverit et perjadicium defecerit*, 60 *Sol. emendet*（LL. Hen. 1. c. 59, Ed. Wilkins). The Mirror 说应该是 40 先令，Cottonian 的《格兰维尔》钞本则作 9 先令。诺曼法典中数目规定为 40 先令外加 1 便士。(Vide Mirror, c. 3. s. 23. Grand Custum. de Norm. c. 127)

[3] *Recreantisae*. "根据古代的法律，胜利的消息应当众宣布，战败方要在大家的倾听中承认自己的失利，或以 *recreantise* 之名说出 *cravent* 这个可耻的字眼。判决随即宣布，这个懦夫将会丧失法律资格（*amittere legem*）。"（2 Inst. 247）"战败方要在人们的倾听中承认失利，或以懦夫之名说出 *cravent* 这个可耻的词，或赤裸着左脚以表明自己的懦弱"（Mirror, 162 Ed. 1768）。"如果他成为了 *recreant*，即一个哇哇大哭的懦夫，或 craven 的话，将会丧失法律资格（*liberam legem*）。Craven 来自希腊语 κραυην，即嚷嚷（*vociferatione*），带有某种祈求或恳请原谅的意味。而 *recreantisa* 衍生自法语 *recreance*，意即求饶或示弱，有时也叫 *creantia*，用作贬义（*per antiphrasen*），因为他不忠诚或违背了誓言。"（3 Inst. 221）

题起诉。[1]诸如此类在王室法庭中通过决斗的方式获得解决的争议,其结果均为永不可更改的。案件结束之后应向郡长签发一份令状,指令他把土地的占有移转给胜诉方。

第四章

"国王问候郡长健康。我命令你不迟延地将位于某村的一海德土地的占有移转给 M,他与 R 在我的法庭中进行了诉讼,并通过决斗获得了该海德土地的占有。副署人……"

第五章

原告在决斗中获胜后的处理办法已如前述。倘若他的替手战败,被告将从指控中解脱出来,并免于再度受他的打扰。有关决斗的问题就说这么多,[2]若被告选择以此方式来防御自己对抗对方的话。

第六章

如果被告选择大咨审团的话,原告必须表态要么接受要么拒绝。如果原告同意组织大咨审团并向民诉法庭的法官们(the

---

[1] 不过决斗失败的话他将丧失所要求的一切,他本人及其继承人将来也不得就同一问题再度起诉(*Dominus autem pro quo Duellum subierat amittet penitus quicquid per illud intendebat obtinere. Nec aliquid ulterius ipse vel Heredes sui in querela contentionis de cetero poterunt reclamare*)。(Le Grand Custum. de Normand. c. 127)

[2] 在我们告别决斗裁判之际,再次提醒读者诸君留意布莱克斯通法官的话,即尽管这种裁判方式已不常使用,但当当事人同意遵守它时仍具有效力。(3 Comm. 336)

Justices of the Common Pleas[1]) 表达了这一意向,那么他不得反悔,且须承受判决的结果。

如果反对通过大咨审团裁判,原告必须给出理由说明为何他们之间的问题不能通过它来解决——比如,他们的血缘相同,对遗产享有来自同一亲属关系的权利——如果原告如此这般提出了否定意见,被告须表态同意或否认。如果他当庭表示同意该异议,大咨审团的审判便告终止,转为在法庭进行口头辩论和裁决,因为这是一个判断当事人双方谁离亲族更近从而获得遗产权利的法律问题,更亲近的继承人需要证明自己的权利。除非对方当事人提出了他或他的祖先已一度(for a time)或永久丧失权利的理由,比如,他已将该地产以赠与、出卖、交换或其他合法的方式让渡了出去;继承人或他的祖先犯过重罪[2]并被剥夺了所有权利,关于这种情况我们以后再谈。出于对诉

---

[1] *Coram Justiciis in Banco sedentibus* 是本书中一个争议相当大的用法。里弗斯先生说它的意思是"在公开法庭的法官面前(*before the Justices in open court*)",因为这段话曾被人用来证明在格兰维尔的时代存在着坐镇法庭的法官(*Justices de banco*),在现代的意义上看就是一个机构,但他接着又说这本书不能作为充分的证据(Hist. Eng. Law,1.125. in note)。与里弗斯持相同观点的还有默多克先生,后者无疑是一位值得尊敬的专家,却在解释本书时对自己的猜测未抱十分把握(Madox's Excheq. c. 19)。黑尔勋爵的观点也是如此,他说道:"我没有发现那位国王的时代(指亨利二世时期)任何有关民诉法庭的明确表述"(Hist. Com. Law,p. 142)。必须承认,这位勋爵在这个问题上的权威性打了折扣,因为他审视这问题的方式与默多克先生和里弗斯先生相同,也或许是他忘记了对这个问题进行讨论。一个强有力的反驳意见来自柯克勋爵(2 Inst. 22. See also pref. to 8. Rep. and Co. Litt. 71. b. and Mr. Hargrave's note)。里弗斯先生和持相同观点的人所提出的理由并非不堪一击,我认为就我们的作者语言的习惯和风格而言,目前很难给他们一个完全的答复。现在看来,这是一个悬而未决的问题,我也不准备对这个学术上的谜团(in pulvere scholastico)和稀泥,正如默多克先生所做的那样,而是像柯克勋爵那样直截了当地回答,哪怕这一回答并非无懈可击。这个问题是多么的难缠和纠结啊!!

[2] Vide Bracton,130. s. 19. 20. ——Fleta,43. s. 4. Britton,c. 5. s. 7. 及下文第七卷第十七章等。

讼效率的考量，任何因上述理由而中断的诉讼都应由决斗来裁断。如果同意进行咨审的当事人拒绝承认自己与原告之间具有上述关系，或至少表明他们并非来自同一血缘的亲族的话，则必须问询当事人双方共同的亲戚们[1]，为此需要把他们叫到法庭上来，通过他们的证言把当事人双方的关系调查清楚。如果亲戚们达成共识，即两造当事人以及遗产均来自同一亲族，该确认便具有终局性，除非有当事人竭力坚持相反的主张，此时再问询当事人的邻里街坊，如果他们的证词与之前亲戚们的说法一致，那么结果无可变更。当亲戚们的意见不一致时也依照相同的办法处理，当事人双方必须遵守邻人的裁决。如经过这一番问询，当事人双方以及遗产确实来自同一亲族，咨审将按我在前面所说的那样终止。但倘若在法庭和国王的法官面前出现了相反的情形，即提出异议声称当事人双方以及遗产来自同一亲族的当事人属于恶意规避咨审的情况，他将直接败诉。如果咨审过程中没有遇到什么障碍的话，它将同决斗裁判模式一样，对争议进行终局裁决。

第七章

大咨审团（the Grand[2] Assise）是国王赐给人民的恩惠，

---

[1] 据 Cottonian 和 Dr. Milles 的钞本，求证应当向邻居进行。格兰维尔的印刷版无疑是正确的，因为它说向百户区求证未果后应求助于邻里。根据钞本自然应当如此，然而钞本的问题是向邻居求证之后还要再求证一遍，这是十分荒诞的。对此还要补充一点，印刷本把这里和另一处勘验的类似规定作了相近的处理。参见下文第五卷第四章。

[2] 里弗斯先生认为这里的"大"（magna）字系出自后人的篡改，因为 Cottonian、Bodleian 和 Harleian 的钞本都没有这个字。恕我不能同意这位作者的观点，尽管他的工作令我受益匪浅——然而，我认为：首先，这个"大"字在前面的章节里出现过，且所有的钞本都不曾漏掉它；其次，与本题相关的联系均表示的是同一种

它源自陛下的仁慈和臣子们的建言。这种诉讼方式对于保全人民的生命和生活状况是如此地富于功效，[1]以至于每个人如今都能安全地维护自己的权利，同时也能免除决斗所带来的始终存疑的结果。以及所有这些：作为惩罚而降临的令人始料不及的早逝得以避免；至少能使人们免于毁损名誉的耻辱，以及那加诸战败者身上的肮脏下流的词汇[2]。

　　这一司法制度来源于至高的衡平（Equity），能为我们迅速而快捷地带来正义。恰恰是正义，在我们经历了决斗裁判中那漫漫无期的拖延之后，倘若还残存着一丝半点的话，已是那么难以获得。事实上，咨审过程中不允许如决斗中那般多的不到庭借口，这在下文可以看出。藉此，人们的劳力与穷人的开支得以节省。同时，凭借诸多可靠见证者的证词，这种制度远远胜过决斗中的一面之词，能比后者带来多得多的衡平，因为决斗只是依照一名咨审员的证词进行，而这个制度则要求至少12个守法的人的誓言，它们是咨审所必需的。当涉及自由保有地产的诉讼开始之后，请求咨审的被告当事人需申请一份令状来维持安宁，以防御来自对方当事人的诉求。

---

[1] Assise 诉讼程序；再次，我们的作者曾在本书中无数次对 Assise 冠以"大"字，即便并非全部，总有大部分钞本与其一致；复次，《国王之尊》、the Mirror、Diversity of Courts、Bracton、Fleta、柯克勋爵、布莱克斯通法官、科维尔、斯佩尔曼、默多克等，他们都讨论的是 the Grand Assise；最后，assisa 这个词具有极其丰富的含义，它与表述的明确性丝毫不沾边，这使之足以适应任何的诉讼程式，因此才能在我们的司法机构例如废除司法决斗这样的改革中大显身手。

[1] Status integritati tam salubriter. 我们的作者在这里提到了战败的决斗替手所面临的悲惨命运，比如丧失生命和法律资格等。他在丧失法律权利之余，其作为一个民事主体（civil character）在社会上的状况和资格也将受到影响，比如不得再替他人进行决斗等。他说咨审对人们的作为民事主体的生命和生活状况并无影响，且不会带来任何人身危险。本章的整个语言既晦涩又优雅得近乎古怪：事实上，本书中最艰涩的部分往往是那些我们的作者力图达到优雅的部分。这个观察尤其适用于我们的作者所撰写的序言。

[2] 指 Recreantise，见第 48 页注释。

第八章

"国王问候郡长健康。我命令你制止 N 在他的法庭上审理 M 和 R 之间的诉讼,该诉讼涉及位于某村的一海德土地,由 R 凭我的令状对 M 提起,除非决斗已经开始。因为被告 M 已经请求我的咨审裁决,藉此认定他们之间谁对争议土地拥有更多的权利。副署人……"如果诉讼涉及役务的履行,且被告依自己的自由而选择了咨审裁决的话,令状如下:

第九章

"国王问候郡长健康。我命令你制止 N 在他的法庭中审理 M 和 R 之间的诉讼,该诉讼涉及 8 先令、1 夸脱[1]蜂蜜和 2 斯提克鳝鱼(two stikes[2] of Eels)的役务,M 要求 R 履行年役务,因为 R 保有着他位于某村的地产并承认负每年 8 先令的役务,除非决斗已经开始。因为被要求履行役务的 R 已经请求我的咨审裁决,藉此认定他是否负有每年 8 先令、1 夸脱蜂蜜和 2 斯提克鳝鱼的役务。副署人……"

第十章

凭借这些令状,被告有可能得以保护自己并进行咨审裁决,直到他的对手于出庭后申请另一份令状,指令邻里的 4 名本郡守法骑士从近邻中再选出 12 名守法骑士,通过誓言确定

---

[1] *Sextarii.* Vide Spelm. Gloss. ad vocem.
[2] *Stikis.* 1 斯提克似乎是 25 的意思,*sic dicta quod trajecto vimine*,(*quod stic dicimus*)*connectebantur.* (Spelm. Gloss. ad voc. stica)

两造当事人谁对系争土地的权利要更多些。传唤 4 名骑士的令状如下：

第十一章

"国王问候郡长健康。[1] 我命令你派精干的传讯官传唤 4 名来自斯托克（Stoke）附近地区的骑士到我或我的法官面前，于圣灵降临节，于威斯敏斯特，并选出来自邻近地区且更知晓事实的 12 名骑士，以誓言裁决 M 和 R 谁对位于斯托克的一海德土地拥有更多的权利，因为 M 凭我的令状对 R 提起该诉讼，而被告 R 已经请求我的咨审裁决，藉此认定他们之间谁对争议土地拥有更多的权利。并把他们的名字记录下来。并派精干的传讯官传唤正保有土地的 R 前来旁听选任过程。我命令你派遣传讯官……"

第十二章

被告在指定的那天可以不到庭，并提出 3 个合理的不到庭借口。

事实上，这并无什么不妥。诚如本书此前所说过的，只要法律允许，任何出庭的人都可以提出不到庭借口。

但是，过多的不到庭借口将使得大咨审团裁判也可能出现像决斗那样的拖沓情形，尽管我们已经说过后者无法与前者相提并论。让我们假设，4 名骑士在选择那 12 名骑士时被告连续 3 次合理地不到庭，而当 3 次借口到期被告出庭时，4 名骑士中的

---

[1] Vide F. N. B. 9.

一人或数人又在当天合理地不到庭,而当骑士们的借口到期时,被告再度提出不到庭借口,这样下去咨审就永远不会有结果了。考虑到这种情况,一部适时颁布的法令(Constitution[1])授权法庭在 4 名骑士当日到庭准备选任 12 名骑士时更加流畅地办案,即无论被告本人出庭与否都不耽误那 4 名骑士通过誓言选任 12 人。不过,若被告本人出庭,他将有权对 12 名骑士中某人的资格提出异议,法庭应当听取该异议。通常情况下,为满足那未出庭的当事人,所选任的人数并不拘泥于 12 名,而是尽可能多地选一些人出来以无可争议地堵住未到庭当事人的嘴。值得一提的是,咨审员也常常因与教会法庭排除见证人同样的理由而被正当地排除。[2]当申请大咨审团认定的当事人出庭,而 4 名骑士中却有人缺席时,就由已到庭的 2 至 3 名骑士负责选出那 12 人,尽管传唤他们前来的目的并非在此——前提是经过法庭的批准和当事人双方的协商一致。出于稳妥起见,也是为避免一切可能的吹毛求疵,在传唤负责选任的骑士时通常会传唤 6 名或以上。

事实上,为达至诉讼的快捷,遵从法庭的指示要比唯法条规定是从有用得多。应当由国王及他的法官凭借审慎和判断来使诉讼更为公正高效。

第十三章

任何人都可以申请咨审裁决(Assise)有关役务或地产的问题,除此之外还包括关于请求履行役务和教堂圣职推荐权的纠纷。凭借咨审,当事人不仅可以跟陌生人打官司,甚至还能对

---

[1] Constitution、Institution 和 Assise 在本书中通用,均指一部法案或法令。
[2] "任何与当事人有关联嫌疑的人都应被排除"(Vide *Reg. Maj.* L. 1. c. 10)。亦可参见 Bracton, 185. a.

抗他的领主，以请求确认争议地产是归领主自用还是由佃户所保有。只需申请一份令状即可应对许多问题。

第十四章

12名骑士的选任完成之后，他们应被传唤到庭并准备以自己的誓言来决定何方当事人，也即是原告还是被告，对争议财产拥有更多的权利。传唤他们的令状如下：

第十五章

"国王问候郡长健康。我命令你派精干的传讯官将12名骑士R、N（把名字全部列出）传唤至我或我的法官面前，于某日某处，命他们准备以自己的誓言来决定I和M谁对一海德土地，或其他什么纠纷，拥有更多的权利，因为I对M提起该诉讼，而被告M已经请求我的咨审和认定（Recognition），藉此确定他们之间谁对争议地产拥有更多的权利。并让他们勘验该土地或自由保有地产。并派精干的传讯官将被告M传唤来听取认定过程……"

第十六章

待到12名骑士出庭进行认定的那天，无论被告是否到庭均不影响认定的作出，被告也不得提出不到庭借口，因为他的到庭并非必需，哪怕他缺席，认定也要照常作出，[1]因为就算他到庭了也不得提出什么理由阻却大咨审团的继续进行。可如果是原告缺

---

[1] "当事人任何一方的缺席都不得对咨审的过程加以妨碍，因为他们是自愿协商一致接受咨审的。"（*Reg. Maj.* L. 1. c. 12）

席的话就另当别论了。要是他提出了借口不到庭，当天的咨审将被推迟，由法庭另行指定一天继续。因为诉讼当事人诚然可能会因缺席而失去什么，而没有人能从缺席中获得什么利益。

第十七章

当咨审程序进行到认定时，咨审员们对权利的归属要么都已经心中有数，要么有人已知道有人尚不清楚，要么都还不怎么明白。如果他们均对事实不清楚，并通过宣誓证实了他们的不知，则应当询问别人，直到发现清楚事情真相的人。如果有的人对事实清楚，而有的人还不甚了解的话，应当排除掉后者，并另传唤他人到庭，直到找到能作出一致裁决的 12 个人来。[1] 可是若咨审员的意见有分歧，则应增加人数，直到有一方当事人获得至少 12 个人的支持。为此而新传唤来的骑士应当发誓既不说出谁是错的也不透露真相。鉴于所需要的背景知识，要求他们对案件的实质问题有所熟悉，或亲自察知或由父辈告谕或从其他可信的渠道得来，使他们的了解程度达到如同对待属于自己的事务那般。[2]

第十八章

当出庭进行认定的 12 名骑士对事情真相均无异议时，接下

---

[1] 关于这种候补咨审员的模式，在我们古代的法律著作中用术语 *afforciament* 来表示，读者可以参考 the Mirror, c. 4. s. 24. Bracton, L. 4. c. 19. Britton, p. 136. Fleta, 4. c. 9. s. 9. and Mr. Kelham's Tanslation of Britton's Pleas of the Crown. Note 22. p. 35.

[2] 读者们或许会注意到决斗和大咨审这两种诉讼模式的很多相似之处，这无疑出自有意的设计，且针对决斗审判所造成的年龄偏见是一种明智又带有政治色彩的缓和。

来的咨审程序就是对原告被告究竟谁有更多权利作出确认。

如果他们作出了对被告有利的确认，或是作出别的什么宣告以至于在国王或他的法官看来被告对争议标的（the subject in dispute）拥有更多的权利，那么经法庭的宣布之后被告将被释放，且免于原告随后的指控，后者关于本争议的任何诉求将均不再被法庭受理。凡是经国王的大咨审团裁决的问题，俟后均不得再度提起诉讼。如果咨审认定原告获胜，那么他的对手将丧失系争地产，该土地及其由被告占有期间的作物和收成将一并移转给原告。[1]

第十九章[2]

在咨审过程中草率宣誓的人将受到一定的惩罚，王室法令已经明确了这点。[3]假如某咨审员被正当的法律程序（due

---

[1] "因为收成依附于土地，且是土地的一部分。"（Reg. Maj. L. 1. c. 12）

[2] 在此提醒读者注意，本章被柯克勋爵作为权威依据，用来主张普通法中存在着针对无论是不动产诉讼还是人身侵权诉讼，咨审员因虚假裁判而失权（attaint）的依据。(2 Inst. 129. 236)

[3] 在评论爱德华一世第 27 年的《罚金征缴法》(Statute de finibus levatis) 时，Mr. Barrington 指出："该法案共有 4 条，第 1 条说，当时咨审员作伪证的情况比较盛行，但议会的法案并不认为证人（a witness）作伪证是可罚的。或许，要说普通法完全不理睬这种罪行恐怕还得再仔细斟酌一下，但我们的确没听过某件此类诉讼，除非是某咨审员因虚假裁判而失权的情况。"（Observ. on Anc. Stat. 176）我相信，在此援引对权威文本的意图乃是出于尊重，而非意在表明一般情况是与后文相矛盾的，尽管我认为在那时，咨审员（Juror）必然也是证人（witness）：他的资质中包括了证人的要素，因此在身份上是混淆的。这种身份的明确界分似乎是晚近时代的渐进产物。不止这些。当咨审员因伪证而受惩罚时，根据格兰维尔本章的叙述，对于其所课以的惩罚似乎有议会的法案作为依据。如果该法案，如本书后文所提到的绝大多数法案一样，难逃散佚的命运的话，可以说，格兰维尔至少在保存它们的内容上功不可没，因此除此之外我们已经不可能找到它们的踪影了。

course of Law）审判或自己供认在法庭上作了伪证，他将被没收所有动产归国王所有，尽管根据国王的恩准，他的自由保有地产将幸免于罚没。他还将被判入狱至少1年、剥夺法律资格并承受永久的名誉减损。这样似曾相识的惩罚十分有必要[1]，能够震慑其他人，使他们不敢滥用自己的誓言。

还应注意，凡大咨审团所不能处理的案件也不适用于决斗。反之亦然。

如果地产被判给了原告，他应去找争议地产所在地的郡长恢复占有。

为此他需要下面的令状：

第二十章

"国王问候郡长健康。我命令你不迟延地将位于某村的一海德土地的占有交到 N 的手中，他向 R 诉求这块土地而 R 请求了我的咨审裁决，且该土地经认定应由 R[2] 恢复占有。副署人……"

第二十一章

倘若在邻里或本郡之内没有骑士对争议问题的真相熟悉，该如何处理？

---

[1] 我们的作者似乎在刻意将这种惩罚与战败替手的遭遇相提并论，正如柯克勋爵所指出的，战败替手的懦弱就好比是咨审员在咨审中的伪证。诺曼法典中也有相同的规定：那些作伪证或丧失诚信的人，以及那些在决斗中战败的人，是不名誉的人，应当被排斥（Omnes autem illi, qui perjurio vel laesione fidei sunt infames, ab hoc etiam sunt repellendi; et omnes illi qui in bello succubuerunt）（Le Grand Custum. de Normand. c. 62）。

[2] 此处的 R 应当为 N。

70　　　是不是该判被告获胜呢？

　　如果答案是肯定的，那么如果原告实际上有权利的话会不会丧失它？事实上，这时又会产生争议。我们假定有 2~3（总之不满 12）名守法的人，自称是事实的见证者，并主动到庭提出作证。再假定他们均符合决斗的年龄并有资格作决斗前的誓言。在作出以上所有假定之后，仍有疑问的是，法庭是否应接受他们？

第三卷

> 论担保人;以及两位领主,分别由原告提出一位,被告提出一位。

第一章

当只有被告一方必须出庭,且在诉讼中排除其他案外人出庭答辩时,诉讼的程序已如前述。

但当被告声称争议标的不是他所有的,而仅仅是作为出借物(Loan[1])、租用物(Hiring)、担保物(Pledge)、替他人保管(Custody)之物或信托关系(entrusted)的标的,或他虽然拥有所有权,但却是从某担保人(Warrantor[2])处以赠与、买

---

[1] *Commodatam*,*locatam*,&c. 读者会发现这些概念似曾相识:因为它们来自罗马法。我们的作者将在第十卷继续讨论它们。

[2] Warrantum。斯佩尔曼爵士认为这个词来自古撒克逊语 War,意为武器、武力或防御之类的。苏利文(Sullivan)博士也告诉我们它从 War 而来,因为古代的不动产诉讼都是通过决斗的方式来裁判。然而科维尔博士却认为 warrantia 来自法语 *garantie* 或 *garant*。这位博士注意到了民法中的 *stipulatio*,但仍说它"跟我们的 warranty 不一样"。这个概念似乎源远流长,早在伦巴底人的法典中便已有使用它了(Spelm. Gloss. ad voc. and Cowell's Interpreter, ad voc. and Sullivan's Lsctures, 119)。本注释并不打算对该法典的原文逐字抄录。英译者从 Bracton, c. 5. Fleta, L. 5. c. 4. Britton, 197, & c. Co. Litt. 364. b. et seq. 以及 Mr. Butler 那发人深思的评论中获益匪浅。

卖、互易或其他类似的方式取得的，此时案外人出庭的必要性将会不比被告更少。

73　　如果被告在法庭上宣称财产非其所有而是属于他人，此人须被传唤至法庭，而诉讼再以他为当事人重新开始。该人最终到庭后应当表态财产是否为其所有。如果他否认那是他的财产，之前声称财产归他所有的被告将无可挽回地丧失地产，且他也将被传唤出庭受审，而无论他到庭与否他的对手都将恢复占有。如果被告通知案外人到庭为地产提供担保，他将获得1天的宽限期和3次不到庭的借口，后者同样适用于担保人。被指定承担担保责任的人最终出庭时应当表态是否承担该担保责任。如果他选择前者，那他将成为原诉讼的主要当事人，并以他的名义承担原诉讼所剩余的内容（the remainder of the cause），不过在此之前纵使他提出借口不到庭，被告也必须出庭而不得以借口不到庭，否则将被视为缺席。如果被指定承担担保责任的人

74　拒绝承担担保责任，那么诉讼将在他与通知他的被告之间继续进行，此时无论被告能否拿出担保契据（Charter of Warranty）来，只要他能提出一位毋庸置疑的见证人且后者愿意承担证明责任的话，诉讼便将交给决斗裁决。此外还要指出，一旦担保人承担责任，即便对方当事人恢复了地产占有，被告也并不因之丧失争议财产，因为担保人须为被告提供充足的补偿物（a competent equivalent[1]），如果他拥有足够财力的话。

---

[1]　*Escambium*，这是个在《末日审判书》（*Domesday*）中出现过的术语。爱德华·柯克勋爵在讨论担保时指出，它是一个不动产契约，附属于土地，依此某人及其继承人负担保责任，且"当土地被前手收回之后提供同等价值的地产或保有物（过去叫 *Excambio*）"（See Co. Litt. 365. a. and 51 b.）。从布拉克顿可以看出，若担保人的财产不够提供完全补偿，他要在取得补偿的能力的同时立刻进行补偿，被告因此也要坐等获得补偿的好日子。假如担保人根本没有财产，他并不因此不负担补偿责任，因为他尚有获得遗产的可能。另一方

第二章

有时被指定承担担保责任的人不愿出庭表态是否为被告的财产担保，此时在被告的申请和法庭的指令下，不情愿到庭的人将被强制到庭。传唤他的令状如下：

第三章

"国王问候郡长健康。我命令你派精干的传讯官把 N 传唤至我或我的法官面前，于某日，为 R 担保位于某村的一海德土地，R 诉称该土地系他或他父亲 M 的赠与物，且表态愿意担保或说明不担保的理由。我命令你派遣传讯官并执行此令状。副署人格兰维尔……"

第四章

到了指定的那天，担保人可以为不到庭提供借口，或不给出借口。就算他没有给出借口也不会被视作罪行，而这也不会比不正义更使人不快。[1] 如果他提供了借口，我们且假定他连续提供了 3 次，那么按照法律规定和法庭的惯例，第三天时他将被指定在第四天出庭或指派一名辩护士。如果第四天他既没

面，他不必以自己的受赠地（purchase）为其祖先的契据负担保责任；也不必负超过担保时估价的补偿责任；在全部担保人承担按份责任时，若有人主动提出为他负担责任，此时他也不必承担责任。（Bracton, 394. b. 395 a. See also le Grand Coustoum. de Norm. c. 50）

[1] "在指定担保人出庭的那天，他可以提供不到庭借口，如果他既不出庭也不提供不到庭借口的话，法律向其他人所施加的力量和利益并不会加诸他的身上：因为这既不寻常也不公正（指他受传唤了却既不到庭也不派他人出庭这件事）。"（*Reg. Maj.* L. 1. c. 21）

出庭也没派辩护士，接下来该怎么办似乎就成了问题，因为就此把土地交到国王手中对被告的权利来说显得不公平，因为他本人毕竟没缺席。

但若不这么做的话，原告的（假如他有）权利将蒙受不正当的损失。事实上，我们的规则应当依据王国的法律和习惯加以调整：倘有人由于担保人的缺席而丧失地产或占有，后者将被强制要求为他提供充足的补偿物，并由前述令状强制到庭担保地产或说明自己已免除担保责任的理由。

第五章

有时被告尽管有担保人，但并不通知他到庭，而是全靠自己来对抗原告的主张。如果被告选择如此进行诉讼并在决斗中输掉争议地产，那他俟后不得再向担保人主张任何补偿。[1]

问题再次产生，既然被告可以在无担保人同意及在场的情况下进行决斗，那他是否也可以请求国王的大咨审团呢？基于与决斗相同的原因，他当然也可以请求咨审。

第六章

有时诉讼会因领主的不到庭而推迟进行，当存在这种情况，即比如原告声称系争自由保有地产是某领主的封地，而被告却主张该地产属于另一领主。这时，法庭应把两位领主都传唤来，并在领主们都到庭的情况下进行诉讼，以免当他们不在场时遭

---

[1] 在记录了相同的规则之后，《国王之尊》写道："据此也可以理解其他有争议的问题，比如没有及时通知担保人的情况。"（*Reg. Maj.* L. 1. c. 22）

受任何不公正。

在他们被指定到庭的那天，他们有可能提出合法的不到庭借口，并按惯例连续提出 3 次。当被告的领主连续 3 次使用过借口不到庭之后，法庭应当指令他要么亲自出庭，要么派一名辩护士。

如果在此之后他依然不到庭或没有派辩护士，应当要求被告本人实施答辩及防御，若他胜诉，他将自己保留那块土地且从此以后只对国王负担役务，因为他的领主将因缺席而丧失他的役务，除非他出庭承担自己应尽的责任。

同样的，原告领主也可以提出合法的不到庭借口。现在的问题是，当他最终出庭之后被告领主能否再度提出借口不到庭？事实上是可以的，除非他曾到过庭了，因为此时他必须给出自己无法在法庭上多等待一段时间的理由。此规则同样也适用于原告领主。但若原告领主连续使用 3 次不到庭借口之后又不到庭了该怎么办？如果他为自己提供过借口，那么不到庭陈述人应当被监禁，而原告也应被扣押起来（be attached[1]），由于他藐视了法庭，且他的领主也应被扣押财产以要求出庭（be distrainted to appear in Court）。

---

[1] Attachiabitur. 据说 Attachiare 来自法语 attacher。它在很多方面都与 arrestere 不同。逮捕（arrest）据古代文献记载是由低级法庭依命令执行的，而扣押（attachment）则是由高级法庭按命令或令状执行的（Lamb. Eiren. L. 1. c. 16）。逮捕只能对人身实施，而扣押则有时只能对财产实施。因此 Kitch（fol. 279. b）说，某人可以扣押一头牛，或某人被扣押了 100 只羊，有时也可以同时针对人身和财产。据说扣押与拘捕（capias）不同，因为前者更常见，而且可以及于财产，而后者只适用于人身。扣押也与扣押财物（distress）有区别，因为它是 distress 的前置程序。关于我们古代文献中的概念辨析，暂时先说这么多。(vide Termes de la Ley ad voc. attach. Cowell's Interpreter and Spelman's Glossary)

第七章

原被告双方的领主均到庭后,被告领主要么担保争议地产是自己的领地,要么否认。如果他选择前者,还应决定是由本人亲自进行防御还是委托给佃户进行,而无论他作出任何决定,只要胜诉,领主和被告的权利便总归可得以保全,而若败诉,不仅领主将丧失他的役务,被告也将无可挽回地失去地产。但被告领主选择拒绝担保地产的话,如果被告坚持声称他的领主不正当地逃避了担保责任,依据是他或他的祖先已经为这块地产向领主或他的祖先履行过特定的役务了,且能提出曾耳闻目睹这一事实的证人出庭作证或其他可被法庭接受的充分证据的话,诉讼将先在他们之间进行。

第八章

在对待原告领主时同样也要分情况,已到庭的原告领主要么担保争议地产是自己的领地,要么否认。如果他担保了原告的权利并承认该地产是自己的封地,他还应决定是由本人亲自进行提出证据证明诉求还是委托给佃户(即原告)进行举证,如果胜诉他们将同时保住自己的权利。但若败诉,原告和他的领主都会丧失权利。若领主拒绝为原告的诉求作担保的话,后者将被处以向国王缴纳罚金,因为他的起诉是虚假的。

第四卷

论圣职推荐权。

第一章

有关圣职推荐权（Ecclesiastical Advowsons[1]）的诉讼时常发生于当某教堂出现职位空缺时，抑或尚未出现空缺时。如果某教堂出现了职位空缺，拥有圣职推荐权的人可以为它推荐一名牧师（Parson[2]）。这时若有人对圣职推荐权提出异议并向法庭起诉，需要区分该异议是针对圣职推荐权本身亦即推荐牧师的权利本身（right itself of presenting a Parson），还是针对上一个推荐行为（the last Presentation）亦即推荐牧师权利的占有（the

---

[1] *Advocationibus.* "*Advocatio*"，威廉·布莱克斯通爵士（Sir Wm. Blackstone）说，"意指 *Clientelam recipere*，即成为保护人之意，与 *Patronage* 即 *Patronatus* 是同义词。"（2 Comm. 321）柯克勋爵也说"*Advocatio* 是 *advowing* 之意，即对……进行保护，等同于 *ius patronatus*"，而且"在 *Britton*，c. 92 中，推荐权人（Patron）被称作 *avow*，而推荐权人（Patrons）则是 *advocati*，因为他们可以是建立人、维护人或捐助人，对教堂或修建或捐赠或修缮。无论怎么说他们都是 *patroni*，圣职推荐权就是 *jus patronatus*。"这位勋爵大人援引了 Bracton，L. 4. fol. 240. 和 Fleta, L. 5. c. 14. （Vide Co. Litt. 17. b. and 119. b. Cowell ad voc. Spelm. Gloss. ad voc. ）

[2] *Personam*，即牧师（参见 Co. Litt. 300. a. b. Bl. Comm. 1. 383）。科维尔说它来自法语 *personne*。

Seisin)。如果异议仅仅是针对上一个推荐行为的,同时原告声称他或他的祖先行使了上一个圣职赠与或推荐行为,该诉讼应由咨审裁决,并传唤组成咨审团对究竟是哪位权利人在和平时期推荐了该教堂的上一名牧师作出认定,关于这种咨审我们将在以后讨论认定时具体展开。[1] 经法庭咨审认定为行使了上一个推荐行为的当事人将恢复空缺教堂推荐权的占有,并可为其合法地推荐一名牧师,且排除对方对圣职推荐权提出的主张。

但若异议针对的是圣职推荐权本身,且原告提出他或他的祖先行使了上一个推荐行为,或他承认是被告或他的祖先行使了上一个推荐行为,或是其他案外人行使的,或者干脆说自己不知道是谁行使的。

无论原告提出上面什么理由,只要他的对手坚称上一个推荐行为是由他或他的祖先行使的,咨审团的认定就应围绕圣职推荐权来进行,除非在前述的这种情况:原告承认对方或他的祖先行使了上一个推荐行为,此时无须咨审团认定,他可以至少再推荐一名牧师。一旦上一个推荐行为通过咨审或其他方式获得了明确,空缺教堂也因胜诉方的推荐而任命了一名牧师,此时对圣职推荐权主张权利的人可以申请如下令状:

第二章

"国王问候郡长健康。我命令你指令 N 正当且不迟延地把位于某村的某教堂的圣职推荐权移转给 R,他诉称归其所有并为 N 所不法剥夺,除非他听从你的指令,否则派精干的传讯官把他传唤到我或我的法官面前,于某日,说明他不听从指令的原因。

---

[1] 见下文第十三卷第十八章及以下。

我命令你派遣传讯官并执行此令状……"

第三章

被传唤的当事人[1]可以提出相同数量的借口以不到庭,方式与我们前面讨论土地诉讼时所指出的相同。如果他在提出 3 次借口之后依然既不出庭也没派辩护士的话,依法该如何处理?

在这种情况下,该教堂的圣职推荐权应凭下面的令状交到国王手中:

第四章

"国王问候郡长健康。我命令你不迟延地把位于某村的某教堂的圣职推荐权交付到我的手里,N 正在我的法庭里向 R 起诉要求这个权利,并把交付日期告知我的法官……"

第五章

郡长有义务以如下方式执行此令状:他应当前往争议教堂,以公开的方式并在当地正派之人(respectable men)的见证下,宣布该教堂的圣职推荐行为(Presentation[2])被交到国王手中并保留 15 日。被告若感到有必要,也可能[3]取回(replevy[4])

---

[1] Cottonian 和 Dr. Milles 的钞本作"被剥夺了圣职推荐权的当事人"。
[2] Bodleian 和 Cottonian 的钞本作"圣职推荐权"(*Adwoson*)。
[3] 据 Cottonian 和 Dr. Milles 的钞本,取回应在这 15 日之内。
[4] "*Replegiare* 由 re 和 *plegiare* 组成,意为重新获得担保物或保证物。"(Co. Litt. 145. b.)

并恢复（recover）对该地产的占有，方式已如第一卷所述。

第六章

被告所拥有的 3 个不到庭借口到期之后，当事人于法庭所指定的双方到庭之日要么均到庭，要么只有一方到庭，要么均不到庭。如果是有一方或双方均不到庭的情况，处理办法如前面我们在讨论地产诉讼时所说的。如果当事人双方均到庭了，原告应当向他的对手提出如下的权利主张："我要求该教堂的圣职推荐权，作为我的权利和遗产；我或我的某位祖先曾在亨利一世，我们国王陛下的祖父在位时，或我们的国王陛下登基之后占有着该权利；藉此占有，我曾在前述这些时期之一为该教堂的空缺推荐过牧师；我曾推荐过某人，而他也在我的推荐之下被任命为该教堂的牧师；倘若有人试图否认这些事实，我将提供若干信誉可嘉的人，他们曾耳闻目睹上述事实，并希望在法庭上作证；他们包括某某……"原告的诉求一经宣读，被告即可以选择以决斗来进行防御，其诉讼进程已如我们前面所描述。被告也享有选择请求大咨审团裁决的权利，如果他选择如此，咨审过程亦如前所详述。

第七章

有时尽管某教堂的职位并没有空缺，关于圣职推荐权的争议依然有可能产生，即当有人质疑某教堂的牧师或依某推荐权人的推荐而凭借许可状被任命的牧师，同时声称自己才是该教堂更具权利的（more rightful）推荐权人。在此情况下，下面的令状将被签发：

第八章

"国王问候郡长健康。我命令你派精干的传讯官把某教堂的牧师 N 传唤至我或我的法官面前,于威斯敏斯特,于某日,来说明他在该教堂圣职的推荐权人是谁,而骑士 M 诉称该圣职推荐权为其所享有。并派精干的传讯官传唤不法强占了他的圣职推荐权的 N 前来说明为何强占了他的推荐权。我命令你派遣传讯官并执行此令状……"

第九章

如果该牧师在被传唤之后,于指定的当日既不到庭也没派人来说明不到庭借口,无论是在第一、第二还是第三份传唤令时,应当采取何种方式强制他到庭尚存争议,尤其是当他不享有任何俗界采邑(lay Fee)时,因为强制措施只能针对后者来实施。[1]类似的情况也在该当事人经过 3 次合理的不到庭后却在第四日既不到庭又不派辩护士时出现。

当这些情况出现时,该教堂所在教区的主教或当不存在主教时所在地区的官员应当督促牧师出庭,或把教堂收到自己手中以示惩罚,或采取其他合法的手段强制牧师到庭。

最终,当牧师到庭之后,他要么主张原告是推荐权人且自己是根据他的推荐而被任命的,要么主张原告的祖先是推荐权

---

[1] 默多克先生在谈及国王的债务人(King's Debtor)时告诉我们:"如果他是一位僧侣且没有世俗地产,该如何强制他到庭呢?应当向教区主教签发一份令状,要求他扣押债务人的教役保有地产作为担保。这些令状上通常有一个从句,即当主教拒不执行时,国王会扣押该主教的男爵领地。"(Madox's Excheq. c. 23)

人，要么主张第三人拥有推荐权。

在第一种情况下，诉讼将不在王室法庭中继续进行。如果推荐权人否认牧师关于任命是根据自己或某位祖先的推荐的说法并明确提出异议的话，诉讼将在教会法官那里继续进行。但若牧师指明了其他推荐权人，该推荐权人须被传唤到庭，他可以选择到庭或拒绝到庭。在后面那种情况下，如果他在收到第一、第二或第三份传唤令后置之不理，抑或在收到第一、第二或第三份传唤令后提出了不到庭借口，却在第四天既不到庭又不派辩护士的话，我们应当如何强制他到庭，或如何惩罚他的缺席呢？争议教堂的圣职推荐权将被收到国王的手中，同样保留 15 日，若在此期间该牧师不到庭，原告将获得占有。然而应当如何对待此位牧师本人，此时他是否应当丧失他在教堂的职位呢？[1]

如果该被传唤当事人到庭，他可以选择承认自己是争议教堂的推荐权人，或选择否认自己与该圣职推荐权的任何关系。

如果他选择否认，诉讼将不在王室法庭中继续进行，而是改由教会法庭审理推荐权人与牧师之间的纠纷。倘若在该诉讼未决期间，争议教堂出现职务空缺的话，悬而未决的推荐权应归谁所有？事实上，如果在权利上受质疑的当事人毫无疑问地占有着上一个推荐行为时，他此时应当推荐一名牧师，除非他已丧失了占有。类似的情况也出现在当圣职推荐权因推荐权人的缺席而被交到国王手中，而碰巧在 15 日之内教堂出现了职务空缺时，推荐权人也将不丧失他的推荐权。若受传唤的当事人主张自己拥有圣职推荐权并选择防御，诉讼将会按我们前述的流程继续进行。如果他胜诉，他和他的牧师都将从对手的控告

---

[1] 根据《国王之尊》，他并不会丧失职位。(*Reg. Maj.* L. 3. c. 33)

中脱身,但若他败诉,那么他和他的继承人都将永远丧失该圣职推荐权。

第十章

如果该教堂的牧师在法庭上声称自己是根据当事人[1]的推荐而获得圣职的,对该牧师应当如何处理?事实上,王室法庭将不再继续推进此类诉讼,除非涉及两位推荐权人之间就圣职推荐权的争议。

当下恢复了圣职推荐权的推荐权人可在满足以下条件时向主教或官员在教会法庭提出诉讼:当推荐行为发生时,该牧师的推荐人被认为是正当的推荐权人,此时牧师的圣职将会在他生命的余下时间里得以保留。因为我们的国王陛下曾颁布过法令,规定通过在战时藉由暴力手段强行获得某教堂圣职推荐权的权利人所推荐而被任命的牧师将在余生保留职务,是以我们的前述问题也应如此解决。但当该牧师亡故之后,教堂的圣职推荐权将被交还到正当的权利人手中。

第十一章

在前述诉讼中还有个问题应当被提及。我们假定某推荐权人在王室法庭中从他人手里恢复了圣职推荐权,而随着时间的推移该教堂的牧师也亡故了,此时,那位曾拥有推荐权的当事人能否再请求就上一个推荐行为进行咨审?如果他顺利取得了一份召集咨审团的令状之后他的对方当事人又将如何应对呢?

---

[1] 即败诉方。

95 我们假定，他本人还从未对争议教堂推荐过任何神职人员（Incumbent），但他的父亲或某位祖先曾行使过推荐行为，如果他的对手否认这一点的话，此时咨审将不会进行，因为他已根据法庭的先在判决而丧失了圣职推荐权，问题在于咨审是否应当终止？似乎[1]该停止，因为既然他从没行使过推荐行为，也就等于是没占有过圣职推荐权，尽管他也可以从自己的父辈所曾做过的事情那里找到一些推荐权存在的证据。可倘若这个关于上一个推荐行为的诉讼可以再度提起的话，王室法庭判决的终局性便仿佛荡然无存了。因为如果法庭既已将某教堂的圣职推荐权判给某人所有，再允许对方当事人无论以何种手段在同一法庭中恢复占有，尤其是从在先前判决中获益的那个对方手中，貌似是与正义原则不相符的，除非有新的情况出现，该当事人
96 的请求才应被受理。在此情况下，如果咨审团已经被召集了也应当终止，就算原告或他的某位祖先的的确确曾行使过上一个推荐行为也不能例外，因为他们已经在王室法庭的裁判中丧失了权利。如果这能为法庭的存卷（Record）所证实的话，原告将丧失诉讼理由并向国王缴纳罚金。

第十二章

有时会出现这样的情况，即当教会法庭审理两位牧师之间关于某教堂的诉讼时，他们的资格分别授予自不同的推荐权人。此时依任意当事人的提请，教会法庭均应停止审理该案件，直到王室法庭对该教堂圣职推荐权的归属人作出了确认。为此，下面的令状将被签发：

---

[1] Harleian、Bodleian 和 Cottonian 的钞本认为尚应有个"不"（not）字。

第十三章

"国王问候教会法庭法官健康。R 向我主张他的牧师 I 根据他的推荐拥有位于某村的某教堂的圣职且该圣职推荐权归 R 所有,而牧师 N 却声称骑士 M 享有圣职推荐权并在你的教会法庭提出了诉讼。但若允许 N 恢复 M 所声称的其所享有圣职推荐权的该教堂之职务的话,R 将会损失他的圣职推荐权。由于事关教堂圣职推荐权的诉讼属于我的王权和荣耀,因此我禁止你继续审理该案,直到我的法庭已对该教堂圣职推荐权的归属作出了判决。副署人……"

如果在禁令下达之后诉讼仍然没有停止的话,他们都将被下面的令状传唤至王室法庭为自己的所作所为说明理由:

第十四章

"国王问候郡长健康。[1] 我命令你禁止某法官在教会法庭中继续审理有关某教堂圣职推荐权的诉讼,因为该教堂的推荐权人 R 抱怨说 N 把他拖入了教会法庭的诉讼,而有关圣职推荐权的诉讼是属于我的王权和荣耀的。并派精干的传讯官将该法官传唤至我或我的法官面前,于某日,说明悖逆我的荣耀而在教会法庭中继续审理该诉讼的理由。另派精干的传讯官将 N 传唤来说明他把 R 起诉至教会法庭中进行诉讼的理由。我命令你执行此令状……副署人……"

---

[1] Vide F. N. B. 89.

第五卷

论身份问题；以及天生农奴。

第一章

我们接下来所讨论的主题进入了有关人的身份（Conditions of persons）的诉讼。此类诉讼通常发生于当某人试图将他人从自由的状态降为农奴（Villenage[1]），或已处于农奴状态的某人寻求解放自己时。当某人向他人诉称某农奴是属于他的天生农奴（Villein-born[2]）时，他将获得一份向郡长签发的天生农奴令状（Writ de nativis），藉此令状他得以在郡法庭对该正占有农奴的他人提出诉讼。如果该农奴的身份不存在争议，则该诉讼将在郡法庭中继续进行，当事人双方分别为主张对该农奴享有所有权的人

---

[1] *Villenagium*. "*Villein* 一词来自法语 *Villaine*, à villâ, quia villae adscriptus est（从农村来的人，与农村相联系）"——"*Villenagium*（有时候这个词也以 -age 来结尾）指农奴所负的役务。尽管有的时候自由人也得负某些役务。"（Co. Litt. 116. a. See also Cowell ad voc. and Mirror, c. 2. s. 28）

[2] *Nativum*. 在本卷的第六章中我们的作者解释了这个用法：nativi à primânativitate suâ。"在《格兰维尔》中"，利特尔顿勋爵说道，"*nativi* 在与 *Villenagium* 连用时含义比较复杂，作者把后者的含义等同于 Servitude，共同作为自由的对立面，是一种状态而非地产"（3 Hist. Hen. 2. 189）。关于 *nativus*，爱德华·柯克勋爵注意到，"在普通法上被称为 *nativus* 的，大部分都是那些天生为农奴的人（quia pro majore parte natus est servus）"（Co. Litt. sed vide Craig. L. 1. Dieg. 4. §6）。

以及实际占有该农奴的人。但若该农奴声称自己是个自由人并为此向郡长提供了证明担保（security）的话，诉讼将在郡法庭中暂告一段落，因为郡长对此不再拥有管辖权了。[1]但若郡长坚持审理该诉讼的话，身份存争议的当事人可以从国王的法官那里获得一份国王的令状，当然，为此他必须已对郡长就自己的自由提供担保（give security），从而该案件将被移送至王室法庭的法官面前，同时该当事人将会免于他人的烦扰。该令状如下：

第二章

"国王问候郡长健康。[2]R 向我诉称 N 试图使他降为农奴，然而他声称自己是自由人。因此我命令你，如果 R 已向你提供了进行诉讼的担保（secure），便将该案件移送至我或我的法官面前，于某日；并与此同时确保他和平无事；并派精干的传讯官将 N 传唤来说明他不正当地把他降为农奴的理由。我命令你……"

第三章

凭借这份令状，此前声称他人是自己的农奴的当事人也应被传唤，并为他指定某日来进行诉讼。若在所指定的当日，被宣称为农奴的人既没出庭也不提供借口也不派辩护士的话，处理方式如同前面所描述的在有担保（Pledges）的诉讼中时那样。如果他选择提供不到庭借口，那他便享有与我们所讨论过的数量相同的借口。但若宣称他人为自己所有之农奴的当事人既不到庭也没提供借口的话，他的对手将被无条件释放，换句话说，

---

[1] The Mirror, c. 2. s. 28 的表述与本书相同。
[2] Vide F. N. B. 171. 172.

原告将恢复依法律所应当恢复的一切，对此我们将在本书的后面再加以说明。与此同时，曾被宣称为农奴的当事人将获得对自己自由的占有。

第四章

在双方当事人均到庭的情况下，自由（freedom）将通过如下方式获得证明：宣称自己是自由人的当事人应当举出若干最近的亲属和来自同一血缘的亲族。如果他们的自由身份也为法庭所确认的话，主张（demands[1]）自由身份的当事人将会摆脱奴役的枷锁。但若寻求自由身份的主张被否定[2]或尚存疑问的话，邻里的裁决将确认当事人身份为自由与否并作为法庭判决的依据。如果声称对方是自己的农奴的当事人提出了相反的证人，证明本案原告为他的天生农奴，且证人与原告均来自同一血缘的话，应由邻里来裁决[3]究竟何方所提供的证人要与当事人更亲近些，法庭再依此来作出裁判。同样的，当出现当事人提出的证人[4]否认任何有关他本人的关系，或诸如此类的问

---

[1] Proclamat，英译者在这里依据的是 Bodleian 钞本，此外还有 proclamo，appello，provoco 等译法。(Spelm. Gloss. ad voc.)

[2] "然而"，根据 the Mirror 的记载，"若被告能证明自己祖先的自由血统，不论是与生俱来还是后天取得的，他都将被认为是自由人，哪怕他的父亲、母亲、兄弟等亲属全认为他是原告的农奴，并作证说被告确实为农奴"（Mirror, c. 3. s. 23）。我们必须假定，这是格兰维尔时代之后的一个改善之处，因为尽管 Mirror 的有些篇章可能写就于诺曼征服之前，但其他部分则创作于亨利二世时代之后。古代的法律著作极少有如 Mirror 这般，令我们可以清晰地确定出哪些部分是原始的，哪些文字又是后人添附上的。现在的著作通常前后文自己就是矛盾的。

[3]《国王之尊》则说"通过咨审团来裁决"。(Reg. Maj. L. 2. c. 11)

[4] 据 Cottonian、Bodleian 和 Dr. Milles 的钞本应插入"承认亲属关系，而对方当事人所提出的证人却否认"一句。

题时，都应交给邻里来裁决。自由一经法庭所确认，其自由身份受质疑的当事人将被免除一切陷他于农奴身份的指控。反之，如果他没能证明自己的自由，对方当事人将把他作为天生农奴而占有，他将被不可逆地归于自己的领主所有，连同自己占有的一切动产。上述诉讼程序和处理方式也适用于当某自由人被控为农奴或某农奴获得自由的情况。此时，自由身份受到质疑的当事人可以到王室法庭请求进行诉讼，诉讼即如同前述方式进行。还要指出一点，这类诉讼在举证证明[1]生而自由时并不可以采用决斗方式。

第五章

具有农奴身份的人可以凭借多种方式获得自由。[2]为此，他

---

[1] 据 Bodleian 和 Dr. Milles 的钞本尚有"或提出反证"。《国王之尊》的规定则更为严苛："一切有关任何人身份或不动产的证明或反证均不得以决斗提出。"（*Reg. Maj.* L. 2. c. 11）

[2] *The Mirror* 列举了许多《格兰维尔》中不曾提到的农奴获得解放的方式，这看起来与其说是在举例，倒不如像是在穷举。*The Mirror* 则确认了本书的大部分（假使不是全部）方式（c. 2. s. 28）。《国王之尊》告诉我们，在得到领主的同意之后，僧侣（Holy Orders）也可以解放农奴。如果领主诱奸了农奴的妻子，那么该农奴也将获得解放，因为除此之外，法律不再为农奴提供其他救济。如果领主对农奴实施伤害或在刑事民事诉讼中不为他保释，俟后农奴获证清白的，也将获得解放。（*Reg. Maj.* L. 2. c. 12）在古时候，文字记载还不常见之时，农奴的解放尚未存在法律的规定，通常要伴随着公开和盛大的仪式。"那些解放自己的农奴的人，应当在教堂、市集、郡里或百户区在见证人面前当众宣布，为他指明自由的道路和大门，记录下来，并把一张盾和一把剑交到他的手里"（*Qui servum suum liberum facit in Ecclesia, vel Mercato, vel Comitatu, vel Hundredo, coram testibus et palam faciat, et liberas ei vias et portas conscribit apertas, et lanceam et gladium vel quae liberorum arma in manibus ei ponat*）（Anglo-Sax. LL. Ed. Wilkins）。待到书写变得稀松平常之后，就需要通过领主的立约来使农奴获得解放了。在农奴问题上，福蒂斯丘（Fortescue）的文字无疑展现了当时的事实，同时就它是与国王之间进行的谈话而言，却也是真情实意的流露："这道理是，人出于邪恶目的才发明了奴役，神却给人的本性灌输进自由。如此说来，那被人剥夺的自由，总是渴望返回，当自然赋予的自由被

的领主本人或他的继承人可以出于解放的意图而把他解放，或把以解放的目的卖给他人。应当注意的是，一个拥有农奴身份的人决不能用自己的金钱来买自由，在这种情况下，根据王国的法律与习惯，他将再度成为领主的农奴，因为凡是生而为农奴之人，其全部动产无疑均处在领主的掌控之下，故而排除了前者在违背领主的意志时至少是花自己的钱为自己赎身的权利。而第三人使用自己的财产为农奴购买自由则另当别论，该农奴将永远从出卖他的领主那里保有自由。一旦某人将某农奴从自己和自己的继承人原本所能行使的权利中加以解放或出卖，该农奴便可永远捍卫自己的自由并对抗领主及其继承人，只要他能向法庭提出许可状或其他合法的证据加以证明。而当有人否认他已被解放并能提出一位曾耳闻目睹的适格证人（a proper Witness）且该证人愿出庭作证的话，争议将交由决斗来解决。

还要指出，尽管一个人可以解放他的天生农奴，此解放的效果将及于农奴本人及其继承人，但也仅此而已。因为如果某人生而为农奴，尽管他获得了自由，但当他进行诉讼或为他人作证时，若有人提出他曾生而为农奴并提出证明的话，他仍将为法庭所正当地排除掉，哪怕他在获得解放后被授予了骑士的身份。[1]若某农奴能在任何特权镇（privileged Town[2]）平安无事地住上一年

否定时，那情形就永远如此"（Ab homine et pro vitio introducta est servitus: sed Libertas a Deo hominis est insita naturae. Quare ipsa ab homine sublata semper redire gliscit, ut facit omne quod libertate naturali privatur）（de laudibus legum Angliae, c. 42）。

[1] "除非他所获得的自由来自于国王陛下的许可、恩准或要求"（Reg. Maj. L. 2. c. 1 2）。利特尔顿勋爵认为这个条文起因于对司法程序的猜忌（3 Hist. Hen. 2. p. 192）。它更有可能来自那个时代骑士们的自豪感。彼时那些高贵的勋爵们经常亲自参与司法决斗，他们本身所拥有的重要地位也有助于提升审判过程的荣耀。

[2] Villa privilegiata. 征服者的法律中同样出现了这个概念：如果他们能在未受奴役之指控的情况下在我们的城市、自治镇的城墙范围或我们自己的控制下生活一年零一天，他们将在那天起永远摆脱奴役的枷锁（si servi permanserint sine

零一天[1]的话，他将被共同体（community）或基尔特（Guild[2]）接纳为市民（Citizen），并因之摆脱农奴的身份获得自由。

第六章

天生农奴（Villeins-born）始于出生。因此他们的父母双亲是天生农奴，他们的后代也是天生农奴。[3]父亲是自由人而母亲是天生农奴的，情况亦然。当母亲是自由人而父亲是天生农奴，在身份的纯正性受质疑时，相同的规则应被沿用。

如果一个自由人男子娶了一位天生农奴女子为妻，既然他愿意接受农奴的身份，他将丧失一切权利，并被认为是天生的农奴。[4]若子女的父母分属不同的领主所有，则子女应在两个领

---

calumnia per annum et diem in civitatibus nostris vel in burgis in muro vallatis, vel in castris nostris, à die illa liberi efficiuntur, et liberi à jugo servitutis suae sint in perpetuum）（LL. Gul. Conq. 66. Ed. Wilkins, p. 229）。"Privileged Town 意为一个经法规或特许状建立的市镇，农奴在其中生活过一段时间，如表现出对共同体法律的尊重和对获解放的渴望，且满足市镇对财产条件的要求，便会成为自由身"（3 Hist. Hen. 2. p. 191. Litt.）。我们作者在这里的记载在 Fleta, L. 4. c. 11s. 11 和 Co. Litt. 137. b 那里得到了更大的阐发。

[1] Bracton L. 1. fol. 6. b. 7. a. 但这段时期对于这位勋爵来说并不构成充分的条件，他又加上了一句（clameum suum qualitercunque apposuerit）："且平安地度过。"这也是《国王之尊》的原话。在特权镇住满一年足矣，而在非特权镇则须住满7年，且不得对抗国王。（Reg. Maj. L. 2. c. 12）

[2] Gyldam，来自撒克逊语 geldan 和 gildan。Gildare 在《末日审判书》中的意思通常是 pro solvere, reddere（交税）。（Vide Spelman Gloss.）

[3] "男奴和女奴（Villeins and Niefs）的后代均为农奴，是否为婚生在所不问。男奴和自由民女子的婚生后代为农奴。自由民男子和女奴的非婚生后代为农奴。"（The Mirror, c. 2. s. 28. See also Bracton, fols. 4. 5.）另参见 Fleta, L. 1. c. 3.

[4] 由于这段文字十分简略且又古怪，关于它的真实含义便产生了歧义。利特尔顿勋爵这样解释本段文字："格兰维尔告诉我们，在他的那个时代，如果某自由人娶了一位天生农奴且她现实地处于该地位，他将丧失全部法律上的利益

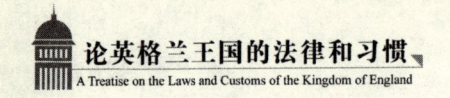

主之间按比例分配。[5]

（即自由人的权利）并在妻子在世期间被视为天生农奴，因为他的妻子的农奴身份。"然而，这只是一个对格兰维尔不太确切的解读。这位勋爵也意识到了此问题，为了证实这与格兰维尔（按他自己的话）有所出入的推断，他援引了布拉克顿 fol. 5。里弗斯先生认为这一加诸丈夫身上的严苛惩罚并非根据妻子生活在农奴地位，而是根据她所拥有的农奴财产（property in Villenage）。事实上，原文的意思既不像利特尔顿勋爵所说，亦非里弗斯先生的解释。我不敢采取他们二位的观点。在 Britton 的时代，妻子可凭借丈夫的身份获得解放。(78. b) Vide Co. Litt. 123. a. and 137. b. and Mr. Hargrave's Notes thereon.

[5] 利特尔顿勋爵评论道："这纯粹是把子女们当成牲口或庄稼来看待，全然不顾人天性中所内含的自由和尊严。"(3 Hist. Hen. 2. p. 191)

第六卷

论寡妇地产。[1]

第一章

Dower一词有两个含义。寡妇地产（Dower[2]）在通常的意义

---

[1] 关于本卷所讨论主题的一般情况，参见 Bracton, fo. 92 et seq. and Fleta, L. 5. c. 23. et seq.

[2] *Dos*, 亦即 dower。"*Dos* 这个词"，爱德华·柯克爵士说道，"来自 *donatione*，差不多也与 *donarium* 同义（*ex donatione, et est quasi donarium*）"（Co. Litt. 30. b.）。而科维尔和斯佩尔曼却均认为该词来自法文 *douaire*（Cowell and Spelman's Gloss. ad voc.）。寡妇地产的真实目的在于供养妻子的生活必需和孩子们的抚养及教育（Fleta, L. 5. Cap. 23）。古罗马人没有向妻子进行财产赠与的习俗。因此当塔西佗（Tacitus）发现日耳曼人有如此怪异的风俗时不禁大吃一惊：不是女方把嫁妆送给男方，反倒是男方向女方交纳彩礼（*Dotem non Uxor marito sed uxori maritus affert*）（《日耳曼尼亚志》第18节）。尽管寡妇地产不为罗马人所知，古希伯来人却似乎有这个传统（《创世纪》34.12,《出埃及记》22.16，等等）。古希腊人仿佛也不晓得这个东西，如果我们根据《奥德赛》中的一段情节，即伏尔甘（Vulcan）从他那脆弱的妻子那里取回了他所赠与的寡妇地产来推断的话。而古高卢人好像知道这个制度（《高卢战记》L. 6. c. 18）。坎特伯里人（Cantabri）同样如此（Strabo L. 3）。克雷格却怀疑古代的北方民族中是否有此东西（Craig. Jus Feud. L. 2. Dieg. 24）。哥特人不允许寡妇地产超过1/10（Wisegoth. L. 3. t. 1. 1. 4）。《耶路撒冷法典》将之规定为一半（*the Assise of Jerusalem*, c. 187）。勃艮第古领地法规定了相同的数目（Chass. consuet. ducat. Burg. rub. 4. s. 6. col. 580）。撒克逊人规定（LL. tit. S.）不得超过结婚时所指定的数目（*praeter dotem quam in nuptiis adepta est*），并允许是丈夫和妻子共同财产的一半。埃德蒙法也规定为一半（LL. Edm.）。伦巴第法规定寡妇地产不超过1/4（L. 2. tit. 4）。英格兰人、苏格兰人和诺曼人则

上指任何自由人，当订立婚约之时，[1]在教堂门口[2]赠给新娘的财产。无论依据教会法还是世俗法，每个男子都有义务在与新娘订立婚约时赠与她地产。当他向新娘赠与地产时，要么指明是哪块地产，要么不指明。如果是后者的情况，丈夫全部自由保有地产的1/3将被视作妻子的寡妇地产，订立婚约之时（at the time of affiancing[3]）丈夫全部自由保有地产（freehold Lands）和自物保有地产（was seised in his Demesne）的1/3应当作为妻子合理的寡妇地产。如果丈夫已指明了哪些地产作为寡妇地产，而其数额要多于1/3的话，多于1/3的那部分指定无效，必须加以削减到1/3。[4]因为一个男子赠与一个女子的地产可以比全部地产的1/3更少，但不可以更多。[5]

第二章

这种情况时有发生，即男子向女子赠与了较少量的地产，因

效仿西西里人和那不勒斯人，把 Dower 的数额扩大为 1/3（Vide LL. Hen. 1. 70. Ed. Wilkins. Le Grand Custum. de Norm. c. 103. Reg. Maj. L. 2. c. 16）。

[1] *Tempore desponsationis*. 订婚和结婚在民法和教会法中似乎是截然不同的两个东西（Vide Lyndw. Provinc. 271）。但在我们的法律著作中，这两个词是同义的（See Co. Litt. 34. a. and Mr. Hargrave's note）。

[2] 据 Mirror 和柯克勋爵，也可以是在"在修道院（Monastery）门口"（Mirror, c. 1. s. 3. Co. Litt. 34. a）。在这些场合实施赠与行为的意义在于，使该行为能为公众所知晓（Bracton, 92. a. Fleta, L. 5. c. 23）。

[3] *Tempore matrimonii* 是 Grand Custum. de Norm. c. 102 和 Reg. Maj. L. 2. c. 16 里的用法。Bracton, 92. a 和 Fleta, L. 5. c. 24 则用他娶她的那天（*die quo earn desponsavit*）来表示。诚然《大宪章》的第 7 条把寡妇地产的数额规定为在丈夫的生命中（*in vita sua*），或翻译成在保护下（*during the coverture*）所占有的全部地产的 1/3，并一直沿用至今，但它在事实上已经被相对晚近一些的信托法侵蚀。

[4] 为此，我们的作者给了我们一份令状，参见本卷第十八章。

[5] "以免领主因这种自由的地产赠与而受欺骗，丧失监护权和其他封建利益"（2 Bl. Com. 133. See also Grand Cust. de Norm. c. 18）。在立法上，一个有趣的特点是，相同的法律竟有可能是截然对立的立法原则的产物：比如，根据现代法国民法，寡妇地产在婚姻存续期间不得增加（Code Napoleon. s. 1543）。

为他在订婚时拥有的地产很少，后来随着受赠地（Lands purchased[1]）的扩大，又把寡妇地产扩大至它的小于等于 1/3 的部分。

但当指定寡妇地产时没有特别指明受赠地的，即便承认他在订婚时所拥有的不动产较少尔后又大大地扩张了其规模，妻子也不得向丈夫要求超过订婚时他所拥有地产的 1/3。类似的，当男子不拥有任何地产时，也可以向妻子赠与他的动产（Chattels[2]）或其他东西，甚至包括金钱在内，而此时就算男子其后获得了可观的受赠地产或土地保有物，妻子也不得向他主张这些受赠地产的任何部分。此乃出于一条当某女子分配到寡妇地产时，对数量和质量进行种种考量下的基本原则，即如果她在教堂门前对所得的赠与物心满意足的话，此后便不得要求比这更多的财产。[3]

---

[1] Questus，而根据斯佩尔曼，更准确的说法应当是 quaestus，从 quaero 演变而来，即受赠地（purchased Lands），与继承地（Lands acquired by inheritance）相对应（Vide Spelm. Gloss. ad voc. and Co. Litt. 18. a）。受赠地受封建法上的新获地产权（feudum novum）所规制（Craig. Jus Feud. L. 1. Dieg. 10. s. 13）。

[2] 在此要留意法律上有趣的波动性。尽管格兰维尔在这里明确写道，女子可以接受动产或金钱的赠与，但这实际上只是沿袭自更古老时代的一种赠与模式，在随后的亨利四世时代便得到了废除（7. H. 4. 13. b）。现代衡平法院中，一些衡平法上的禁令似乎在某种程度上复活了格兰维尔所记载的法律。此处的规则在 Regiam Majestetam 和 Fleta 中得到了重申，尽管后者表示这里所讨论的寡妇地产只在亡夫的动产有所增加时才可适用（L. 5. c. 23）。因此可以避免滥用的情况。

[3] 如果一位女子在订婚时被指定了特定的动产或不动产，并同意将其作为寡妇地产，那么当她的丈夫去世之后，她应当满足于此，因为她已经在婚约中将之接受为自己的寡妇地产（Si enim mulier, quando ducta fuerit in uxorem, concessit et consensit se dotari de mobili vel de terra specificata, illud ei debet post decessum mariti sui sufficere, quod in contractu matrimonii concessit se pro dote recipere et consensit）（Le Grand Coustoum. de Normand. c. 102）。"因为她当初表示了同意"则是《国王之尊》所给出的女子为何要受最初赠与所限制的原因。（L. 2. c. 16）

第三章

应当清楚，一名女子（a Woman[1]）不得在她丈夫在世期间对她的寡妇地产为任何处分。[2]因为既然妻子本身便处于丈夫的绝对权力之下，那么寡妇地产、妻子的人身以及其他全部事物（things）均在丈夫的全权处置之中就并非不可理喻之事了。不过丈夫可以在他的生命中对妻子的寡妇地产进行赠与、出卖或任何什么他想进行的处分，妻子必须顺从丈夫的意志，正如对丈夫所为的其他事务那样，只要它不违背上帝的律法。鉴于妻子有服从丈夫的义务，那么当丈夫打算出卖她的寡妇地产而她反对时，该反对亦不对出卖构成阻碍，妻子不得[3]在丈夫去世之后对该寡妇地产向买受人主张所有权，即便她在法庭

---

[1] 我们的作者在此使用的概念是 *Mulier*，特指某位夫人，而柯克勋爵则说这个词在过去的意思是妻子的泛称。（2 Inst. 434）

[2] 布拉克顿给出了两点原因：①女子在得到分配之前在寡妇地产中不享有任何自由保有地产；②她不得反对她的丈夫。（Bracton, 95. b）

[3] 英译者在此遵循了各钞本以及1604年的《格兰维尔》印刷本，加上了一个"不"字。英译者认为在这里不仅要联系前后文，还要参照本卷第十三章的说法。然而《国王之尊》却规定此类买卖的生效需要妻子的合意，尽管她不表示反对便可推定为积极的合意（L. 2. c. 15. 16）。再根据本卷第十三章的内容，有一个问题是清楚的：当丈夫已经对妻子的寡妇地产为处分，而她俟后又恢复该地产的话，他的继承人需要对买受人提供等价的补偿；反之，如果她没有恢复该地产，他的继承人则需要对她提供等价补偿。这个规定对继承人而言无碍大局；在继承人有补偿能力时，对妻子和买受人而言也不甚紧要。但当继承人没有补偿能力时，究竟妻子和买受人谁的权利更大些便与他们的利益关系紧密了。布拉克顿的表述要比我们的作者更为清晰，他在这里作了一个区分，即该寡妇地产有没有被指明（named）。如在前者，妻子便可以从买受人手中索回该特定地产；反之，她只能要求继承人给予补偿。在前一情况中，寡妇地产一经指明，妻子便对其拥有布拉克顿所说的所有权（*jus et dominium*），无论该地产随后转了几手，她始终享有追索和取回权。但若该分配只是一般性的，并没有指明某特定地产的话，妻子便不享有任何针对未特定化之物的权利，直到进行地产分配时为止。（Bracton. 300. b）

上自认或有证据证明，该地产系其丈夫不顾她的反对而径行出卖的。

第四章

当丈夫去世之后，妻子所拥有的已指明的寡妇地产可能正处于无人占有的状态，也可能恰好反之。

如果在前者，该寡妇可以在得到继承人一致同意的情况下进占（enter upon）她的寡妇地产[1]并保持占有。然而，倘若该寡妇地产并非处于无人占有的状态时，又分全部被占有和部分被占有两种情况。如果部分地产被占有的话，她可以依我们前面所描述的程序先行进入无争议的土地，再就剩余地产申请一份权利令状，指令她的担保人（Warrantor）[2]以迫使对该地产作出合乎正义的行为，因为她声称该土地系属于她的合法寡妇地产。令状如下：

第五章

"国王问候 M 健康。[3]我命令你不迟延地把位于某村的一海德土地的全部权利交给 A，即 E 的妻子所有，她声称那是属于她的合法寡妇地产，在该村中保有自你处，并负每年 10 个先令的自由役，并受到了 N 的不法侵占。除非你执行此令状，否则

---

[1] 寡妇在行使占有时所针对的似乎是当其丈夫去世时所处的状态，包括届时的一切作物庄稼、收成和利息等财产。（Bracton, 98. a. Fleta, L. 5. c. 24. s. 2）
[2] 即她丈夫的继承人。（Vide *Reg. Maj.* L. 2. c. 16）
[3] Vide F. N. B. 18.

郡长将会执行,[1]以免她再抱怨说想要正义。副署人……"

第六章

此类案件的审理依该令状的性质应当在担保人的法庭中进行,除非这个法庭无法主持正义,关于这点我们将在以后讨论。[2]如果确有这方面的证据,案件将被移送至郡法庭,再由郡法庭根据国王或他的法官的意愿,凭下面的令状合法地移送至王室法庭:

第七章

"国王问候郡长健康。我命令你把以下诉讼从你的郡法庭移送至我或我的法官面前,该诉讼系在 A 和 N 之间进行,涉及位于某村的一海德土地,A 针对 N 诉称该地产为她的合法寡妇地产。并派精干的传讯官将正占有该土地的 N 传唤到庭进行诉讼。我命令你执行此令状……"

第八章

事实上,此类诉讼以及其他某些诉讼会因多种理由而被从郡法庭移送至王室法庭,例如,在郡法庭审理过程中出现了一些它无力解决的疑难问题(案件因此理由而被移送的,当事人双方,不论原告或被告都应被传唤到庭)。当事人一方对移送的

---

[1] 根据 *Mirror* 的记载,古代国王的法律规定,"当抱怨的请求被受理之后,对它的管辖权便是唯一的,在该诉讼结束之前不得由别的机构加以审理,因此在权利令状中有这句话——除非你……否则郡长将……(*Et nisi feceris vicecomes faciat*)"。(*Mirror*, c. 1. s. 3)

[2] 参见后文第十二卷第七章。

请求即构成案件移送的充分条件,被传唤的当事人是否提出请求并不重要。但在当事人双方协商一致要求移送的场合,双方便均无需被传唤,因为他们都曾出庭并知晓法庭所指定的日期。在当日他们有可能都出庭,有可能只有一方到庭,也有可能均不到庭。我们此前对均未到庭以及只有一方到庭这两种情况的讨论已经足够详尽了。当双方都到庭后,寡妇应当以这样的语言向对手提出诉求:"我主张这块地产及其附属物是我的权利,因为在我和我的丈夫结为夫妻的那天,他在教堂门前把它指定给我作为我的寡妇地产,且在赠与的时候他对该土地是有权的并现实占有着的。"[1]

对方当事人对此的应答可能不尽相同,但在实质上可分为两种:要么否认她依此赠与而获得地产,要么承认之。

然而不论他怎么应答,只要女子亡夫的继承人不在场的话,诉讼便不得继续进行。继承人应当被下面的令状传唤到庭:

第九章

"国王问候郡长健康。我命令你派精干的传讯官将 E 的儿子和继承人 N 传唤至我或我的法官面前,于某日,来为位于某村的一海德土地向他的父亲 E 的妻子 A 提供担保,她宣称那是她的合法的寡妇地产,受赠于她的丈夫 E,并与 N 在我的法庭中进行诉讼。N 应当表明是否担保该土地,或向她说明拒绝为她担保的理由。我命令你执行……副署人……"

---

[1]《国王之尊》几乎逐字照搬了这段话:"*I claim sic Land, as ane part and pertinents of that Land named by my umquhill Husband for my Dourie, quherewith lie indowed me at the kirk dore, the samine day when he married me, wherein he was vest and saised at the time he indowed me therewith.*" (*Reg. Maj. L.* 2. c. 16)

第十章

受传唤的继承人在收到第一、第二和第三份传唤令后既不出庭也不提供不到庭借口的，或提供了3个不到庭借口之后在第四天既不到庭也不派辩护士的，此时根据王国的法律与习惯应当如何处理尚存争议。有些人认为，应当扣押他的封地以强制他到庭。[1]

此时，他的一定数量的封地（Fee[2]）应当被交到国王的手中，以作为强制他到庭说明是否提供担保的强制措施。还有人[3]认为仅扣押他的诉讼担保物便足以强制其到庭。

第十一章

该女子亡夫的继承人最终到庭之后，要么确认事实即承认争议土地是属于女子所有的寡妇地产，且该女子为受赠人，且赠与发生时该地产系作为他父亲所占有地产之一部分；要么否

---

[1] 根据《国王之尊》，可以扣押他的财产或诉讼担保物以强制他出庭。（Reg. Maj. L. 2. c. 16）

[2] Feodum，这个词在我们与格兰维尔结伴同行的旅程中会经常遇到，它用以指称一整个体系（a system）。读者可以在布莱克斯通法官先生的大作（2 Comm. 44），以及 Mr. Butler 对 Co. Litt. 所作的卓越的注解（Note to 199. a）中找到它准确的含义。在这里简要介绍一下 Feuds 的分类，读者将在以后碰到其中的一些：①原始的和派生的（In proprium et Improprium）；②自由的和不自由的（In francum et non francum）；③男性的和女性的（In masculinum et femininum）；④对物的和对人的（In reale et personale）；⑤世俗的和宗教的（In laicum et ecclcsiasticum）；⑥祖先的和新近的（In antiquum et novum）；⑦贵族的和平民的（In nobile et ignobile）；⑧臣服的和未臣服的（In ligium et non ligium）；⑨非限嗣继承的和有条件的（In simplex et conditionatum）；⑩可分的和不可分的（In divisibile et Indivisibile）。（Craig. de Jus Feud. sparsim）

[3] Dr. Milles 的钞本指出这个人的名字是 Hugh Bardolph。

认以上这些。如果继承人在法庭上承认了这些，他就有义务从被告那里恢复地产，解决相应争议并把该土地交到寡妇手中，因之本案便转化为在被告和继承人之间进行。

如果继承人不愿介入诉讼，他便负有为寡妇提供等价补偿物的义务，因为寡妇本人不能受到任何损失。但若继承人不打算承认该女子对被告所主张的事实，诉讼将在寡妇和继承人之间进行。因为寡妇不得在她的寡妇地产没有担保人的情况下就其与任何人进行有效的诉讼。[1]如果继承人断然否认该女子的权利，声称她从未自他的父亲那里得到过任何赠与，此时若该女子能向法庭提出曾耳闻目睹赠与过程或任何其祖先曾在婚约订立之时于教堂门口耳闻目睹赠与过程的合适见证人，且他们愿意到庭作证的话，案件的裁决将交由决斗进行。

如果寡妇在决斗中获胜，继承人将有义务把争议土地交还给她，[2]或提供等价的补偿。

第十二章

还要指出，任何人对妻子实施寡妇地产的赠与时都要说这句话："我赠与你这片土地或村庄（说出名字），以及它们的一

---

[1] 对此《国王之尊》补充道："如果没有担保人可传唤的话，国王的令状将会变成一张废纸"（*Reg. Maj.* L. 2. c. 16）。Bodleian、Harleian 和 Cottonian 的钞本尚有"寡妇在无担保人时不负应诉义务"一句。

[2] 布拉克顿在描述关于已被分配的（assigned）寡妇地产时所写下的每一个字都是那么的令人舒畅。妻子在处理丈夫债务的事务中不负任何义务，一切都交给继承人去办。继承人需要担保并防御寡妇地产，为它进行诉讼，无论这诉讼发生在郡法庭、百户区法庭还是领主法庭。寡妇则被排除了任何其他值得操心的事，只把心思放在处理家务、管照和教育子女之上。她甚至可以拥有自己的法庭（fo. 98. a.）！在布拉克顿的描述之下，寡妇的生活是多么的方便、体面和富有情趣啊!!

切附属物。"若彼时他的自用地并无附属物，或当订约之时未占有该附属物而其后又将其恢复或以其他合法方式取回的，妻子在丈夫去世之后可以正当地要求该附属物，连同她所应得的寡妇地产。

第十三章

要注意一点，丈夫在向妻子赠与地产之后若把它予以出卖的，如果继承人有能力的话，应负义务将这块地产交还给该女子所有，同时须基于自己祖先的出卖或赠与行为对买受人提供合理的等价补偿（reasonable equivalent）。[1]但若继承人无力交还地产的话，他应当向该女子提供合理赔偿（reasonable compensation）。

第十四章

如果某寡妇自始就被排除了占有寡妇地产任何部分的权利，此诉讼应当由王室法庭直接进行管辖，正在占有寡妇地产的人将被下面的这份令状传唤：

第十五章

"国王问候郡长健康。[2]我命令你指令 N 正当且不迟延地把位于某村的寡妇地产交还给 E 的妻子 A，她声称该地产系由她

---

[1] 现代法国民法规定，在寡妇地产得到分配的同时，继承人便被赋予了担保义务。（*Code Napoleon*，s. 1547. 1564）

[2] Vide F. N. B. 329.

的丈夫 E 所赠与，并为 N 所不法侵占。除非他听从你的指令，否则派精干的传讯官把他传唤到我或我的法官面前，于某日，来说明不听从指令的理由。我命令……副署人……"

第十六章

正占有着该寡妇地产的人有可能是继承人，也有可能是其他人，无论在哪种情况下，继承人都应当被传唤到庭。只不过在除继承人之外的第三人侵占寡妇地产时，他应被本令状传唤；而当继承人本人侵占了寡妇地产时，采用的传唤令状则是前面一个。

第十七章

继承人和寡妇之间的诉讼过程可以有多种形式，因为寡妇地产可能已被指明（named），或尚未被特定化（specified）。继承人也可能承认该地产已被指明或干脆予以否认。

如果争议在于该寡妇地产是否已被指明或该指明不够清晰时，诉讼过程已如我们前面所叙述过的。若某合理的寡妇地产尚未被特别指明（specific nomination）的话，法律也十分清楚，即由继承人负责为寡妇从他祖先于订婚当日所占有的全部的自用地产中无保留地（unreservedly）指定寡妇地产，包括土地、自由保有物和圣职推荐权在内的一切东西。[1]因此，倘若有某教堂当妻子在世而丈夫已亡故时恰恰出现了职务空缺，继承人在未经寡妇同意的情况下不得径自为它推荐牧师。原则上讲，

---

[1] Vide Bracton, 97.a 为此处的文字提供了更坚实的证明和更详尽的阐述。

主要宅邸（Capital Messuage）不得作为寡妇地产，也不得分割，而是必须保持完整。[1] 其他女子事先已取得的寡妇地产也不应再受分割。[2] 此外，如果有两个以上的庄园（Manors）待分割，主要庄园（Chief Manor）不应被分割，而是应完整地保留给继承人，寡妇在得到其他的庄园后便应心满意足。还要指出，对寡妇地产的分配工作不应因继承人未成年而受到推迟。如果为妻子指明的土地上包括一座教堂，则该女子在丈夫去世之后将获得自由的圣职推荐权，有权在该教堂出现职务空缺时推荐任何合格的牧师。[3] 但她不得将该权利授予某团体（College[4]），因为这等于是剥夺了其夫继承人的权利。

但是若丈夫在世期间已经为该教堂任命了牧师，后者将一辈子保留此职位，哪怕他其后随着土地一并落到了寡妇的手里。如果丈夫在世期间把教堂赠与给了某修道院（religious House），而教堂在丈夫去世之后被转到寡妇手中的话，她在有生之年仍有机会自由地行使一次推荐权。[5] 但当寡妇以及由该寡妇的推

---

[1] 然而从作者在本书第十二卷第二十章向我们提供的令状来看，留给寡妇的地产中也包括宅邸，除非，如令状所记载的，已指明的土地上不包括任何宅邸。此推论也得到了布拉克顿的证明（Bracton, 97. b）。这条规则诚然非常冷酷，因为它把寡妇从早年作为女主人与丈夫一同长期生活过的房屋中扫地出门。寡妇的待遇在《大宪章》的第7条有了相当的改善，这种不同的规定意在重构自卡纽特时期以来的普通法。由丈夫来处理问题和纠纷，女人和孩子则远离法律（Ubi Maritus habitavit absque lite et absque controversia, habitent uxor et infans ubique absque lite）。(LL. Canuti, 70. Ed. Wilkins)

[2] 斯基尼说："超过1/3的部分也不应算在第二个1/3之内。"（Reg. Maj. L. 2. c. 16）

[3] "在资历和学识上合适"。（Reg. Maj. L. 2. c. 16）

[4] 斯基尼补充道："因为团体永不死亡。"（Reg. Maj. L. 2. c. 16）

[5] "丈夫把教堂赠给了某修道院，在他去世之后他的继承人应当把该教堂交给他的妻子，寡妇将在她的有生之年拥有此教堂并有机会行使推荐权。"（Reg. Maj. L. 2. c. 16）

荐所任命的牧师相继去世之后，教堂将会转入修道院（religious House）的控制下直到永远。还应注意，如果妻子是在丈夫在世期间因为不贞（incontinence）而与丈夫分开的，不得主张寡妇地产。[1]类似的，当妻子因为亲属关系（on account of Relationship[2]）而离开丈夫时，也不得主张寡妇地产。但此时她的孩子却有可能根据王国的法律而通过继承权从他们的父亲那里继承遗产。[3]此外，当儿子或继承人中的任何人结婚时，经父亲的同意和指定，儿子可以赠与他的妻子一部分父亲的土地作为寡妇地产，[4]可问题在于妻子能否要求比赠与物更多的

---

[1] 根据埃德蒙的一项法律（a Law of Edmund）（这项法律的每一个字都显得像是个奇特的立法试验品），英译者在此把原文录上：Si cam (the wife) ex terra illa ducere velit in alteriusm Thani regionem, tunc sponsio ipsius sit quam Amici paciscantur, ut Maritus ejus nullam illi injuriam inferat, et si illa delictum commiserit, ut possint esse propinquiores emendationi, si illa non habeat unde compenset (LL. Edm. Ed. Wilkins). 不过这已经比卡纽特法的规定要温和得多了，根据后者，当丈夫在世期间有类似情况的妻子，不仅将被冠以恶名并剥夺从丈夫处获得的一切财产，更要被割掉鼻子和双耳（LL. Canuti——Ibid）。

[2] Parentelam (vide Spelm. Gloss. ad voc. parentes)，意指近亲或兄妹关系（在亲等关系之内且受禁止的）（Reg. Maj. L. 2. c. 16）。离婚是诺曼法典中阻止寡妇获得地产的一个事由（Le Grand Custum. de Norm. c. 102）。

[3] 利特尔顿勋爵在考察这条规定的时候说道："教会法严厉禁止离婚，而在经过多年形似合法婚姻的同居生活之后，离婚仍时有发生，这也是法律的人道和衡平之体现。"这位勋爵还指出："这种分离意味着婚姻的终结，孩子们将因之被视作私生子"，这种情况并未得到缓和（3 Litt. Hist. Hen. 2. p. 126）。现代法国民法中有面貌相似的规定，但体现着的却是迥异的价值内涵："因离婚而导致的婚姻终结是为法律所承认的，并不将剥夺子女们作为婚生子女所享有的法律上或父母婚姻契约上的权利。"（Code Napoleon, s. 304）

[4] 根据诺曼法典，如果丈夫在婚姻期间没有封地而他的父亲或祖父在世并同意婚姻，妻子将可能被赠与一部分父亲或祖父的土地作为寡妇地产，前提是不存在其他继承人。如果父亲或祖父拥有其他继承人的话，她只能在丈夫的份额中获得地产。如果父亲或祖父不同意亲事，妻子就从他们的土地那里得不到任何寡妇地产。（Le Grand Coustoum. de Normand. c. 102）

东西?[1]如果丈夫比他的父亲更早去世,问题是妻子能否保留争议土地作为自己的寡妇地产,而她丈夫的父亲是否有义务为她担保这块土地呢?[2]假如某寡妇所拥有的寡妇地产超过了她所应得的部分,下面的令状须指令郡长测量(admeasure)该地产:

第十八章

"国王问候郡长健康。[3]N 向我诉称,他的母亲 A 占有了他的遗产中多于她所应得的寡妇地产的土地。因此,我命令你正当且不迟延地重新测量这块地产;并正当且不迟延地查清 N 所应得的遗产;并正当且不迟延地查清 A 所应得的合理的寡妇地产。以免他再抱怨说想要正义。副署人……"

---

[1] 印刷本中只给出了问题,而 Cottonian 和 Dr. Milles 的钞本给出了回答即妻子不得要求比赠与物更多的寡妇地产。诚然印刷本是正确的:因为我们很少遇到有问题在上文已解决而在下文又变成了未解决的情况。

[2] 据《国王之尊》记载,丈夫的父亲应当负担保义务(*Reg. Maj.* L. 2. c. 16)。Vide Co. Litt. 35. a.

[3] Vide F. N. B. 331.

第七卷

> 论合法继承人;以及私生子,儿子或女儿,成年或未成年;以及对未成年人的监护和特权;以及最末继承人,指那些封地最终交回自己手中的领主;以及高利贷者,及其继承人;以及嫁妆和其他来自祖先的赠与;以及祖先的遗嘱和债务,它们都是继承人有义务为之担保的。

第一章

嫁妆(Dower)——在罗马法中具有一种截然不同的含义,意指女子赠给男子的嫁妆,与通常所谓的婚姻陪送物(Marriagehood[1])同义。每个占有土地的自由人均可以拿出自己土地的一部分作为自己女儿或其他女子的嫁妆,不论他有没有继承人,倘若有继承人的话也不论他是否同意该处分——哪怕他的继承人不

---

[1] *Maritagium*. 我们的作者将在本卷第十八章更详细地阐释这个概念。柯克勋爵把这个概念翻译为 marriage,但为避免混淆起见,英译者把它处理为 marriagehood。古代的作者们通常在三个意义上使用 *maritagium*:①表示 marriage,如同这个概念的现代含义即婚姻;②随女子出嫁而赠与出去的土地,这个 *maritagium* 可分为 *liberum*(自由的)或 *servitio obnoxium*(附义务)的,也就是我们在这里遇到的含义;③表示领主处分受他监护之人的婚姻的权利。(Bracton, 21. a. Spelm. Gloss. ad voc. 2 Bl. Comm. 69. Co. Litt. 21. b. 76. a. and Mag. Car. c. 7)

同意甚至极力阻止。每个人都可以拿出一块自由保有的不动产（freehold Estate[1]）赠与任何人作为对役务的报酬，或赠与某宗教机构（religious Establishment）作为自由教役保有地产（Free-Alms），[2]如果捐赠之后紧接着的是占有的移转，那么地产将永久属于受赠人及其继承人所有，直到赠与物不复存在为止。但若捐赠已发生而占有却并未移转，那么在捐赠人去世之后，便没有什么可以借以对抗其继承人的意思了，因为此类处分通常会被王国的法律解释成为无效承诺（a naked promise）而非实实在在的承诺或赠与。一般来说，某人有权在他的生命中自由地处分自己地产的合理部分（the reasonable part[3]），以随心所欲的任何方式，然而此权利并不及于每个临终的人，因为他们对遗产的处置有可能极为草率，[4]甚至会凭一时的心血来潮而滥施处分，尽管他们

---

[1]《耶路撒冷法典》（*The Assise of Jerusalem*）允许采邑当包括着数名骑士的封地时进行分割，在其他情况下则不允许。(c. 265)

[2] *Poterit etiam Donatio in liberam eleemosinam, sicut, ecclesiis, cathedralibus, conventualibus, parochialibus, viris religiosis* (Vide Bracton, 27. b)."最初，教堂在接受地产时通常附带着军役，主教或副院长的役务须自己履行一定年限，其余的由别人代履行。但当这种做法的必要性越来越小时，人们在向教堂捐赠地产时除了祷告和诸如此类的宗教性仪式之外便不再会收到别的什么了。"（Dalrymple's Essay on Feuds. p. 30）

[3] 格兰维尔似乎并没有对什么叫"合理的部分"加以明确。在谈及古代诸国王的政制时，The Mirror 告诉我们，"人们不得在未经继承人同意的情况下转让 1/4 的遗产"（c. 1. s. 3）。至于说这句话是否解决了问题，还需读者们明察。《大宪章》第 32 条为本书所可能导致的权力滥用进行了补救——以及紧随其后的《封地买卖法》（*Statute of quia Emptores*）。现代法国民法限制某人赠与自己财产的一半（如果他有一个孩子），或 1/3（两名子女），或 1/4（三名子女）。哪怕他没有子女也要受限制，假如他有其他直系或旁系亲属的话。但当上述亲属都不存在时，他就可以处分自己的全部财产了。（Code Napoleon, s. 913. 914. 915）

[4] 布莱克斯通法官指出："有些人质疑这一甚至可以溯源至日耳曼人的限制似乎并非出于政策的考量，而是为防止遗嘱继承所可能导致的恣意妄为，使不动产由于祖先的溺爱和反复无常而从血亲手中转移到陌生人那里。这可以保持人们手中财产的平衡，避免某人变得比他的邻人更为强势有力。"（2 Bl. Comm. 373）

本人通常未必完全丧失记忆和理性。

因此，我们假定某人正饱受绝症之苦，这时他开始着手准备处置自己的地产，而这事恰恰是当他健康之时从不曾进入过他的脑海里的，因之，此举与其说是在悉心安排后事，倒不如看成是神智错乱之际的胡闹。但即便是这种通过遗嘱所作出的赠与，在得到继承人之同意和熟人（his acquiescence）之认可的前提下，也将是有效的。某男子在把他的土地作为嫁妆而赠与他人时，赠与物可以只包括继承地，也可以只包括受赠地，也可以两者兼具。如果他所占有的只是受赠地，如前所述，他可以凭自己的意愿把它的某部分赠给任何人。[1] 但如果他有很多婚生子（sons born in Wedlock[2]）的话，就不得在未经继承人一致同意的情况下把自己遗产的任何部分赠给小儿子（a younger son），因为若无此限制，长子就有可能一无所得：因为父母总是更偏爱自己的小儿子。

或许有人会问，人们在拥有儿子或继承人的情况下能否把自己的某些遗产赠给自己的非婚生子呢？如果他能够的话，非婚生子将因此获得比婚生的小儿子更为优越的地位，而法律的答复也是肯定的。[3] 如果意欲为赠与的某人所占有的土地只包括受赠地

---

[1] 在阿尔弗雷德大帝的法律中，这个权利并非可以毫无顾忌地行使（LL. Alfr- ed, c. 37），亨利一世的法律也规定了类似的限制。*Si Bockland habeat, quam ei parentes dederint, non mittat eam extra cognationem suam.* （LL. Hen. 1. c. 70）

[2] *Filios mulieratos.* "如果某男子在有一名私生子的情况下与某女子结婚并又生有一合法的儿子，那么这后生的儿子在法律术语中就叫 mulier，也就是格兰维尔所使用的拉丁语中的 *filius mulieratus*"（2 Bl. Comm. 247）。斯基尼也对这个说法表示赞同。（*Reg. Maj.* L. 2. c. 19）

[3] 据《国王之尊》记载，父亲不得把财产的任何部分赠给他的非婚生子（*Reg. Maj.* L. 2. c. 19）。诺曼法典也明确否定了父亲就继承地不动产向非婚生子所为赠与、买卖、交付或抵押的效力，并表示对这些行为可以在父亲去世后的一年零一日内提起控告（Le Grand Custum. de Norm. c. 36）。对此我们必须留意到，上述两部杰出的著作都成书于格兰维尔之后，而彼时法律的规定也已经历了一些变迁。

(Land purchased)的话,他当然可以实施赠与,不过前提是不得就全部地产为之,因为他不得剥夺自己儿子和继承人的继承权。[1]但如果他本人没有任何继承人,无论男女,那他当然可以就部分或全部受赠地为赠与。[2]如果受赠人在赠与人在世时取得了对赠与物的占有,则任何远亲继承人(remote Heir[3])都不能使该赠与无效。某男子可以在他的有生之年把自己的全部受赠地送出去,但却不得为其指定继承人,无论被指定人是团体还是自然人:这已经是为法律所确定的规则,即只有上帝,而非凡人,才有权为自己指定继承人。[4]如果某人同时拥有继承地和受赠地,那么毫无疑问,他完全可以依意愿而就后者的部分或全部实施赠与,[5]而对那些继承地,根据我们已经讨论过的,也可以实施合理的处分。还要注意,如果某占有自由农役保有地产(Lands in free socage[6])的人有很多儿子,他们又对遗产享有相同权利的话,他就不得向儿子们(如果他没有继承

---

[1] Vide Sullivan's Lectures on the Laws of England, p. 149.

[2] 有位作者曾正确地指出,我们在英格兰与苏格兰法律中所发现的关于土地移转的限制对于封地并未就军役保有或自由农役保有的类型作区分,古法中的这些移转上的限制对于佃户的继承地而言几乎是无条件的,但对受赠地则要宽容得多。前述作者的结论是"继承人的利益"(the Interest of the Heir)乃造成差异的原因(Vide Dalrymple on Feuds p. 80)。该作者为格兰维尔的此部分文字做了极好的评论。(c. 3. s. 1)

[3] *Haeres remotior*. 我们的作者对 *Haeres remotior* 的使用比较别致。除却最近亲继承人(*Haereds proximi*)的子女外,所有继承人都是 *Haeres remotior*,参见本卷第三章。根据《国王之尊》,除子女外任何顺位的继承人都不得以任何方式使该赠与丧失效力。(*Reg. Maj.* L. 2. c. 20)

[4] Vide Craig. Jus Feud. pp. 349, 354, 368. and also Somner on Gavelkynd.

[5] *Primo patris feudum primogenitus filius habeat: Emptiones vero vel deinceps acquisitiones suas det cui magIs velit.* (LL. Hen. 1. c. 70)

[6] *Socagium.* 也可被称为 *Socco*(*Dici poterit soccagium a Socco*)(Bracton, L. 2. c. 35)。据说也是现在所谓 *socco etiam* 的起源(*Hinc est quod Sokemanni hodie dicuntur esse a socco etiam derivantur*)(Fleta, L. 1. c. 8)。与 *servitium socae* 同义,均指土地上的劳动(*Socagium idem est quod servitium socae, et soca idem est quod*

地的话，就不得向个别的某儿子）赠与多于其在全部父系继承财产（paternal Inheritance）中合理应得之份的继承地或受赠地。[1] 父亲在世时可以将自己的一部分可继承自由农役保有地产（inheritable free socage Land）赠给任何儿子，该受赠人在他的父亲去世后有权依继承规则取得这块土地。然而，考虑到父母应当向自己的儿子们乃至其他人在慷慨与豁达的品行方面做出表率，类似的赠与通常会导致法律上的问题。让我们假定某骑士或自由民有4个或更多儿子，他们均为合法婚生且来自于同一位母亲，他在得到继承人同意（为避免争议）的情况下向他的某儿子（姑且假定为次子）赠与了一份合理的遗产——现在我们假定这位儿子已经取得了地产的占有，并在有生之年获取着它的利润和收益，而他却不幸早逝了，他的父亲和兄弟们都还健在。

此时王室法庭面临的问题是对谁拥有该地产的继承权作出确认。事实上，法律对这个问题的规定极为模糊不清，学者们对此也存在大量的争论和激辩。父亲认为他应当从自己的亡子那里收回地产的占有，因为这块地产曾因自己的恩惠而送出从而理应回归于自己之手。而长子也将在法庭上争取该地产的权利，并提出他的父亲无权要求该地产，因为根据王国法律的一般原则，对于同一块地产，任何人都不得同时兼任其领主和继

---

caruca s. a soke or a plough）（Littleton's Tenures Sect. 119）。柯克勋爵赞同这种考证（Co. Litt. 86. a）。See also Cowell ad voc. 然而萨姆纳（Somner）先生认为这种说法太过狭隘，他认为这个词来自撒克逊语 Soc，意为自由或特权，或来自 agium，指代 agenda 或役务（Somn. Gavelk. 103. See also Bl. Comm. and Mr. Christian's note 2. 81）。哈格里弗（Hargrave）先生则指出："对于此类比较模糊的概念而言，这两种语源都有一定可能性。"Mr. Somner 告诉我们，他在格兰维尔的书中第一次碰到 socage 这个概念，而在任何年代更久远的著作中都未曾见过。（Gavelk. p. 143）

[1] 诺曼法典中有类似的规定，同时也指出这种赠与在父亲去世之后将被计入总遗产，并在各继承人间重新分配，换句话说就是进行合算（Hotch-pot）。（Le Grand Custum. de Norm. c36）

承人。[1]但是类似的问题还出现在当某人把自己的土地赠给自己的弟弟时。子也能利用相同的原则来反对他的大哥对该争议地产权利的主张。

这是因为，既然长子是全部遗产的继承人，而他却不得同时兼任它的领主和继承人，尤其在这样的情况，即当长子的父亲去世时，他成为了全部遗产的领主，根据王国法律的规定，他连这些地产尚且不能保留，更何谈依据继承规则主张所有权呢？根据我们的这番论证，三子能够排除掉其他人的请求。

我们假定后者在自己没有继承人的情况下亡故，其后前者占有了自己已故兄弟的那份地产，而他的两个儿子却向他提起了诉讼，要求得到已故叔父的那份地产。这时会出现如前面那般的长子状告父亲、弟弟状告哥哥的情况。显然，根据王国的法律，父亲无论如何也不能取得争议地产的权利，因为他不得同时兼任领主和继承人。事实上，王国的法律也不允许地产回流至赠与人（如果臣服礼已在赠与之后行过[2]或他的继承人、直系血亲甚至更远的亲戚手中。而且根据继承规则，诸如此类已被赠与出去的遗产或土地应当继承给卑亲（descend）而绝非

---

[1] 有位卓越的作者告诉我们，整个封建制度是建立在领主与封臣的权利区分之上的，这两种身份的混同即一人兼具两种截然不同的身份在封建关系中毫无必要（Dalrymple's Essay on feuds, p. 177）。里弗斯先生指出："在格兰维尔和布拉克顿的时代，役务的履行对象是封地授予人（Feoffor）或他的上级领主，前者更为普遍；因此，每次分封都将创设新的庄园。直到爱德华一世颁布《封地买卖法》（quia Emptores）并规定分封时役务仍向授予人的领主履行。"（1 Hist. Eng. Law, 106）亦可参见 Hale's Hist. Com. Law. 158。

[2] Vide *Reg. Maj.* L. 2. c. 22. "但是这个规定"，黑尔勋爵指出，"在今天已经不适用了，据我所知这一改变发生于爱德华一世第 13 年"（Hale's Hist. Com. Law. 229）。

尊亲（ascend）。[1]因此，父亲和长子之间的诉讼不应继续进行；
而长子与幼子之间的诉讼应当按照我们先前所讨论的方式处理。

王室法庭在处理这类诉讼时，有时也会依循衡平的原则把土地留在长子的手中，特别当他不占有任何其他采邑的时候，直到他获得自己的父系继承财产之后。因为彼时他尚非父系继承财产的领主，从而不得身兼领主与继承人的规则尚不能妨碍到他。但是他早晚得成为父系继承财产的领主，这样就产生了一个问题，当他成为全部遗产的继承人时是否也成为了那部分争议财产的继承人呢？对此我们的回答是，长子并不一定会成为继承人，这个问题带有偶然性。事实上，如果他的父亲在他之前去世，他成为父亲的继承人就是无可置疑的。此时他便不得再作为此前自叔父那里继承而来的地产的所有者了，该土地也须继承给作为正当继承人的幼子所有。另一种情况，如果长子在父亲之前去世，问题也很清楚，即他无法在将来成为父亲的继承人了，此时由于此意外事件的缘故，继承权和所有权

---

[1] *Descendit itaque Jus quasi ponderosum quid cadens deorsum*（Bracton，62. b）."可以肯定的是，该规则已为几乎全部国家所采纳作为直系继承的原则"，布莱克斯通爵士说道，"然而它的另外一条分支，即完全排除父母或其他直系尊亲成为他们后代遗产的继承人的权利，却并不为我们自己的法律所熟知，尽管这些规则本由同根所生"（2 Com. 209）。读者或可回想一下适用这条规则的实质条件，即尽管它排除了父亲作为自己儿子的直系继承人的资格，但却允许他通过旁系继承即作为自己兄弟的继承人来继承自己兄弟的儿子的遗产（Hale's Hist. Com. Law. 216. 336. 2 P. Wms. 613. Mr. Christian's note to 2 Bl. Com. 212）。这便与布拉克顿所记载的继承规则相吻合，即遗产的尊亲继承与卑亲继承存在根本不同，它仅在卑亲继承具有瑕疵之时方流向尊亲（*a latere tamen ascendit alicui propter defectum heredum inferius provenientium*）（Bracton, 62. b. See also Grand Custum. de Norm. c. 325）。亨利一世时期的法律与此处规则有所出入，如某人亡故时没有子嗣，则由他的父母继承遗产等（*Si quis sine liberis decesserit, pater aut mater ejus in hereditatem succedant*）（LL. Hen. 1. c. 70）。

(Dominion[1])便自始不在他的身上发生。还应指出，主教和修道院院长（Bishops and Abbots）不得在未经国王同意和确认的情况下对他们自用地（Demesnes）的任何部分作处分，他们的男爵领地是作为赠与物从国王和他的祖先那里得到的自由教役保有地产（Frankalmoigne）。[2]

第二章

继承人至少要就他们祖先所为的合理赠与（Donations）对受赠人及其继承人负担保责任。[3]

第三章

对于继承人而言，有的是最近的（nearest），[4]有的则相对远些（remote）。一个人的最近继承人是指他的直系继承人（of

---

[1] Dominium. 这个概念借自民法，民法上把它区分为所有权（directum）和用益权（utile），前者指某人享有所有权而不具有收益，后者恰恰反之（Wood's Inst. Civil Law. L. 2. c. 1）。然而这一区分受到了居亚斯（Cujacius）等人的批判（Craig. Jus Feud. L. 1. Dieg. 9）。

[2] 这个规则在《威斯敏斯特法Ⅱ》（the Stat. of Westm. the 2）第41条中得到了部分的体现，之所以说部分体现是因为如柯克勋爵所说，主教并未被包括在内（2 Inst. 457）。"征服者威廉打算改变撒克逊政府统治时期主教们占有地产的自由教役保有制度，以封建式或诺曼式的领地制度取而代之，使土地占有受到民事指控和评估的制约，进而使前者日趋消亡。"（2 Bl. Comm. 156）

[3] 柯克勋爵说道："dedi（契约用语：'我已经给了'）意味着封地受让人及其继承人可以对地产永久占有，而 dedi 也为出让人及其继承人永久担负起了对受让人及其继承人担保的义务。这也为格兰维尔所赞同。"（指的就是本段话）（2 Inst. 275）

[4] *Plura, heredem reddunt hereditati propinquiorem; utpote sexus, linea, hereditas partibilis, pluralitas faeminarum, modus donationis et sanguinis.* (Fleta, L. 6. c. 1. s. 12)

his Body），即子女。[1]在他们都缺失的情况下，更远的继承人将获得资格，包括孙子女或外孙子女，即子女的直系血亲，向后推至无穷（in infinitum）。然后是兄弟姐妹，和兄弟姐妹的直系卑亲。再然后是叔伯、舅父（Uncle[2]）、姑母姨妈（Aunt）和他们的直系卑亲，无论属于父系还是母系一方。[3]

如果拥有遗产的某人去世时只有一个儿子作为继承人，则儿子毋庸置疑地继承其父的全部遗产。如果他有数个儿子的话，我们需要根据逝者的不同地产类型加以区分：看他是一名骑士，还是保有军役保有地产（Military Tenure），或是一名自由农。[4]倘若他是一名骑士，或保有军役保有地产，那么根据英格兰王国的法律，他的长子将继承全部遗产，因而他的兄弟将无权主张遗产的任何部分。[5]而当父亲是一名自由农（a Free Sock-

---

［1］ 布拉克顿认为当儿子在世时，女儿是更远的继承人（Bracton, 64. b.）。诚然，我们的作者在此所谓的"最近"是相对而言的，也可参见《诺曼底习惯法汇编》（Sparsim）。

［2］ Avunculus. 我们的作者在这个概念的使用上极其不严谨，这个词本来仅指舅父，而 patruus 才是叔伯。

［3］ Vide Somneri Tractat. de Gavelkynd. pag. 42，et Bracton L. 2. c. 34. fol. 76. a. Fletam Lib. 5. c. 3. s. 15（AL. MS.）. 血统继承制存在于犹太人、古希腊人、古罗马人、伦巴第人、古不列颠人和撒克逊人等中间。英译者向读者诸君推荐黑尔勋爵那卓越但憾未完成的小册子，《普通法史》（the History of the Comm. Law）中的第十一章。黑尔勋爵告诉我们，这个国家血统继承制的大部分基础在布拉克顿的时代即已打好，只有少数规则是在后世岁月中建立的，读者可以参考布拉克顿著作的第二卷第三十、三十一章。

［4］ 诺曼法典把遗产分为可分割继承的和不可分割继承的（impartible and partible），前者似乎指我们的军役保有地产，后者则指农役保有地产。（Grand Custum. c. 24）

［5］ "诺曼人在引入他们的领地制度的同时也把遗产变为长子继承制，这在古代的封建法上，（如我们前述的）直到封地变为世袭之前并不多见。我认为发生变化的原因在于，在肯特郡土地保有习惯（Gavelkynd）之下，尽管领地可能会为儿子、侄子或外甥所继承，但役务却有可能在领主选定继承人之前发生中断，因为并不确定被选人是否接受领地，他有时有拒绝接受的理由。"（Spelm. Reliq. p. 43. See also 3 Litt. Hist. Hen. p. 122. and Robinson on Gavelkynd. 22）

论英格兰王国的法律和习惯
A Treatise on the Laws and Customs of the Kingdom of England

man）时，[1] 事实上，只要该农役保有地产（Soccage Land）是可分割继承的，无论儿子的数量是多少，遗产均应当在数个儿子之间进行平均分配，[2] 诚然为了表示对长子资格（seniority)[3] 的尊重，他理应获得主要宅邸，并对他人作价值平均的补

---

[1] Vide Spelm. Reliq. in libello in script. Feuds and Tenures by Knight's Service c. 27. pp. 43. and 44. (Al. MS.)

[2] 农役保有地产在自诺曼征服以后的一段长久时期内始终是可分割继承的，后来却从平均继承变为了长子继承。我们并不甚明了这一变化发生的精确时间。或许正如 Mr. Robinson 所言，这一变化过程并非为任何书面法律所记载，而是在对骑士役地产的血统继承制的模仿中，在农役地产保有人竭力使自己的长子也获得如军役地产保有人那般的地位的心态中，在漫长的岁月里点滴积累其变化最终铸就的。"但自亨利二世的时代开始，这一变化开始清晰并有迹可循了。因为根据格兰维尔在那个时代的叙述，儿子们享有平均继承权的要件除了须为自由农役保有地产之外又多了一个'是可分割继承的（quod antiquitus divisum）'"，在引用了我们作者的这段话后，Robinson 先生接着说道，"因此很难下结论说当时法律对农役保有地产之血统继承的一般态度究竟是什么，而每个人是否都有对遗产的权利还要依当地的特别习俗而定。事实上，这位作者在该书的其他地方还更一般地提到了地产的可分割性，似乎传达出一种在当时颇为普遍的法律规定：Plurium item haeredum conjunctio mulierum scil, in feodo militari vel masculorum vel faeminarum in libero socagio (L. 13. c. 11). 在另一段引人注目的论述中，这位作者指出按照法律的要求是儿子们之间的平均分配，因此不允许父亲在世时对某个儿子有所偏爱进而留给他多于自己份额的遗产。"——并征引了本卷的第一章（Robinson on Gavelkynd 24. 25）。在上述后两个论题中，Robinson 先生在征引格兰维尔著作时似乎假定了我们的作者所提及的是"可分割的"（antiquitus divisa）地产，"然而，正如黑尔勋爵在评论我们作者的大作时所言，"尽管血统继承所依据的习俗五花八门，从长子继承到幼子继承再到平均继承不一而足，那个时代的 Commune Jus 或普通权利，还是较为倾向于长子继承制，没有什么习俗能够阻碍这种倾向"（Hist. Eng. Law, 226）。总而言之，据 Mr. Robinson 考证，长子继承权取得了日益强势的地位，并在约翰王时期取得了对分割继承制的优越地位，甚至农役保有地产（除肯特郡之外）在没有相反规定的情况下也只能由长子继承了（26）。关于本段的规定和本注释的要旨，参见作者的相关章节；Also Bracton, 76. a. Fleta, L. 5. c. 9. s. 15. Mirror, c. 1. s. 3. and Co. Litt. 14. a.

[3] AEsneciae，高卢语。Aisnè 也就是 Ains ne。人们在年龄上的优势很容易转移到特权和资格上（Spelm. Gloss. ad voc.）。这个概念出现于《马尔伯勒法》（the Statute of Marlbridge）、《弗莱塔》、《布拉克顿》和《诺曼底习惯法汇编》等

偿。[1]但如果不动产不可分割的话,依据某些习俗长子有权拿走所有遗产,而另据某些习俗次子将如继承人那般进行继承。[2]同理,如果某人只有一个女儿的话,我们的前述规则毫无疑问也将适用。但如果他有数个女儿,则不论他是骑士还是自由农,遗产都将在女儿间平均分配,并在前述情况下由长女保留主要宅邸。值得注意的是,当已分得遗产的兄弟抑或姐妹死后无直系继承人时,他的那部分遗产应于在世者之间进行分配。长女的丈夫须就全部封地向主要领主行臣服礼(do Homage[3]),但其他女儿虽然也要通过长女本人或长女的丈夫为自己的地产向主要领主履行役务,她们的丈夫却在长女在世期间不必向长女的丈夫行臣服礼乃至效忠礼。她们的第一和第二亲等的继承人也同样不必行礼,但第三亲等的继承人依王国的法律必须就其保有地产向长女的继承人行臣服礼并交纳继承金。[4]丈夫在未得继承人同意的情况下不得就妻子遗产的任何部分为赠与;也不得对继承人的权利

文献中。我们在博维(Beauvoisis)地区发现了类似的法律(c.14)。不过 Thaumas 注意到,与资格相关的特权并非总伴随着效力,除非是在贵族的遗产中(Sur les Heritages nobiles)(397)。显然这个问题跟我们的关系不大。

[1] *Primum Patris feodum primogenitus filius habet* (LL. Hen. 1. c. 70)。根据黑尔勋爵的研究,尽管土地并未全部落到长子手中,但已出现这个苗头了(Hist. Eng. Law, p. 224)。不过 Mr. Somner 则根据格兰维尔呈现于我们眼前的这部分的叙述认为 *primum feodum* 仅指主要宅邸,在《诺曼底习惯法见汇编》中不过换了名字 *le chief de Heritage* 而已。(Anglo-Sax. LL. Ed. Wilkins p. 266)

[2] 参见黑尔勋爵对本段的评论,前文边码153注释2。

[3] 我们的作者将在第九卷继续讨论臣服礼的问题。我们在此仅仅提一下克雷格所说的军役封地所包含的三要素:臣服、效忠和免服兵役税(*Homagium, fidelitas, and scutagium*)。前两者之间的区别如那位作者所言包括:①行臣服礼的规矩要远比行效忠礼更为谦卑和令人印象深刻;②臣服礼只针对军役封地,英国法上的这条规则如今已不如从前那般严格;③臣服只能由领主亲自接受,效忠则可以由管家代受;④行过臣服礼的佃户有义务为领主出卖或担保任何东西,只行过效忠礼的佃户没有这个义务。(Craig. Jus Feud. L. 1. D. 11. 10)

[4] 在博韦(Beauvoisis)的习惯中有一条极为类似的规定,Thaumas 称我们的这个规定是从那里抄来的(c.47)。这条法律被亨利二世对爱尔兰人发出的宪章加强,读者可在 Thaumas 关于博维习惯的评论第396页中读到。

造成任何损失，除妻子在世时的情况外。[1]如果某人有一个儿子作为继承人，还有一个或以上的女儿，此时儿子应当继承全部遗产——类似的，哪怕某人娶过不止一位妻子，[2]每位妻子生了不止一个女儿，唯一的儿子还是最年幼的，这位独生子也应当获得父亲的全部遗产，因为根据一般规则，女子不得与男子分享遗产，除了在某些传统习俗根深蒂固的城市可能会有些例外。但假如某人有很多妻子和很多女儿，所有女儿在获得遗产的权利上相同，均视为由同一母亲所出。[3]如果某人去世时既没有儿子也没有女儿作为继承人，但却有孙子女（Grand Children）的话，他们当然应该继承，且方式如前所述之子女继承的不同情况的分类。直系晚辈血亲（Descendants in the right line）总要优于旁系血亲。但当某人去世时留有一个幼子和一个孙子（即长孙）时，问题又出现了，法律应当偏向于谁获得继承资格呢？有人认为，幼子对于遗产拥有比长孙更大的权利，因为长子在父亲之前去世，当遗产划定时已然不在人世了，但是幼子与父兄不同，他尚在人间，因此应当获得继承父亲遗产的权利。但其他人则倾向于认为，长孙比他的叔父更有权利。

因为长孙是长子的直系继承人，倘若他的父亲在世的话，本应由他来继承长子的一切权利。对此，如果祖父已经对父亲实施了生前赠与行为（portioned off[4]）的话，我将完全赞同。

---

[1]"不得损害或剥夺继承人的权利，除当她们（即妻子们）在世时外。"（*Reg. Maj.* L. 2. c. 29）

[2] Vide D. Craig. *Librum de Successions Anglice versa* p. 375. (Al. MS)

[3]"这是因为她们所继承的遗产是来自父亲的，倘若她们继承的遗产是来自母亲的话，就应该按照各自母亲的不同情况分别继承了。"（*Reg. Maj.* L. 2. c. 31）

[4] *Forisfamiliatus* 即 *aliquem foris familiam ponere*（使某人脱离家庭），此据斯佩尔曼的说法（Gloss. ad voc）。一个相似的解释参见 *Reg. Maj.* L. 2. c. 33. Vide also 2 Bl. Comm. 219.

父亲可以在生前指定一块地产赠与给儿子，并使他立即获得占有，这或是应儿子的要求、又或是在得到儿子发自内心的同意（unrestrained consent）后所作出的，后者应当对自己的所得完全满足。在这种情况下，儿子的直系继承人不得向他的叔父或其他任何人要求祖父地产中多于自己父亲那份的部分，哪怕他的父亲要比祖父去世得更晚。另一方面，若长子于父亲在世期间便已对父系继承地产的主要领主行过了臣服礼，又在父亲之先去世的，他的儿子无疑将优先于叔父进行继承。此类情况的麻烦可能产生于长孙和主要领主之间，在当后者拒绝了长孙的臣服时；或产生于主要领主与叔父之间，在当前者已经担保了长孙的臣服时。在这两种情况下，将不会有合理的依据来阻挠决斗的进行，除非臣服礼的实施被确证是发生过的，而此时*，实际占有者的地位更有利（Melior est conditio possidentis）。[1]

第四章

当直系卑亲缺失时，[2] 由兄弟或兄弟们继承；没有兄弟的话，由姐妹继承；若都没有的话，由他们的子女继承；然后是

---

* 这里指的是在叔父和长孙之间。——译者注

[1] 如果无法查明在侄子和父亲的兄弟之间臣服礼究竟是否存在的话，现实占有地产的当事人将会胜诉，因为占有者的地位要更为优越。"(*Reg. Maj.* L. 2. c. 33)

[2] 亨利一世的法律规定，如果某人去世时没有子女，则由兄弟姐妹来继承父母的遗产（*Si quis sine liberis decesserit, Pater aut Mater ejus in hereditatem succedant, vel frater, vel soror, si pater et mater desint*）。(LL. Hen. 1. c. 70. Ed. Wilkins) 诺曼法典则规定，Patri succedit filius primogenitus: et matri similiter. Et si prior patre decesserit ejus filius, et ejus heres propinquior in eadem directa linea successionis hanc successionem obtinebit. Si vero nullus de linea primogeniti remanserit. filius post primum primogenitus, ut ejusdem lineae propinquior decesserit, successionem hereditariam retinebit. Et similiter intelligendum est in aliis lineis postnatorum. Si vero omn-

162　叔伯舅父或其子女；最后轮到姑姨或其子女。不过在作上述区分时，我们还要时常留意父亲或祖父的骑士或自由民身份。继承人的性别也是重要因素。

第五章

　　继承人有义务遵守父亲或其他祖先的遗嘱（Testaments）。我的意思是，他们成为谁的继承人，就要负责为谁清偿债务。每位无债缠身的自由人都可在临终前对自己的财产进行合理的分配（reasonable divisions[1]），其所依照的格式则因地区不同而异。但有些不可或缺的人，首先是赠与他最美好与最重要之事

163　物*的领主，其次是教堂[2]，最后是他所忆起的其他人。但是，无论各地区的不同习俗在指示上有何差异，根据王国的法律，任何人都不负通过订立遗嘱把什么东西交给什么人的特定义务，除非那是出自他本人的意愿。因为根据王国法律的精神，任何人最后的意志（last Will）都将是自由的。

　　事实上，可进行自我支配的女子（a woman at her own disposal）也可以订立遗嘱，但是已婚的女子在未经丈夫授权的情

---

　　es lineae eorum decesserint, ad fratrem primogenitum redit successio feodalis, vel ad ejus lineae propinquiorem. Si autem fratres defuerint, ex eorum linea redit ad patrem ex quo lineae processerint. (Le Grand Custum. de Norm. c. 25.) 用现代法国民法的规定总结起来就是："法律规定法定继承人之间的继承顺位：无法定继承人时，遗产归非婚生子女，然后是仍在世的丈夫或妻子，如以上继承人均无时，遗产归国家。"(Code Napoleon, s. 720)

[1] Divisam，据斯佩尔曼考证来自法文 diviser，意为分割或划分（Spelm. Glos-s.）。有时用于土地的边界：metae et rationabiles divisae quae ponuntur in terminis et finibus agrorum ad distinguendam praedia (Fleta, L. 4. c. 2. s. 7). 我们的作者在第二个意义上使用该词，见下文第九卷第十三、十四章。

　*　指土地。——译者注

[2] Harleian、Bodleian 和 Cottonian 的钞本作"他的教堂"，指的大概是他的教区教堂，并非由他自愿选择。

况下不得以丈夫的财产作为遗嘱的内容。[1]诚然，如果丈夫同意拿出自己的一部分合理财产送给妻子的话，那将是真情的流露和一件值得赞许的善举。妻子将获得丈夫财产的1/3，以便在她的夫君不幸逝世之后得以维持生计。而丈夫也将获得为妻子的地产做担保的荣耀。

而当无债的某人在订立遗嘱时，他的全部动产（moveables）应当分为等量的3份：一份留给继承人，[2]一份属于他的妻子，一份留给自己。[3]他对于第三份财产享有完全自主的处分权。如

---

[1] 现代法国民法允许妻子订立遗嘱，即便在未经丈夫授权的情况下（Code Napoleon, s. 230）。但生前赠与仍需要丈夫的同意。（Ibid. s. 905）

[2]《国王之尊》c. 36 作"留给子女"。而根据塞尔登先生的说法，从亨利一世的法律和《克拉伦顿法》，继承人在继承动产的同时也将继承不动产，该规定迟至亨利二世时期依然有效，直到约翰王时期才发生了变化，而致使改变得以发生的议会法令至今已不可考了。（Selden's Tit. of Honor. part 2. c. 5. s. 21）

[3] 文中的该说法在很大程度上得到了肯特郡土地保有习惯的验证，后者已经成为研究古代普通法时价值连城的史迹。《肯特习惯法》记载道："刨除掉必需的丧葬费用和债务清偿之后，肯特郡人民的财产应当分成三部分，逝者自己留一份，他的婚生子女获得一份，在世的妻子获得第三份。如果他没有合法子女的话，就由他和他的妻子平分。"（Vide Robins. on Gavelkynd. 287.）黑尔勋爵在评论该规则时指出，它与英格兰的古法和北方地区直至当下的习俗相吻合（Hist. Eng. Law, pp. 192, 223）。该规则得到了《国王之尊》L. 2. c. 37 的确证，并为 Bracton 和 Fleta 所证实。然而，即便存在这些例证，柯克勋爵却在他对《大宪章》的评论中粗暴地宣称，文本中写下的这个规则绝非普通法（2 Inst. 32），为了说理，他援引了布拉克顿的一段话。我也曾阅读过那段话，在那里，布拉克顿引用了格兰维尔的文字并告诉我们，该规则只在少数城市和自治镇中有例外：他为此举出了伦敦地区的习俗的例子，并提到了一些关于那些习俗的流行的观点。他的意思是说，伦敦市民的遗嘱是自由的，并不受制于包括普通法上关于遗嘱的既有规定在内的任何限制。可是柯克勋爵却草率地作出假设，即把布拉克顿所说的只是伦敦当地的习俗，与整个王国联系了起来。由于这个假设是错误的，由它推出的任何结论也将是错误的。我注意到，布莱克斯通爵士在著作中提到并批判了柯克勋爵的错误之处（2 Comm. 492）。Somner 先生也在他关于肯特郡土地保有习惯的著作第96页中指出过。感兴趣的读者可以参考以上作者们的著作，同时也可参见 Reeves's Hist. Eng. Law, 2. 334. 335 以及 F. N. B. 270。在这个注释的最后，英译者想介绍一下卡纽特法和征服者法对无遗嘱死者财产

果去世时没有妻子,那他将获得财产的一半。[1]但对于他的遗产(Inheritance)则不得通过遗嘱而为任何处分,已如前述。

第六章

遗嘱的订立须有至少两名合法的人在场,教士或俗人均可,作为适合的见证人。遗嘱执行人应当是由遗嘱人指定并同意承担这个职责的人。

如果遗嘱人没有指定过任何人的话,应由他最近的亲属担任执行人,因为他们能最快地找到继承人或其他与逝者的财产有关联之人。他们将获得下面这份向郡长签发的国王令状:

的分配方法。前者规定,由领主行使贡赋权(took the Heriot),剩余财产则在妻子、子女和其他亲属中分配,分配应根据财产的价值进行(*cuilibet pro dignitate quae ad cum pertinet*)(LL. Canuti, c. 8)。后者规定,由子女对遗产进行平均分配(LL. Gul. Conq. 36)。

[1] Bracton 和 Fleta 的说法与我们的作者完全相同,只把继承人(Heir)换成了子女(children),并补充道,当处分人没有子女时,由他和妻子平分财产;如果他既无妻子也无子女,那么全部财产就都是他的(Bracton, 60. b. Fleta, L. 2. c. 57. s. 10)。在我们即将结束本章的时候,英译者希望向读者诸君解释一下,尽管格兰维尔有时背负着自相矛盾的罪名,但这基本都是那些从没读过原文之辈的无端指摘。格兰维尔说,根据某些地区所通行的特定习俗,人们有义务在订立遗嘱之前感谢他的领主和教堂。但他又说,无论那些习俗怎么谆谆教导,根据王国的法律,任何人都无义务向任何特定人——除非基于自己意愿,因为人们的遗嘱是自由订立的——赠与法律所许可的他的那部分财产、或 1/2、或 1/3 的财产:作者在这么写的时候,意思并不是让人们自由地通过遗嘱处分全部财产。难道我们现在能说,由于某遗嘱人的遗嘱是自由的,他就没有义务把任何东西赠给任何特定人吗?或者再推论道,他就能把自己的限定继承地产送给任何特定人吗?我们在对待格兰维尔的著作时也应如此,他的思路是连贯一致的,而且对于他所提及的无论人和事都心中有数。有可能性的是,本书介绍的财产分配方式并未在格兰维尔的身后存在多久(参见 Somner on Gavelk. p. 98)。Swinburne 竟然指责我们的作者是从《大宪章》中抄来的这段话(Swinburne on Wills, part 3. section 16),要知道大宪章的出现可是晚于格兰维尔所生活的年代的。

第七章

"国王问候郡长健康。[1]我命令你正当且不迟延地查清对 N 财产的合理分割情况,因为他的财产可以进行合理的分割,并查清之。副署人……"

第八章

当有人受该令状传唤而来并主张任何反对这份遗嘱的事项时,他要么指出该遗嘱的订立不合理,要么主张遗嘱所涉及的财产并非如宣称的那般还在财产中,这时案件应在教会法庭中进行审理裁决,因为有关遗嘱的案件应当在教会法官面前提起,适用相关法律并根据在场见证者的证言来作裁断。如果某遗嘱人已负债累累,他就不得在未经继承人同意的条件下(在债务得到清偿之前)对自己的财产作任何处分。

如果他在清偿债务之后还能有剩余财产,就把财产按前述方式分为 3 份,而他得就第三份财产作遗嘱。如果他的财产不足以清偿债务的话,继承人有义务以自己的财产来填补不足的部分,当然,我指的是那些已成年继承人。[2]

---

[1] Vide F. N. B. 270.
[2] "如果财产不足以清偿债务的话,根据法律规定,他的继承人应当以自己的财产来垫付"(*Reg. Maj.* L. 2. c. 39)。这条规则不久就被废弃了。布拉克顿说,如果遗产不够清偿债务的,继承人与它无关,除非他乐于承担(*Quatenus ad ipsum pervenerit, scilicet, de hereditate defuncti et non ultra, nisi velit de gratia, et si nihil multo fortius*)(Vide Bracton, 61. a. Fleta, L. 2. c. 57. s. 70)。必须注意,祖先的遗产不足清偿债务的部分与继承人无关(*Notandum est, quod nullus de antecessoris debito tenetur respondere ultra valorem quod de ejus hereditate dignoscitur possidere*)(Le Grand Custum. de Norm. c. 88)。

第九章[1]

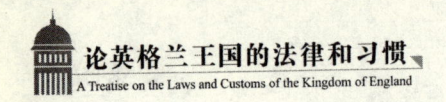

　　这就使我们注意到，有些继承人必然已达到法定年龄，有些必然未达到法定年龄，还有些人达到年龄与否则值得怀疑。第一种情况下的继承人可以在祖先去世之后立刻获得对他们自己遗产的占有，[2]尽管他们的领主有可能把封地连同继承人一道收归自己手中。不过在收回土地时领主一定要注意分寸，以免造成对继承人地产的不法侵占（Disseisin），后者可在必要时抵抗领主的暴力行为，前提是继承人已做好交纳继承金并履行合理役务的打算。如果继承人显然未成年，且他占有的是军役保有地产，则由他的领主对他进行监护（Custody[3]），直至继承人成年。

　　骑士或军役地产保有者的孩子的法定成年年龄是21岁，[4]而自由农的继承人以15岁作为成年的年龄。[5]如果继承人是自治市镇市民（Burgess）的儿子，[6]那么成年的时间是他获得计算金钱和丈量布料（count Money and measure Cloth）的判断力，并能以类似方式处理父亲的其他事务的时候。

　　对于领主而言，他对自己的臣服者以及封地保有者的儿子或继承人负有监护职责，在诸多事务上对他们行使着绝对的控

---

[1] 关于 Hereon 的一般情况，参见 Bracton, 86. b.
[2] 参见《马尔伯勒法》第十六章以及柯克勋爵的评论（2 Inst. 133）。
[3] 关于未成年人的监护和婚姻问题，我们要形成一个基本概念，即他们是被当做动产（chattels and moveable）来对待的，领主有最终的（in extremis）处分权。参见 Fleta and Bracton, Sparsim.
[4] Vide Craig. Jus Feud. L. 2. D. 17. s. 17. and L. 2. D. 20. s. 17. Bracton, 86. b.
[5] Vide Craig. Jus Feud. L. 2. D. 17. s. 37. LL. Hen. 1. c. 70. Bracton, 86. b. 这似乎依然是肯特土地保有习惯规定的年龄。（Robins, on Gavelk. 185）
[6] 根据《国王之尊》（L. 2. c. 41）为14岁或可以分担父母的事务时。Vide Bracton, 86. b.

制（absolute control）：为教堂推荐圣职和安排女子出嫁（如果她们处于监护之中的话），并如同处理自己的事务一般管理他们的其他事项。不过法律不允许领主对遗产进行任何独断的处分。与此同时，领主应当在继承人的尊严和遗产的数额之内保证他们的生活，并在财产和监护期限所允许的时间内为逝者清偿债务。[1]因为他们根据法律有义务承担祖先的债务。

领主还可以处理继承人的问题，就未成年人权利受损的问题提起并进行诉讼，前提是该诉讼对未成年人的年龄没有例外规定。[2]但领主没有为继承人进行答辩的义务，无论是在权利诉讼还是在侵占诉讼中，仅有一个例外：当未成年人在父亲去世之后成为他人的监护人时。此时，如果后一位未成年人在达到年龄之前被拒绝获得遗产，他需要申请咨审就祖先的亡故作出认定，在这种情况下，咨审并不由于领主的未成年而终止。如果未成年人被控犯有任何重罪（be appealed of any Felony[3]），他应被拘禁起来并提供安全可靠的诉讼保证人。但直到他成年之前，他都不得被强迫进行答辩，即便成年之后也如此。承担监护职责的人应当保证继承人的遗产处于良好状态，[4]并依监护关系以及遗产本身的存续期间而清偿债务。但当继承人是否成年尚存疑

---

[1] 这条法律得到了《国王之尊》（L. 2. c. 42）的证实。*The Mirror* 记载道："监护人有义务处理三件事：①充分维持未成年人的生活；②照管他的权利和遗产，使其免受损失；③为未成年人的侵权行为进行诉讼并承担赔偿责任"（Mirror, c. 5. s. 1. See also Bracton, 87. a. and Le Grand Custum. de Norm. c. 33）。

[2] 英译者根据 Harleian、Cottonian 和 Dr. Milles 的钞本对本段进行了重排。

[3] *Appeletur de Felonia*. 柯克勋爵指出："*Appellum* 代表一项指控，即控告（appeal）某人，或指控（accuse）他。" *appellum* 这个词来自 *appeller*（呼吁），因为他呼吁被告受到审判（*appellans vocat reum in judicium*）（Co. Litt. 287. b. See also 391. a. and Cowell ad voc）。Appeals 已为诺曼人所知（Grand Custum. c. 68）。

[4] 这个规定，尽管是普通法的一部分，但却经常遭到侵犯，因此人们感觉有必要将其写进《大宪章》里。（2 Inst. 14）

问时，在近邻中合法的人宣誓证明继承人确已成年之前，领主应当对继承人及其遗产履行监护责任。

第十章

如果需要监护的继承人拥有不止一位领主，继承人就其首块封地（his first Fee）宣誓效忠的领主即为主要领主，由他来行使监护职责。但这并不剥夺其他土地的领主获得继承金和合理役务的权利，监护仍按前述方式进行。应当注意，如果某人占有的是国王的直接分封保有地产（in Capite），那他的监护权毫无疑问属于国王，因为国王陛下[1]是至高无上无可比拟的。[2]而如果是市镇农役保有（Burgage Tenure）[3]的话，国王就不比其他人在获得监护权上更优越了。如果国王把监护委托给他人执行的话，[4]需要区分两种情况：一是无条件的（unconditionally），此时受委托之人不能从财政署（Exchequer）那里支取开销；二是受限制的（under restrictions）。如果是不受限监护的话，他可以为空缺教堂推荐圣职，也可以在符合争议的情况下像对待自己的事务一样管理继承人的事务。

---

[1] Bracton L. 1. c. 8. (Al. MS.)
[2] Bracton, fo. 5. b.
[3] 或 soccage，据 Bracton, fo. 87. a. See Co. Litt. 77. a.
[4] Vide 2 Inst. 12. 13. 利特尔顿勋爵从实践的角度对这句话作了补充说明：低级别的领主无疑也会做同样的事。这位勋爵还指出，根据卷宗（the Great Rolls）的记载，亨利二世曾出售过王室的监护权，约翰王和亨利三世的许可状中均提过这一往事，但也没指责什么（Hist. Hen. 2. Vol. 3. 109）。我们在前面引用的柯克勋爵的文字也证实了这位尊贵的史学家的说法。

第十一章

自由农的继承人在祖先去世之后受到的是最近亲属的监护,[1]此时应区分遗产的来源,如果遗产来自父系,那么由母系亲属来实施监护;如果遗产来自母系,那么由父系亲属来进行监护。因为根据法律,监护人不得由可能对遗产主张什么权利的人来担任。[2]

第十二章

女性继承人始终处于领主的监护之下。如果她们是未成年人,那么监护有可能自她们成年时告一段落,[3]领主有责任在此期间把她们嫁出去,并给予她们每个人所应得的部分。不过

---

[1] 根据因尼法(Law of Ina),如果夫妻间育有子女而丈夫去世的话,应由妻子来抚养子女,她每年将获得 6 个先令以及 1 头母牛(夏季)和 1 头公牛(冬季)。(LL. Inae c. 38)

[2] 家庭的遗产不得托付给那些危险的外人(*Nullus Heredipeta sui propinqui, vel extranei periculosae sane custodiae committatur*)(LL. Hen. 1. c. 70)。Macolesfield 大法官谴责该规则并非依据理性,而是来自国家在尚未开化的野蛮时代所盛行的做法(2 P. Wms. 262)。而另一方面,福蒂斯丘(c. 44)、柯克勋爵(Co. Litt. 88. b)、布莱克斯通法官(1 Comm. 461)、Mr. Hargrave(note to above)以及 Christian(同上)都支持我们法律中的规则,尽管它与当时风行的罗马法有所出入。研究封建制度的大行家克雷格也毫不掩饰他的赞同(Craig. Jus Feud. L. 2. D. 20. s. 6)。不过 Dr. Sullivan 对不论我们的规则抑或罗马法中的规则均表示理解,因为它们分别是针对特定的民族的状态制定的:一是野蛮的,一是文明的(Lect. on the Laws of England, p. 127)。但这个说法只能说明各自规则的起源,却无法对它们的延续性作出解释。为了使整个规则更加丰满,最好是加上一条:长女不得担任妹妹的监护人(Bracton, fo. 78. a. Fleta, L. 3. c. 16. s. 71)。

[3] 我们从《国王之尊》中得知,她们的成年年龄是 14 岁(*Reg. Maj.* L. 2. c. 48)。据说到这个年纪她们就能出嫁或有能力为自己的封地履行劳役了,See Bracton, 86. b.

当她们成年之后仍可以选择继续受领主监护，直到在他的建议或安排下出嫁，因为倘若得不到领主的同意，任何地产[1]的女性继承人根据王国法律和习惯的要求都不得擅自结婚。

因此，如果某人只有一位或数位女儿作为继承人，而他却在未经领主同意的情况下把她或她们嫁了出去，那么根据王国的法律和习惯，他将被正当地永久剥夺遗产，且永远无法恢复它的哪怕任何一小部分，除非他得到了领主的赦免。原因很简单：女性继承人的丈夫要就妻子的地产向领主行臣服礼，而这就需要领主的批准和同意，以免后者被迫接受敌人或其他不适宜者的臣服并授予他们土地。[2]但当某人向领主请求把自己的女儿兼继承人嫁给他人时，领主有义务要么直接同意，要么提出正当的拒绝理由，[3]否则，这名女子即可在父亲的批准和同意下成婚，哪怕这门婚事遭到领主的反对。有人可能会问，某拥有寡妇地产的女子在未经她的担保人[4]同意的情况下自行嫁给他人的话，是否将丧失全部的寡妇地产？她并不因之丧失她

---

[1] "此处的'地产'指的是军役保有地产"（3 Litt. Hist. Hen. 2. 103）。如果我们用卡纽特时代的法来观察（LL. Canuti 72），就会发现被监护人的婚姻问题在彼时尚不为人所知。Vide Spelm. Reliq. p. 29.

[2] 利特尔顿勋爵指出："这条规则起初只在骑士役地产中存在，不过后来似乎推广到了所有需要行臣服礼的地产类型"（3. Hist. Hen. 2. 104. Vide also Craig. Jus Feud. L. 2. Dieg. 21. s. 8. Bracton, 88. a）。

[3] 亨利一世在他的敕令中明确承诺不会提出刁难的条件或刻意反对的理由，除非女儿要嫁给他的仇家（Anglo-Sax. LL. Ed. Wilkins p. 233）。他同时承诺，当他的男爵去世后，出嫁他们的女儿时会听取其他男爵的意见，且不强迫寡妇再嫁。他也要求他的男爵在对待佃户上效仿自己的做法。不过这些规则被扭曲了。我们从文中可以明确看出，婚姻的权利仅限于女子出嫁，而领主们却把它扩大到男子的婚配上了。该现象到了亨利三世时期愈演愈烈，因为《大宪章》作出了强制性规定：继承人的婚姻不得使名誉受减损（Heredes maritentur sine disparagatione）（Sullivan's Lect. p. 130）。

[4] 因为丈夫的继承人有可能不是该女子亲生，或是尚在襁褓之中。这被认为是封建系统的一个荒唐之处。

的寡妇地产,因为根据王国的法律与习惯,她的丈夫对担保人只负宣誓效忠义务而并非臣服义务,以免在妻子于丈夫之前去世的情况下,后者的保有地产被收回且已行使的臣服一并归于丧失。不过,除非在当某女子拥有除寡妇地产外的其他嫁妆或继承地产(other Land in Marriage-hood or by Inheritance)时,她的婚姻也需要得到担保人的同意,否则她将丧失寡妇地产,[1]因为在前者她得到主要领主的同意就够了。而如前所述,当丈夫就地产对领主所负的并非臣服义务而是效忠义务时,这条规则就不存在了。如果继承的地产分属不同的领主所有的话,女性继承人的婚姻仅需得到主要领主的同意即可。如果女性继承人在监护期间被怀疑不贞[2]并得到证实的,她将被从遗产继承中排除,而她的那份遗产将由那些清白无瑕的继承人平分。可如果她们全部犯了错误的话,全部遗产将交还领主,作为土地复归(Escheat)。当女性继承人在合法婚姻之后又守寡的,她不需再受领主的监护,尽管依前述规则,她们再婚时需要取得领主

---

[1] 根据《耶路撒冷法典》,一般来说寡妇不得被强制再婚,但若她打算这么干的话需要得到领主的同意(c. 187)。See also the Mirror, c. 1. s. 3. and Bracton, 88 a.

[2] *De corporibus suis forisfecerunt*. 据斯佩尔曼考证,*forisfacio* 衍生自法语 *forfaire*(Gloss. ad voc.)。它的一个较为恰当的意义和所指是剥夺、丧失(forfeiture),更像是在指称一种处罚方式而非一种罪过。要追查此演变的发生并非什么难事:是在指称某种罪行的同时渐渐加入了新的含义。当代撒克逊和诺曼法典的译本中常见该词(Vide LL. Ed. Conf. c. 32. 10. 36. 12. and LL. Gul. 1. c. 1. LL. Hen. c. 23. Vide also Craig. Jus Feud. L. 3. D. 3. s. 2. Co. Litt. 58. a. and 2 Inst. 227)。利特尔顿勋爵指出:"这无疑是针对单身女子的敏感脆弱所施加的严苛惩罚,且在其他法律中绝无影迹:然而毫无疑问的是,这条严格的规定与其说是出于这种罪过的骇人听闻,倒不如说是出于对领主相对于其监护人地位的优越性之考量,因为领主有可能会因为她那丧失体面的举动而失去这种优越地位"(3 Hist. Hen. 2. 119)。

180 的同意，[1]但她们此时的不贞将并不会导致对遗产的剥夺。[2]

值得一提的是，不贞[3]之所以没有导致遗产被剥夺，乃因其被视为母亲的罪行，而婚姻恰恰意味着儿子才是它合法的继承人。[4]

第十三章

181 私生子（Bastard）[5]，或其他非合法婚生（not born in lawful wedlock）子女，都不得成为法定意义上的继承人。[6]当某人声称自己是继承人并藉此索要遗产，而他人反对他的主张并提出他并非合法婚生继而不具备继承人资格，此时引起的诉讼应在王室法庭中暂告停止，当地的大主教（Arch-bishop）或主教将通过令状被指令调查该婚姻的性质并对国王或他的法官说明情况。

---

〔1〕参见《大宪章》第7条以及柯克勋爵的评论（2 Inst. 16）。See also Robinson on Gavelk. 160 and Bracton，313. a.

〔2〕利特尔顿勋爵认为，排除对寡妇此类行为之惩戒的原因在于她们已不受领主的监护，因之她们的淫乱将不会对作为附庸所应具备的职责与尊严构成冒犯（3. Hist. Hen. 2. p. 119）。*The Mirror* 的规定与此处相同（c. 1. s. 3）。肯特郡土地保有习惯则对寡妇的此类行为更缺少宽容（Robins，on Gavelkynd. 195）。

〔3〕*Putagium*，据斯佩尔曼说，类似高卢语 *puttam agere* 和意大利语 *putte*，意为 *putta*，即妓女。彼得拉克（Petrarch）曾说过 *putta sfacciata*（不知羞耻的妓女）。（Spelm. Gloss. ad voc.）

〔4〕在普通法上，据 *The Mirror* 记载，只有在婚姻存在的情况下他才会被接纳为儿子。（Mirror，p. 70. See also Bracton，63. a. b）

〔5〕诺曼法典载明了4个排除继承的事项：私生子、拥有教职、被剥夺以及无法治愈的麻风病（Le Grand Custum. de Norm. c. 27）。《耶路撒冷法典》则规定私生子须经见证人的合法反对方得排除。（c. 56）

〔6〕黑尔勋爵从爱德华一世第12年颁布的《威尔士法令》（*Statutum Walliae*）中推断出早期威尔士人的做法是相反的，他认为古代的不列颠人承认私生子享有继承权。（1 Hist. Eng. Law，p. 219）

该令状如下:

第十四章

"国王问候大主教健康。W 在我的法庭上出庭控告他的兄弟 R, 要求位于某村的 1/4 骑士领地产, 作为他的权利且 R 对此并无权利, 因为据 W 声称, R 是他们的母亲于婚前所生的私生子。由于事关私生子情况的调查不属于我的法庭所管辖, 我便把他们交到你手上以便在教会法庭中得到管辖。如果案件在你那里得出了什么结论的话, 你应当在作出决定之前来信通知我。副署人……"

第十五章

此时需要讨论的问题是, 某人系其父母婚前所生, 但父亲俟后娶了母亲为妻的, 这样的儿子是否具有合法的继承人资格呢? 尽管, 事实上, 教会法和罗马法均承认该儿子为合法的继承人,[1] 然而根据王国的法律和习惯, 他在寻求成为继承人并要求遗产的问题上将不会获得支持。[2] 但如此这般的争论, 即

---

[1] "教皇亚历山大三世时期 (公元 1160 年亦即亨利二世第 6 年) 制定的法律规定, 经证婚的婚姻仪式前生育的子女在婚姻发生之后将视为合法继承人, 就如同婚后所生子女一般" (2 Inst. 96)。我们的作者所援引的就是这个规定。诺曼法典的规定与亚历山大教皇的法令相同 (Le Grand Custum. de Norm. c. 27)。现代法国民法沿用该规定, 仅作出了少许限制, 甚至允许已死亡的非婚生子女获得婚生子女资格 (Code Napoleon, s. 331. 332)。

[2] 利特尔顿勋爵指出: "格兰维尔的这个论断相当值得称赞, 因为它展现了当时英格兰王国的法律不同于同时代教会法和民法的独立性" (3 Litt. Hist. Hen. 2. p. 125)。当这一规则在我们接下来的历史中即将发生转变的时候, 男爵们对此著名的回应已被我们的法律记录下来: 所有伯爵和男爵都发出了一

该儿子究系婚前抑或婚后所生需由教会法庭决定,并将结论通知国王或他的法官知晓。王室法庭将依据教会法庭的判决,对原告究竟为婚前还是婚后所生子作出的决定,再来作出争议遗产之归属的裁决,据此原告将要么获得遗产要么败诉。

第十六章

鉴于私生子不得拥有除直系亲属外的继承人,一个问题便随之而来:假定某人向某私生子赠与了土地并收取役务或其他什么东西,同时接受了他的臣服,而该私生子在占有地产的期间亡故,又没有任何直系继承人,此时由于前述原因他的领主无法取得地产,那么谁将获得继承土地的权利呢?[1]某人在去世时没有留下遗嘱,他的全部动产都将归他的领主所有,如果他的领主不止一位的话,每位领主都可以恢复自己封地所属的动产。但高利贷者的全部财产(Effects of a Usurer)不论他订立

致的反对声音,即他们不想改变英格兰自古如是的法律(*Et omnes Comites et Barones una voce responderunt, quod nolunt leges Angliae mutare, quae hucusque usitatae sunt et approbatae*)(Stat. of Merton, c. 9. See also 2 Inst. 96)。这条法律因此得到了值得铭记的捍卫,并保留至今。

[1]《国王之尊》:"答案是,没人能继承他的地产,除了国王陛下依前述原因以外"(*Reg. Maj.* L. 2. c. 52)。但布拉克顿却告诉我们,可以通过将土地复归给领主而解决这个问题,即使行过臣服礼也无所谓,因为臣服者的继承人缺失(*quia homagium evanescit heredibus deficientibus ubique*)(Bracton, 20. b),这个法规不知为何被某位可敬的作者给歪曲了,他说根据格兰维尔的表述,领主不得对臣服者的地产行使复归,因为在下一国王的时代,领主是私生子的最末继承人,为了证明这个臆测,他列举了布拉克顿前面的话。参见 Dalrymple on Feuds p. 64. 布拉克顿的论著所讲述的是他所在时代的法律,不是什么下一国王的时代,而是亨利三世时代的晚期,距离格兰维尔的年代已过了大半个世纪。所以据此得出的论断均不足征信:因为他在反驳某早先时期的法律时所举的例子居然是后来的法律,这纯粹是诡辩。

遗嘱与否都归国王所有。[1]诚然根据王国的习惯，任何人在生前都不得因犯有高利贷罪而被指控，除非在如有的王权之诉中所提起并加以举证的那样，[2]有人在侵害中死亡[3]并有 12 名合法邻人的誓言证实。一旦在法庭上被查证属实，已故高利贷者的全部动产都将收归国王手中而不问现在在何人之处。根据王国的法律，他的继承人也将被剥夺遗产且遗产将复归于领主之手。然而值得注意的是，如果某人在生命中曾犯过此罪行并在

---

[1] 古代罗马人惩罚高利贷的手段要比惩罚盗窃更为严厉［加图（Cato）《论农业》(*de re Rustica Proem*)］。诺曼法典规定没收高利贷嫌疑人死亡前一年零一日内的全部财产（Le Grand Custum. de Norm. c. 20）。根据忏悔者爱德华颁布的一部法案，高利贷者将被逐出王国，被控犯有高利贷罪名的人将被没收全部财产并被视作法外之人。如果读者对法律的如此这般规定背后的动机感兴趣，下面的文字可略作解释：然而国王宣称，他曾在法兰克的法庭上听到，只要那人还在王国里待着，他对罪恶天性的运用便不会停止（*Hoc autem asserebat ipse Rex se audisse in Curia Regis Francorum, dum ibidem moraretur, quod Usura radix omnium vitiorum esset*）（LL. Ed. Conf. c. 37）。按照《宝鉴》的表述，高利贷者的动产将被保留给他，正如领主复归土地时一样（Mirror, c. 1. s. 3）。感兴趣的读者可以在《财政署对话录》(*Dialogus de Scaccario*) 中找到一些关于高利贷问题的有趣讨论（L. 2. s. 10）。

[2] 我们的作者在这里指的是向巡回法官（Justices Itinerant）所提出的指控，这一机构通常被归于由亨利二世所创立，当他在位的第 22 年于北安普顿大谘议会（the Great Council at Northampton）宣布建立。然而柯克勋爵却认为它具有更悠久的历史，从财政署的卷宗看来，早在亨利一世第 18 年的时候就有了巡回法官审理裁决民刑事案件的记载。利特尔顿勋爵认为最早任命巡回法官的国王是亨利一世，意在效仿由路易六世（Louis le Gros）所建立的法国体制，民事诉讼中的巡回法官（*Justices Itinerant ad communia placita*）一直存在到爱德华三世第 10 年，才让位于民事巡回审（Assise）、初审（Nisi prius）、刑事听审巡回审（Oyer and terminer）以及清监提审巡回审（Gaol delivery）的法官（Vide Madox's Excheq. p. 96. Litt. Hist. Hen. 2. Vol. 4. 271. Hale's Hist. Com. Law. p. 140. 168. 2 Inst. 497）。

[3] 《宝鉴》把惩罚限定在那些去世之后受到高利贷指控的人身上，"但不包括那些生前已因高利贷而被监禁的人，后者仍将丧失他的动产。因为他是本可以对自己的行为作赎罪和改悔的。"（Mirror, c. 4. s. 12. See also Fleta, L. 1. c. 20. s. 8. and Dial. de Scacc. L. 2. s. 10）

其所生活的区域中被公开地指控（be publicly accused[1]），其后倘若在临死前停止犯错并表示悔过的话，那么他和他的财产都将免于对高利贷所课予的惩罚。因之显而易见的是，如果某人在去世那一刻是作为高利贷者的，那么他在去世后就有可能被作为高利贷者而起诉，他的财产也有可能被处置掉。

第十七章

任何人的最末继承人（Ultimate Heir）都是他的领主。[2]当某人去世时没有任何明确的继承人，如子女或任何确定无疑的继承人时，[3]封地的领主就可以把无人占有的地产收回自己手中，作为地产复归（Escheats[4]），无论此领主为何人，国王陛下也好，其他什么人也罢。如果有人站出来主张自己是合法的继承人，并且得到了他的领主宽宏大量的许可或国王的令状，这时他可以进行诉讼并提出诉求。但与此同时，系争地产仍应保留在领主手中：因为只要领主对他的佃户之继承人的身份存有疑问的话，无论该人是否为正当的继承人，领主都可以保留地产的占有直到真相大白为止。[5]这跟前面所讨论过的当继承人成年与否发生争议时的情况相类似，区别在于：在此遗产被视为由领主复归的土地，而在前遗产并不被视为由领主所有的，

---

[1] 参见下文第十四卷第一章，第2个注释。
[2] 布莱克斯通爵士在论及土地复归的相关法律时指出，几乎每个国家都对它加入了限制，以免这一威力强大的权利再三被动用（2 Bl. Comm. 10）。参见 Fleta, L. 6. c. 1. s. 11. 斯基尼则认为根据《国王之尊》，"一般的习惯要求国王担当最后的继承人"（L. 2. c. 55）。
[3] 英译者在此遵循了所有钞本一致的表述方式。
[4] See Co. Litt. 13. a. b.
[5] See Bracton, 71. b.

而仅仅是监护关系而已。如果无人站出来主张自己是系争遗产的继承人时，遗产将毋庸置疑地复归于领主，此后他可以如对待自己的财产一样对它随意为处分。当女性继承人处于领主监护期间淫乱的，她的遗产将因她的罪行之故被复归于领主。如果某人被查证或在法庭上自认犯有重罪并依王国的法律被剥夺了遗产，那么他的土地也将被复归于领主。[1]而假如他占有的是国王的直接分封保有地产（in Capite），那么不论是他的土地还是一切动产，也不论它们现在何人手中，都将收归国王手中并永远剥夺他的取回权。如果某法外之人（an outlaw[2]）或犯有重罪之人保有除国王外他人的地产，那么他的全部动产都将属于国王，土地将先在国王手中保留1年，其后再交还他的领主亦即封地的所有者，不过土地到了交还时要把其上的房屋推倒、树木铲除。[3]一般而言，某人只要因其所作所为而被法庭剥夺了继承权（disinherited），他的遗产就将被其所由保有之处

---

[1] 对比《诺曼底习惯法汇编》（c. 24）的读者可以发现，诺曼法典在这一规定上与我们的作者何其相似乃尔。

[2] Utlagatus，即被褫夺法权之人（outlaw），或用古代的语言说就是被剥夺公民权的人（frendlesman），用现代的拼写规则拼出来就是 friendless man。（Bracton, 128. b. See Dial. de Scacc. L. 2. s. 10）

[3] "实施这种制裁行为的理由"，利特尔顿勋爵说道，"乃是基于一个假设，即那些犯了重罪者的领主在某种程度上是具有过失的，因为他们在佃户的选择上缺乏适当的审慎"（2 Hist. Hen. 2. p. 118）。这个推理并不怎么具有说服力，因为从受封者死亡的那一刻起，封地就已不再是给他的了，而据格兰维尔已明明白白描述过的、同时也是经年占据统治地位的地产世袭制，问题也就出现了：领主谈何还有什么选择？柯克勋爵把这条规则的起源归于另一个理由，即最初国王是无法从褫夺法权中获益的，但这为了毁灭犯罪人的财产，杀一儆百（ut paena ad paucos, metus ad omnes perveniat）（2 Inst. 36）。但这与利特尔顿勋爵所给出的理由一样难以使人满意。因为，既然财产已经不再属于犯罪人所有了，那么再对财产实施任何破坏行为都将首先损害领主的利益，进而损害公共利益，而无论我们如何进行拟制，这两者都是无辜的。对佃户施加的惩罚应当是没收而非这种形式的荒废。这一冷酷的政策（policy），毋宁说是失策（impolicy），已被《大

的领主收回。而没收财产（forfeiture）则不然，儿子兼继承人的财产被没收并不会剥夺他的父亲、兄弟等任何人的继承权，而只及于他一人。还要指出的是，被指控犯有盗窃的人的全部动产将转移给郡长，而土地则立即复归于领主占有，不必等待1年的时间。[1]即便已被逐出王国法权的某人其后因为国王的恩赐而重新取得了和平，他也不能违背他的领主的意思而恢复他的遗产，哪怕他或他的继承人已经拥有了占有，除非他的领主向他表示宽容和大度。事实上，国王有权对没收财产和褫夺法权的惩罚进行赦免，但他不得在特权的幌子下侵犯别人的权利。

第十八章

关于嫁妆，一种是自由的（free），另一种则附役务的履行（liable to the performance of services）。[2]自由的嫁妆是指某自由人在把女子嫁出去的同时也向对方赠与一部分自己的地产，因此这块土地免于负担任何形式的役务，且赋予受赠人及其继承人对抗主要领主的权利。该地产之享有的豁免权甚至及于第三亲等的继承人（the third Heir），[3]且这些继承人不必行臣服礼。

宪章》第22条废除。读者可以自行查阅柯克勋爵对本条的评论，然后自己再判断一下这一年零一天时间究竟是否取代了荒废。肯特郡土地保有习惯的说法"国王将保留一年时间并使之荒废着"（have the year and the waste）似乎证实了两者的并存。（Robinson on Gavelk. 284. 另参见上文第四章。）《宝鉴》在此处的说法依然延续着其自相矛盾的风格。不过 Britton 似乎认为它们可以共存（c. 18. s. 6），《国王之尊》亦如此（L. 2. c. 55）。柯克勋爵还是一如既往地挑拣出符合自己观点的权威学说。Dr. Sullivan 或许持肯定意见（Lectures p. 348）。

[1] 读者不妨回忆一下格兰维尔在前面所写道的，盗窃不属于侵犯王权的案件，见上文第一卷第二章。

[2] 参见本卷第一章注释1、《布拉克顿》21. a. b. 和《弗莱塔》L. 3. c. 11.

[3] 在计算亲等时，根据 Bracton 和 Fleta 的说法，从受赠人开始，他的法定继承人为第二亲等，依次类推（Donatarius primum faciat gradum, heres ejus secundum gradum & c.）（Bracton, fo. 23. b. Fleta, L. 3. c. 11. s. 1）。

但到了第三亲等以后的继承人那里。[1]土地将重新附上原有的役务，臣服也必不可少，如果它是属于军役地产的话，佃户还要履行封地上的役务，视土地的数量而定。有时作为嫁妆的地产保留着为主要领主[2]履行的役务，事实上，此时女子的丈夫及他的继承人必须履行役务，仅免除臣服，哪怕第三亲等继承人也不得豁免。[3]

第三亲等的继承人应当作首次臣服宣誓，他的继承人也顺次递推。但臣服礼中要加入一个通过庄严宣誓效忠的仪式，[4]由该女子和他们的继承人依照与一般的臣服礼相类似的形式和语言行使。

假如某人娶到了妻子，并依上述方式获得作为嫁妆的地产，之后又与这位妻子生育了无论男女的继承人，且他（她）落地时的哭声为四邻所闻，在满足了上述条件后，只要丈夫比妻子活得长的话，则不论继承人是否在世，嫁妆仍在丈夫的有生之年归他所有，待到丈夫去世之后，嫁妆即归还赠与人或其继承人。[5]但如果丈夫与这位妻子没有子嗣的话，嫁妆在妻子去世

---

[1] "且这些继承人不必行臣服礼。但到了第三亲等以后的继承人那里。"Harleian 和 Bodleian 的钞本漏掉了这句话。

[2] 所有钞本都漏掉了"主要"两个字。

[3] "第三亲等的继承人需要行臣服礼，同时交纳监护费和继承金。"（*Reg. Maj.* L. 2. c. 57）

[4] "另一个通过誓言来进行的效忠仪式需要由该女子及其继承人来完成，与行臣服礼的形式和语言类似。"（*Reg. Maj.* L. 2. c. 57）

[5] 我们的作者在此所讨论的关于丈夫接受嫁妆之后的诸问题，在其后的岁月里得到了详尽阐发，并被冠以"英格兰鳏夫产"（*Curtesy of England*）之名。但正如柯克勋爵所指出的，它也为苏格兰人和爱尔兰人（或许还要加上诺曼人）所知。克雷格援引某文章的说法表明罗马法中没有这个制度，布莱克斯通爵士也利用权威的观点证明了它并非为古日耳曼人所不知。与寡妇地产相类似，它并非来自当事人双方的约定，而是从法律的直接规定生发。有迹象表明这个古老习俗曾经存在，《国王之尊》的用语与我们的作者如出一辙（L. 2. c. 58），

之后将立即返还赠与人或其继承人。[1]

这也或多或少解释了作为嫁妆的地产为何不总是附役务的原因：

因为如果土地作为嫁妆或别的什么而被赠与出去，且随嫁妆一并行使过了臣服礼，它便不可再返还给赠与人及其继承人了，原因我们之前已经讨论过了。假如妻子再度结婚的话，相同的规则依然适用，如同我们在讨论前夫时那样，不论前夫是否留下了继承人。但当有人诉称某地产是他妻子的嫁妆，或当妻子及其继承人有此诉求时，要区分该诉讼是针对赠与人或其继承人的，还是针对他人的。如果是针对赠与人或其继承人的，就由原告来选择是在教会法庭还是在世俗法庭中进行审理。

因为如果原告选择了以诉诸法庭审判的方式解决问题，就该由教会法官来主持关于嫁妆的诉讼，他的管辖权来自婚姻双方嫁娶之时相互的海誓山盟。而且，事实上，王室法庭也不得阻挠教会法官的管辖，哪怕该诉讼涉及一块俗界封地（Lay-fee），如果它显然与婚姻有关的话。但若诉讼针对的是其他人，那么就该在俗世法庭中审理裁决，并依其他俗界封地诉讼进行的形式和步骤展开。

仍需注意一点，此类诉讼在缺少担保人的情况下不应继续进行，正如我们之前在讨论寡妇地产的时候所指出的。事实上，

且为布拉克顿、《弗莱塔》和《布里顿》所沿用。而柯克勋爵则认为继承人只要存活下来就够了，不必要求听到哭声，事实上，这是与理性相符合的，因为听到哭声仅仅是存活下来的一个标志，而后者还可能表现为成千上万种形态。一种并非无依据的可能性是，严格依照格兰维尔所记载的古代法律的字句来办事的方法已因其极端不便宜性而早被人们悄悄束之高阁了，根本不用等到柯克勋爵的时代。（参见 Craig. L. 2. D. 22. s. 40. Le Grand Custum. de Norm. c. 120. 2 Bl. Comm. p. 125. *Co. Litt.* 29. b）

[1] 根据诺曼法典，他与别的女人再婚的话将会被没收嫁妆。（Le Grand Custum. de Norm. c. 121）

此类诉讼在对待担保人的问题是一如针对寡妇地产所提起的诉讼。我们在前者场合所讨论过的东西放在这里依然适用。最后补充一点，即第三亲等的继承人在行完臣服礼后，可以[1]在没有担保人的情况下进行诉讼。

---

[1] 所有钞本在这里均作"不可以"。

第八卷

> 论法庭上的终结协议;以及记载终结协议的骑缝证书;以及由法庭制作的卷宗记录,当某当事人打算推翻协议时;以及法庭作出的协议诉讼。

第一章

提交到王室法庭的案件有时会以友好的和解与一份终结协议(final Concord)而告结束,不过这必须得到国王或他的法官同意和批准,无论该诉讼是什么类型的,土地诉讼也好,其他的什么也罢。这种终结协议必须得到利害关系人的一致同意,而且要记录下来,所有当事人均保留一份,[1]在国王的民诉法庭法官[2]面前宣读为每个人所规定的部分,并对其他人的权利义务表示认可。终结协议的形式如下:

第二章

"这是一份终结协议。它制作于我们的国王陛下位于威斯敏

---

[1] *In communem scripturam*,即骑缝证书。(Madox's Excheq. c. 19)
[2] *Justiciis domini regis in Banco residentibus*,参见前文边码第50页,注释1。

斯特的法庭之上,并在那位使徒、受祝福的彼得的监督之下,于国王亨利二世第 33 年[1];并在我们国王陛下的法官拉努尔夫·德·格兰维尔面前,以及国王陛下忠实的臣民 H、R、W 和 T 在场的情况下,在他们之间作出:医院骑士团(the Hospital of Jerusalem)的小修道院院长和教友(the Prior and Brethren);以及诺曼(Norman)的儿子 W,和 W 的儿子 Alan,后者被 W 指定为在我们国王的法庭上出庭的辩护士,并与他共进退。该诉讼涉及 W 所保有的全部地产 [除一奥克斯兰(Oxland)[2]土地和三块废弃宅基地(Tofts[3])之外]。国王陛下的法庭审理了这个案件并作出此终结协议,以明确:W 和 Alan 承认且愿意证明 W 的父亲诺曼对他们过去所为的赠与,并永久放弃向前述医院骑士团的小修道院院长和教友及其继承人请求该土地的权利;除了前述那一奥克斯兰土地和三块废弃宅基地之外,后者为 W 和 Alan 及其继承人所永久保有自前述医院骑士团的小修道院院长和教友处,并负每年 4 个便士的自由役务。为达成此妥协,前述医院骑士团的小修道院院长和教友放弃向 W 和 Alan 要求给付 100 先令银币的请求。"或如以下形式作出终结协议:

---

[1] 本章以及下一章的文字为本书的写作年代提供了强有力的证据。关于本书成书于亨利二世时期,学界已无争议,而且从本章中极有可能得出结论说本书的成书不早于亨利二世当政时期的第 33 年,(再考虑这位国王的在位时间,留给我们的还有他的第 33、34 和 35 年可供推测。如果我们遵循斯佩尔曼爵士的思路取一个中间时间的话,那就定在第 34 年,即公元 1187 年了。而罗伯逊博士却说该书写作于 1181 年,不过他没有给出任何理由(Hist. Charles 5. Vol. 1. p. 296)。Blair 的年表采纳了他的说法。

[2] 关于一奥克斯兰土地所包括的数量,现在似乎仍无定论。(Co. Litt. 69. a. and Mr. Hargrave's note)

[3] *Toftis*. 废弃宅基地(Toft)被认为是房屋曾经坐落过的地方,这个概念在协议诉讼中经常出现。(Vide Spelm. Gloss. and Cowell's Interp. ad voc)

第三章

"这是一份终结协议。它制作于彼得（Peter）的儿子加尔弗莱德（Galfred）的法庭之上，其后被移送至国王陛下位于威斯敏斯特的法庭中进行记录并入册[1]，于国王亨利二世第 33 年，使徒西门和犹大纪念日（the feast of the Apostles Simon and Jude）后的星期二，并在伊利主教（Bishop of Ely）E、诺维奇主教（Bishop of Norwich）I 以及国王陛下的法官尊敬的格兰维尔的面前,[2]以及其他国王陛下忠实真诚的臣民在场的情况下，在他们之间作出：彼得的儿子 G；以及雷金纳德（Reginald）的儿子 R。该诉讼涉及舒尔德汉姆诸圣教堂（the Church of All Saints of Shuldham）的圣职推荐权，和海登地区的共牧权（common of pasture of Heddon），以明确：R 承认 G 拥有前述教堂的圣职推荐权，并永久放弃向 G 及其继承人主张该推荐权的权利，哪怕他或他的继承人确实享有该权利，且 R 放弃向 G 所提出的要求海登地区共牧权的主张，以及 G 在舒尔德汉姆的侵犯领地行为（purprestures[3]）的控告，包括要求舒尔德汉姆地区的林地（Wood-land[4]）、磨坊、小农场（Crofts[5]）以及泥煤采掘权

---

[1] Bodleian 和 Dr. Milles 的钞本中漏掉了"并入册"（and inrolled）。
[2] 据 Bodleian 的钞本作 "G. Bishop of Ely, I. Bishop of Norwich, and Ranulph de Glanville, &c. Justices in Eyre, in the year 1179, 25 Hen. 2. &c."
[3] 我们的作者将在下文第九卷第十一章阐释这个概念。
[4] Frusseto, 或如柯克勋爵所作的 frasseto，意指一片林地或长着树木的土地。（Co. Litt. 4. b）
[5] Croftis. Croft 据说就是农夫们口中所称的 close（围地），英加尔弗斯（Ingulphus）使用过这个概念，来自撒克逊方言 croft 或 cruft。

（Turbaries[1]），R将不再主张以上权利，只保留可供自己及其继承人生活所需且非作出售用途的薪柴，以及（除了他自己所拥有的）全部外围羊栏（all[2] external folds[3]）、外围耕地的日工（the bidden days[4]），和作为税金（Customs[5]）的母鸡和鸡蛋（Hens and Eggs）。为达成此妥协，前述G放弃向R主张20银马克的请求。"此类终结协议之所以被冠以终局（final）之

---

[1] *Turbariis*. 这个词来自撒克逊人，似乎有两层含义：一是对地表的占有；二是对地下泥炭的采掘权（Spelm. Gloss）。当读者们了解到，教会法把 *turbary* 归在薪炭材（*lignum*）这个概念之下，并共同适用什一税（Tithe）时，他们一定会服膺于这种巧妙的安排。（Lyndw. Provinc. p. 100. Annot. ad turvarum）

[2] *Forinseca*（外部的），布拉克顿告诉我们因为是在领地外履行的，或是役务之外的（*quia fit et capitur foris, sive extra servitium quod fit domino capitali*）（Bracton. fo. 36. a）. 本书的这部分内容极为艰涩难懂，就算英译者已竭尽全力想搞懂格兰维尔每个用语的意思，却也还是不敢自夸说翻译得很好了。

[3] *Faldas*. 斯佩尔曼告诉我们，*Falda* 常常被用作 *pro libertate faldagii* 的意思，其中 *faldagium* 是古代领主们虽不常使用，但仍保留给自己的一项特权，即在自己的庄园范围内随意设立栅栏以使自己的畜群（有时也包括佃户的畜群在内）得到较好地管领。诚然，后者常常被称为 *secta faldae*. 应当指出的是，佃户们经常把这个权利用作对抗领主的手段。"*Falda i. e. homines villae debent ponere oves suas in faldam Domini*"，这是与圣埃德蒙修道院（Monastery of St. Edmund）相关的古老钞本中的语句。当 *forinsecas* 与 *faldas* 相联系在一起时或许会产生一些问题，但如格兰维尔所述，可通过次级分封制度（subinfeudation）加以克服。这个有争议的特权可能发生在某古老的庄园中，也可能发生在某庄园的外部，仅与某庄园的一部分相关而产生于稍后的次级分封之中——以上仅仅是一个推测。

[4] *Precarias*. "Vide Somn. Tract, de Gavelkynd in voc. Benerth, p. 18"（Al. MS.）. 柯克勋爵指出："Benerth 指提供犁和车马（plough and cart）的役务。"（Co. Litt. 86. a）据说 *Precariae* 为计日的工作（day-works），某些庄园的佃户因他们的保有地之缘故从而在收获的季节里向领主提供劳役，这种工作在有些地方被称为 *bind-days* 或 *bidden-days*，因为 *bidden* 就是 *precari*。据称，这一习俗在巨 Customs of the Monastery of Battel tit. Appelderham fo. 60 中有详尽的阐释，读者可在 Spelm. Gloss. ad voc. Precariae 中找到相关摘要，事实上，Somner 认为，这是一种以计日方式履行的耕地役务（Tillage service）（Ubi Supra）。

[5] *Consuetudines*，或许指某种习惯性的役务或给付，作租金之用。要知道，在我们历史上的很长一段时期中租金是以如此方式支付的。

名，乃是因为它将导致事情告以终结，[1]涉诉当事人中的任何一方都不得主张撤销。而当有一方当事人没能遵守协议或不能履行自己的那部分义务，对方当事人为此起诉时，郡长将指令他提供担保，并在国王的法官面前出庭答辩，说明他不遵守诉讼协议的原因。我指的是当起诉方已经为进行诉讼提供了担保的情况下。指令郡长的令状如下：

第四章

"国王问候郡长健康。我命令你指令 N 正当且不迟延地履行在我的法庭上作出的终结协议，该诉讼涉及他与 R 之间关于位于某村的一海德土地的争议，且已在我的法庭上进行了审理。除非他听从你的指令且 A* 向你提供了进行诉讼的担保，否则命令他提供质物或保证人以在我或我的法官面前，于某日，说明他不履行协议的理由。我命令你执行此令状。副署人……"

第五章

被传唤方于当日既不出庭也不提供不到庭借口，或在进行3次合理不到庭之后既不到庭也不派辩护士的，处理流程已如前

---

[1] 相类似的表述也出现在《国王之尊》（L. 1. c. 27）和《布拉克族》（L. 2. tr. 5. c. 28）中。柯克勋爵引证了后者，以及本书的片段，认为它们的表述是正确的。Mr. Hargrave 指出："对 fines 进行如此这般描述，诚然在考虑到其语源和表面上如此的意义时并无乖谬之处，但在现代的应用环境下就显得有些捉襟见肘了。在格兰维尔的时代，这个概念在实际发生的案件中确实是脉脉温情的'和'解，可等到数个世纪过后，它的'和'就只剩下一个名字了。"（Co. Litt. 121. a. and note 1）柯克勋爵还说："Fines 有着悠久的历史，早在诺曼征服之前便已为人所熟知了。"（2 Inst. 511）

* 此处 A 疑有错误，从令状内容来看应为 N。——译者注

所述,即本书第一卷中关于提供保证人时情况的讨论。待到当事人双方均到庭后,若他们都承认该文件(其中附了双方的终结协议),或该终结协议是在国王的法官面前制作并为卷宗记录所证实其内容确实如此的,则违反协议的当事人将向国王缴纳罚金,并被处以监禁,直到他保证将自此遵守协议并履行协议的要求,或向对方当事人提供合理的补偿。因为这是在国王或他的法官面前承认一个事实或担负起为特定行为之责所带来的必然结果,当事人有义务受到强制性的要求并履行之。如果已制作终结协议的案件是涉及土地的诉讼,那么被证明或自认未妥善遵守协议诉讼的当事人将:被告的话,丧失地产(lose his land);原告的话,败诉(lose his suit)。如果当事人(不论一方还是双方)拒绝承认共同的骑缝证书(the Common Chirograph)的话,那么制作该协议的法官们也将在原被告双方出庭的那天被传唤到庭,并当庭记录下原诉讼被递交至王室法庭他们面前的经过,以及该诉讼是在某人和某人之间就位于某村的某块地产所进行的,以及当事人双方是否在得到他们许可并在场的情况下达成的妥协并制作了终结协议。但在此还要作一个区分,即该终结协议是在国王的主要法庭(King's chief Court)制作的,抑或是在巡回法官的面前制作的。

在后一种情况下,巡回法官必须被传唤出庭,同时还应有若干来自协议制作地且当时在场并知晓事实的审慎的骑士一并到庭,以便能在巡回法官们制作卷宗记录时提供协助。这些骑士应在全郡范围内寻找,通过以下的令状:

第六章

"国王问候郡长健康。我命令你派精干的传讯官传唤 N 和 R

在我或我的法官面前出庭，于某日，在你郡之审慎（discreet）骑士的协助下，记录 N 和 R 之间关于位于某村的一海德土地且被提交到他们面前的诉讼是如何终结的。"该诉讼此前的终结地的郡长也要被指令向国王或他的法官提交一份关于争议诉讼的记录，经由该郡审慎的骑士之手。关于指令提交卷宗记录的令状如下：

第七章

"国王问候郡长健康。我命令你记录下在你的法庭中所进行的诉讼，该诉讼由某人对某人提起，涉及位于某村的某块地产。"……其他部分详见后文。

第八章

如果到庭的法官们所做的记录与卷宗记载相一致，当事人就必须遵守协议内容，不得主张拒绝。

如果法官们在此问题上存疑并无法将之查明，该诉讼将再度开庭审理。

第九章

值得注意的是，一般而言，除王室法庭外，其他法庭都不制作卷宗记录。[1]因为在其他法庭中，若某人说过什么话又想

---

[1] V. LL. Gul. 1. Norman, cap. 28（Al. MS.）. 这条规则原话如下：*Qui placitat in Curia cujuscunque Curia sit, excepto ubi persona Regis est et quis eum sistat super eo quod dixerit. rem quam nolit confiteri, si non potest disrationari per intelligentes homines qui interfuerunt placito et videntes quod non dixerit, recuperit juxta verbum suum.*（LL. Anglo-Sax. Ed. Wilkins, p. 224）

于俟后否认[1]以对抗整个法庭的,可以提出 3 名证人(事实上,根据不同法庭的习惯,证人的数目可多可少)的誓言来证明自己从未说过被指控的话。而在某些案件中,郡法庭或其他低级别法庭也可为王国的法律所允许而制作卷宗记录,此在当决斗已在低级别法庭中开始,尔后又被移送到王室法庭中时,原告的诉求、被告的答辩以及决斗所由之判决并开始的话语应统统被低级法庭记录下来,就如同在王室法庭中一样,不过在其他场合下低级法庭不得制作卷宗记录,除非存在更换决斗替手的情况。因为当某案件被移送至王室法庭后,当事人提出了与在低级法庭进行司法决斗时不同的替手时,如果发生了争议,那么根据王国的法律,低级法庭的卷宗记录将具有决定性作用。此外,对于低级法庭所做的卷宗而言,如果有人主张他所说的话比卷宗所记录下来的更多——如果他确实曾在法庭上如是说过,可以提出两名以上合法的人,当然根据不同法庭的习惯该人数并非固定不变,通过誓言来对抗整个法庭:因为法庭没有义务通过决斗来为自己制作的卷宗作证明或辩护。但不允许某人对法庭的裁决既赞成又反对,因为根据前述王国的法律,他自始只能就卷宗的全部内容提出否认。尽管法庭不负通过决斗来为其卷宗进行辩解的义务,但它却有义务以决斗捍卫自己的判决。[2]因此,如果有人宣称法庭作出了错误的判决,其判决之所以错误,其原因在于一方当事人如是控诉,另一方当事人如是答辩,而法庭却根据他们的陈述作出了明显错误的判决,并自 N 的口中公布了出来,当后者希望否认这一指控且有人反对并提出准备出庭作证的合适证人时,那

210

---

[1] *Recordationem Curiae Regis nulli negare licet alias licebit per intelligibiles homines Placiti.* (LL. Hen. 1. c. 31. See also LL. Hen. 1. c. 49 and Co. Litt. 117. b.)

[2] 此处 Harleian、Bodleian 和 Dr. Milles 的钞本漏掉了"以决斗",尽管从上下文来看并不存在难以理解之处。

么，把该问题交给决斗来处理便没有什么不妥的了。[1]问题是，法庭该由自己的成员进行防御，还是另寻他人？

当然主要应该由作出该判决的人来进行辩护。[2]如果对法庭的指控属实，该法庭的领主将被国王课以罚金，并永久失去他的法庭。此外，该法庭的全部人员都要向国王缴纳罚金。但如果该提出指控之人无法证实他的指控，则他在主要案件中将会败诉。法庭也可以依据国王的恩准而制作卷宗。国王在某些正当合理动机（some reasonable motive）的影响之下，可以传唤任何法庭到他的法庭上来制作卷宗记录，而当国王提出此类要求时，所制作的卷宗不应含糊矛盾。低级法庭时常被国王要求就某些案件提交卷宗到国王或他的法官面前，它们对这些案件根本没有制作卷宗记录，而仅仅有些凌乱不堪的记载。当事人双方可一致要求诉讼在卷宗记录的基础之上继续进行。

如果他们同意制作记录的话，一份记载着如下内容的传唤令将被签发：

第十章

"国王问候郡长健康。我命令你在你的郡法庭中记录下某人和某人之间涉及位于某村的某块地产的诉讼，并把该卷宗记录

---

[1] 该质疑错误判决的权利也为《耶路撒冷法典》所规定。但享有该危险的权利之人似乎要跟争议法庭的所有人都一个接一个轮流打一遍才可以，不止那些法官，甚至还包括原告。因此，很少有人会提出行使这一权利。（Assis. de Jerusalem, c. 111）

[2] See *Mirror*, c. 3. s. 23. 埃德加时期的法律规定，作出错误判决的法官将向国王缴纳巨额罚金，除非他通过誓言自证不知道如何作出更好的判决（LL. Edg. c. 3）。征服者的法律规定该法官将失去资格，除非他能提出相同的借口（LL. Gul. Conq. c. 15）。阿尔弗雷德时期的法律则规定该法官应向受害者作出补偿，其后他的全部财产将被没收归国王所有。（Mirror, c. 4. s. 18）

送到我或我的法官面前,于某日,[1]偕同 4 名制作记录时在场的合法骑士。并派精干的传讯官传唤对地产主张权利的当事人到庭进行诉讼,同时传唤现正占有该地产的当事人到庭聆听它[2]……"

第十一章

低级法庭还有可能为自己管辖的某些案件制作卷宗记录,这些案件就如同是在王室法庭中得到审理时那样。此种情况会出现在当某领主[3]在自己的法庭中进行诉讼时,因为此时法庭难免会遇到一些无法克服的问题。而当该诉讼由领主的法庭[4]向王室法庭移送以寻求后者的意见和建议并据此决定如何判决时,领主有可能从中作梗拖延移送的进行。而国王陛下也有可能助他的领主们一臂之力,利用自己的权利阻碍案件从他们的法庭移送到那些由专家坐镇、时刻准备献计献策的王室法庭之中。当案件在王室法庭中得到结论后,领主们通常会把它们退

---

[1] *Terminum*,见前文边码第 27 页,注释 1。
[2] 据 Bodleian 和 Dr. Milles 的钞本,"它"应为"该卷宗记录"。
[3] *Baro*,据布拉克顿说是 *hoc est robur belli*(战争的力量)。这个词在过去有着多重含义,英译者在此仅列举几个:人(a Man)、雇佣兵(a hired Soldier)、行政官(an Officer)、佃户(a Tenant)、低级直属封臣(a lesser Tenant in chief)、高级直属封臣(a greater Tenant in chief)、贵族(a Noble)、高级教士(an Ecclesiastical Dignitary)、伯爵或教士的高级封臣(a greater Vassal of an Earl or Prelate)、骑士(a Knight)、丈夫(a Husband)、长子(an Eldest Son)、自由市镇居民(a Burgess)、市民(a Citizen)、强盗(a Robber)等。(Vide Spelm. Gloss. ad voc. Cowell's Interp. Craig. Jus. feud. L. 1. Dieg. 12. s. 15. 16. 2 Inst. 5. Madox's Excheq. c. 5. s. 1. *Index to Anglo-Sax. LL. Ed. Wilkins*, *voc. Baro* 以及上述作者们所征引的其他权威著作)
[4] Harleian 和 Bodleian 的钞本作"诉讼"为"案件"。

回自己的法庭中重新审理并进行裁判。[1]郡法庭基于同样的事由也可以制作卷宗记录。

---

[1] 起初领主享有独立的司法权，以便强制佃户们履行役务并在他们之间维持安宁和秩序。其后，领主们效仿国王的法庭建立起卷宗制度，将在领主法庭中进行审理的诉讼由他们自己的官员加以记录。然而随着卷宗记录经由那些自愿移送案件的当事人之手生长出它们的主要权力，毋宁说是唯一权力，领主们的权威日益削弱。再加上人们对领主法庭判决的质疑之声越来越大，领主们便不得不把诉诸王室法庭作为唯一的求助手段了。(Traites sur les Coutumes Anglo-Normandes par M. Houard, p. 507. Tom. 1)

第九卷

> 论臣服礼；以及继承金；以及役务；以及协助金；以及侵犯领地；以及侵犯边界。

第一章

我们接下来讨论的主题是行臣服礼（performing Homages[1]）和收取继承金（receiving Reliefs[2]）。父亲或其他祖先

---

[1] *Homage*，这是封建制度特有的概念，并不为罗马人所知，而斯佩尔曼认为盎格鲁撒克逊人对此亦无认识（Reliq. p. 34）。无论如何，据说征服者威廉在黑斯廷斯战役结束之后就立刻从他的贵族那里接受了臣服（M. Paris）。这个词的词根是 *homo*，也就是我们英语中的 *man*，据斯佩尔曼的考证，其有着悠久的历史，曾被日耳曼人和其他西欧民族广泛用来称谓仆人（servant）或附庸（vassal）（Spelm. ubi supra. sedvide Co. Litt. 64. b）。臣服可以分为绝对的（liege）和封建的（feudal）：前者面向国王，而后者面向领主。"行使臣服礼的理由在于保存起人们与保有物之间的记忆、提醒佃户注意自己的职责，每个新佃户在获得地产时都能记着领主的好。以免地产在历经多次继承之后，后面的继承人忘记自己的役务最后竟至否认保有关系。"（Spelm. Reliq. 34）关于臣服的一般规定，参见 Bracton. 78. b. et seq. Fleta. 1. 3. c. 16. Littleton's Tenures and Lord Coke's Commrnt. Craig, Spelman, Sullivan, Assise de Jerusalem c. 205 &c. &c. &c.

[2] *Relief*，即当祖先去世之后，遗产实际上并无人占有，此时继承人需要请求领主的支持（relieve），这就是继承金（quia hereditas, quae jacens fuit per antecessoris decessum, relevatur in manus heredum et propter factam relevationem facienda erit ab herede quaedam praestatio, quae dicitur relevium）（Vide Bracton. 84. et Fleta. l. 3. c. 17. s. 1）。忏悔者爱德华的法律中有一条奇怪的规定，是关于在战斗中失

去世之后，封地的领主有义务接受合法继承人的臣服，无论该继承人是否已经成年，只要是男性即可。因为根据王国的法律，女子不得行臣服礼，[1]尽管她们有时可以对领主宣誓效忠。

如果她们已婚的话，就由她们的丈夫来为她们的领地向领主行臣服礼。我的意思是，倘若该地产是附随臣服义务的。如果继承人是男性未成年人，那么封地的领主在接受他的臣服之前，按照王国法律的要求，不能获得监护其人身或遗产之资格：因为根据一条基本原则，领主不得强制继承人履行包括继承金在内的任何役务，只要他还没能从继承人那里就附役务的保有地产获得臣服，至于继承人是否成年在所不问。某人可以就其保有的不同领地向数位领主行臣服礼，但在行使完这众多的臣

败的佃户的继承金问题（LL. Edw. Conf. c. 35）。仍要指出的是，斯佩尔曼坚持认为继承金并非撒克逊人的制度（Reliq. p. 31）。关于相反的意见，读者可以参考 Wilkins's Anglo-Sax. LL. p. 9. 对继承金的一般问题感兴趣的读者请参阅 Bracton. 84. et seq. Fleta. L. 3. c. 17. Co. Litt. 76. a 83. a. Black. Com. , Sullivan, Craig, Spelman &c. &c. &c.

[1] 柯克勋爵说道："格兰维尔说女子不得行臣服礼，但利特尔顿却说女子可以行臣服礼，只是在行礼时不说 '*Jeo devigne votre feme*' 而是 '*Jeo face à vous homage*' 罢了。因此格兰维尔的话应被理解为：女子不得行完整的臣服礼"（Co. Litt. 60. b）。某位尊贵的历史学家在引用了本段话之后指出："可我还是觉得在格兰维尔的时代单身女子不可以行臣服礼，而利特尔顿所谓的仪式上的变通只是后期人们用来避失礼所采取的权宜之计，教会法也有类似的规定"（3 Litt. Hist. Hen. 2. p. 339）。斯基尼则给出了格兰维尔此处规定的理由：因为臣服只与战争中的役务相关（de verb. sign, ad voc. homagium）。他还说已被奉为圣者的主教不必行臣服礼，对此，科埃尔说理由同上（Interpreter）。此外，克雷格（Jus. Feud. 1. 11. 10）和《国王之尊》（*Reg. Maj. L. 2. c. 60*）的表述与我们的作者完全一致。事实上，关于本段文字的确切含义倘若有什么争议的话，也会因本章后续部分的说明而本应不复存在。我们的作者在使用了短语 liber homo（自由人）后紧接着又用了 *masculus*（男性），正是为了避免任何可能的误解，尤其是柯克勋爵所犯的错误，利特尔顿勋爵提到的以下习惯或许能够回应后者的误会："鉴于丈夫所负的替妻子行臣服礼的责任，因此妻子的领地或其他什么需要行臣服的地产自然可以凭借丈夫的臣服而继续有效。而在那个时代，很多男爵因妻子们的权利进入议会，并因与她们的婚姻关系得以成为王国的封臣。历史上，这一权利也曾拓展至欧洲大陆上的许多公爵领地（*Dukedoms*）和亲王领地（*Principalities*）。"（Litt. Hen. 2. p. 339）

服礼之后，只有主要领主能一并获得他的忠诚（allegiance），[1]
且该效忠必须针对他所保有的最主要地产的领主。臣服礼应当
以这样的仪式作出，亦即，是使行礼者成为他的领主的人（become the Man of his Lord）的手段，他需要就保有地产对领主忠
贞不渝，[2]处处保全领主的荣誉，同时也要对国王和他的继承
人保持忠诚。[3]

显而易见，根据行臣服礼时的誓言，附庸（Vassal）不得伤
害他的领主，除非他是出于自卫，或是根据国王的命令加入了
对抗领主的军队中。一般而言，根据法律和臣服时誓言的要求，
佃户不得使领主失去他的遗产或将某些污点加诸他的领主身
上。[4]如果某佃户就不同的封地向数名领主行过了臣服礼，俟
后这几名领主之间发生了战争，他的主要领主有权命令佃户随
他一起出征对抗其他领主，此时佃户必须服从命令，不过仍根
据所保有的地产保留对其他领主应负的役务。

同样显然的还有，若佃户有任何使领主丧失继承权之虞的
举动，一经证实，他和他的继承人将永久丧失保有自该领主处

---

[1] 我们业已指出臣服分为绝对的和封建的，它还可以分为绝对的和不绝对的，
这两种划分没什么区别。如 Thaumas 所说，liege 一词来自法语（Cout. de Beauvoisis p. 255），似乎意味着该役务是属人的，且不可继承（Traites Sur Les Cout. Anglo-Norm. par Houard. p. 511. Tom. 1）。

[2] 在行臣服礼时，佃户需要特别指明他是就哪块地产所行的臣服，以免受到领
主的欺骗（Britton. 174. Mirror. c. 3. s. 36）。

[3] "腓特烈·巴巴罗萨皇帝在1152年颁布了一部法令，要求他的臣民在宣誓效
忠时也要向他和他的继承人保持忠诚。这一规定为许多尚采封建法的王国所
纷纷效仿，要求对国王保持忠诚。在英格兰，如果无此忠诚保持的话将会根
据爱德华一世时期的司法决定而受惩罚"（3 Litt. Hen. 2. p. 111）。这一义务
同样为 the Book of Feuds. L. 2. t. 55. Reg. Maj. L. 2. and Grand Cust. Norm 所
要求。

[4] Vide Mirror. c. 4. s. 10. and 11, and Le Grand Custum. de Norm. c. 14.

的地产。[1]相同的情况也适用于当佃户伤害领主或企图对他进行任何残暴的伤害（atrocious injury）且经法庭的合法程序所证实之时。或许有人会问，当有人被以上述罪名指控至该领主的法庭时，他能否被强制针对该指控进行辩护？领主能否依自己法庭的决定而在无国王或他的法官的命令或令状的情况下对佃户进行监禁？

事实上，法律允许领主依其法庭的决定而传唤并拘留他的臣服者以强制其出庭，而且，除非他能够提供3人（或法庭所要求人数）的誓言涤罪以对抗领主的指控，他将被领主课以罚金并剥夺自该领主处保有的全部地产。

还要问的是当领主声称佃户未履行或未完全履行役务时，他是否能强制佃户出庭并履行役务？

领主完全可依法这么做，哪怕并未获得国王或他的法官的令状。领主和他的臣服者将进行决斗或通过大咨审团来裁决，并在同一领主的其他封臣中提出某位同侪（one of the Peers[2]）作见证人[3]，后者应声称自己曾见过佃户或其祖先向领主或其祖先就系争封地履行过役务并愿意出庭作证。如果对佃户的指

---

[1] 诚如佃户不得伤害领主，领主也不得伤害佃户。既然佃户违反前一规则的惩罚是丧失保有物，那么领主违反后一规则的惩罚将是丧失所有权（Dominion）。（Fleta. L. 3. c. 16）

[2] Parium. Vide 2 Inst. 42. Spelm. Gloss. ad voc. Pares enim sunt cum unus aliis non subditur Hommagio, Dominatione, vel Antenatione. Hommagio ut Homo subditur Domino suo cui fecit Hommagium Dominatione, ut Homo subditur uxoris domino et ejus primogenito filio: et omnes postnati ratione antenationis. （Grand Custum. de Norm. c. 126）

[3] 诺曼法典与此处规定有出入，它以一种傲慢专横的口吻排除了领主提出证人的责任。对于那些属于领主所有的法庭而言，领主的声音足以成为起诉的理由（Vox enim sola Domini Curiae in iis quae ad ipsum pertinent sufficit ad accusationem subditorum）（Grand Custum. de Norm. c. 126）。这条规定堪与东方国家的法律相媲美。

控属实,他将被依法剥夺保有自领主处的全部封地。假如某领主无法拘留他的佃户,就该向法庭[1]请求帮助。任何自由的男子都可以实施臣服,无论他是否成年,也无论他是教士还是俗人(whether a Clergyman or a Layman)。但已被奉为圣者的主教,即使他保有世俗领地,也无需向国王行臣服礼,只宣誓效忠即可。不过刚刚通过选举但尚未就职的主教(Bishops elect)在被授圣职礼(Consecration)前依习惯仍需行臣服。[2]

第二章

臣服只涉及无论以金钱或其他某种形式存在的特定的土地、自由保有地产、役务和租金。当只考虑支配权(Dominion[3])时,臣服便只是对国王作出的,并非其他什么人。臣服礼并非附属于任何类型的地产之上,保有下列地产就不需实施臣服:寡妇地产、自由嫁妆(free Marriage-hood)、妹妹自长女处保有的地产(只要是在双方的第三亲等之内[4])、受赠与的自由教役保有地

---

[1] 指王室法庭。
[2] 利特尔顿勋爵指出:"教皇帕斯卡二世(Pope Paschal the 2nd)允许这些通过选举但尚未就职的主教(Bishops elect)于授圣职礼前行臣服礼并进行效忠宣誓。此已为《克拉伦顿敕令》(Constitutions of Clarendon)所确认,对此的评论容我们稍后再说。然而根据格兰维尔的表述,大约在亨利二世晚期,通过选举但尚未就职的主教似乎应当行臣服礼,而在授圣职礼后他们仍应当宣誓效忠。这与《克拉伦顿敕令》的规定有本质区别。令人惊讶的是,我们并没有看到历史上对此有什么特别的记载。"(Litt. Hen. 2. Vol. 113)
[3] 尽管原文如此,但英译者仍然认为应该是领主(pro Dominio),因为布拉克顿曾证明过这条规则(79. b)。《国王之尊》的表述也比较类似:"臣服非为向其他人要求保持地产之目的,而只应向国王实施。"(Reg. Maj. L. 2. c. 65)
[4] Vide Co. Litt. 67. a. 诺曼人在地产保有上的平等关系(parage),似乎与我们在此处文本所见到的有某些共同之处,它要求直系第六亲等以后的妹妹向长女行效忠,而第七亲等以后的继承人行臣服。(Grand Custum. de Norm. c. 30)

产（Fee given in Free-Alms）、作为嫁妆而受赠与的一切自由保有地产（只要该地产是作为嫁妆而被赠给女子的丈夫的）。

第三章

臣服礼可以向任何自由人履行之，无论男女，无论成年与否，无论是教士还是俗人。需要指出的是，某人已就某地产向某女子行过臣服礼而俟后该女子出嫁了的，他有义务向该女子的丈夫就其地产再行一次臣服礼。若某人根据在王室法庭上制作的终结协议而恢复地产保有，但该地产的前手占有者已向主要领主缴纳过继承金的，此时的问题在于，恢复土地占有者是否需交继承金呢？[1]

第四章

事实上，存在于支配权与臣服之间的效忠关系是互惠的（reciprocal）。[2] 就臣服而言佃户对领主所负的义务，与就支配而言领主对佃户所负的义务，两者相较差别不大，当然要把敬意（Reverence）排除在外。因此，在某人把土地赠给他人并获得了役务与臣服之后，若有第三人向他的佃户主张恢复地产时，领主有义务为佃户担保该地产，或补偿给他合理的替代物。但对那些保有他人的封地作为自己的遗产，且已经行过臣服礼的

---

[1]《国王之尊》说他不必交继承金。（*Reg. Maj.* L. 2. c. 67）

[2] 我们的作者以及其他的一些著作（Vide Assises de Jerusalem c. 99. Coutumes de Beauvoisis c. 58. Mirror c. 4. s. 11. Bracton. 78. Fleta. L. 3. c. 16. Britton. fo. 170. a）都反复教导我们，臣服礼所带来的是义务的相互性。利特尔顿勋爵（3 Hist. Hen. 2. 121）和 Watkins 先生（Copyholds Vol. 1. p. 2）因此指出，封建制度与专制势同水火，它来源于自由，且仅在被腐蚀掉之后才将结束自由。

人来说，问题就要麻烦一些，因为此时就算他丧失了地产，领主也没有补偿他的义务。[1]我们之前已经提过这种情况，即当父亲或其他祖先去世而继承人尚未成年时，封地的领主在未接受继承人的臣服之前不得对他的人身或财产行使监护职责。而当继承人行过臣服礼之后，他的人身和遗产都要被置于领主的监护之下直至他成年，已如前所述。继承人在到达法定年龄并取回遗产之后，可以免交继承金，因为他曾被他的领主监护过。[2]女性继承人则无论是否达到法定年龄都得继续受领主的监护，直到她听从他的建议嫁出去为止。[3]若女性继承人于未成年时受领主监护，其后结婚了的，从尊重她本人以及她的丈夫出发，她取回遗产时也应被免除继承金之交纳。[4]但倘若她已经成年但尚未婚，则仍需受领主的监护直至结婚，此时她的丈夫仍不能免除继承金。在女子的丈夫已经交过继承金之后，他们二人都将被免除再度就该遗产交继承金的义务，因为不论是女子本人，还是她的继任丈夫（假如她在前夫去世之后再

---

[1] 此处的文字表面上是在描述世代臣服（Homage auncestrel），然而实际上说的却是截然相反的东西。可是，柯克勋爵竟征引了此处文字来证明世代臣服的规则！！（Co. Litt. 101. a）尽管《国王之尊》的表述要更为连贯些，可实际上还是帮不了我们什么："拥有作为自由遗产的地产（has Lands as free Heritage）的人没有行臣服礼的义务，因此他的赠与人领主（the over-Lord giver）同样不负担保责任。"（*Reg. Maj.* L. 2. c. 67）

[2] The Grand Norman Custumary. c. 33 的规定与此如出一辙。

[3] *Si autem faeminae in Custodia fuerint, cum ad annos nubiles pervenerint, per consilium et licentiam domini sui et consilium et consensus amicorum suorum et consanguineorum propinquorum prout generis nobilitas et feudorum valor requisierint debent maritari, et in contractu matrimonii debet iis feodum custodia liberari.* （Grand Norm. Cust. c. 33）

[4] 《弗莱塔》归纳了免交继承金的情况：①通过任何形式的购买而获得的地产，无需交纳；②领主发生变更的；③佃户只于其在世期间保有该地产的；④与某曾受监护的女子结婚之人无需交纳——但与文中所说情况不同；⑤领主已因监护而收取过报酬的；⑥佃户已为其不动产交纳过继承金的。（Fleta. L. 3. c. 17. s. 5. et seq.）

婚),抑或她的第一任丈夫（假如他比她活得更久）都不必再为该地产交纳继承金。我们此前已经讨论过已成年男性继承人的情况,只要他已经在值得信赖的人陪同在场的时候向领主行过臣服礼并支付过合理的继承金（reasonable Relief[1]）的话,就有权保有自己的遗产,哪怕他的领主对此并不情愿。所谓合理的继承金,根据王国的习惯,在骑士领是100先令,[2]在农役保有地产是1年的劳动价值（one Year's Value）,[3]在男爵领地[4]则没有相应的规定（enacted[5]）,因为那些保有国王地产的直属封臣通常直接向国王交纳继承金,其数目则依国王的喜好和宽容而浮动不居。[6]侍君役保有地产（Serjeanties）的情况与前者类似。[7]如果领主拒绝接受继承人的臣服礼或合理继承金的

---

[1] 在诺曼底的许多地区,继承金的数目是固定的：骑士领或"锁子甲领地"（feudum loricae）是5镑,男爵领地是100镑,1英亩土地是12便士。(Grand Cust. c. 34)

[2] 由于目前骑士领的价值已经达到了20英镑,文中所提到的价格仅为当下的1/4。

[3] 这似乎是由征服者的法律所确定下来的（LL. Gul. Conq. c. 40. Ed. Wilkins）。Watkins先生的研究表明,这意味着领主仅仅获取当年的利润,因为他在某些特定情况下,可能已经收回了这些地产。(Treat. on Copyh. 1. 231)

[4] Dr. Sullivan认为骑士在继承金问题上要比男爵们更具优势,因为他们要交的数目是固定的,而骑士的数量决定了国家的实力,因而避免了受到强制;而领主们就不得不沦落到被强制的处境,如同在斯蒂芬时代所遭遇的那样。(Lectures p. 109)

[5] Statutum. 对此 Dr. Sullivan 评论道："我认为,从 statutum 一词可以看出,继承金的收取是存在议会的法案依据的。"(Lectures p. 290)

[6] 该规定已经由《大宪章》第2条予以修改,读者可参考柯克勋爵对古代继承金（antiquum relevium）的评论,虽然他竭力试图证明古代的继承金是有收取标准的（2 Inst. 7. and 8）。柯克勋爵为证明自己的立场拿出了一份藏于帕克大主教图书馆（Library of Archbishop Parker）的钞本,尽管它看起来似乎像是在逐字逐句照抄征服者的法律（LL. Gul. Conq. c. 22. 23. 24）。更值得一提的是,这位勋爵大人在征引这份钞本时并没有对它的性质进行分析。

[7] Vide Co. Litt. 105. b. and Bracton. 84. a.

话，后者应当保管好那笔继承金，并在合适的时候通过若干正派人士（respectable Persons）转交给领主。如果领主依然拒绝受领的话，继承人可以向国王或他的法官起诉并获得下面这份令状：

第五章

"国王问候郡长健康。[1]我命令你指令 N 正当且不迟延地接受 R 所实施的臣服礼和合理的继承金，R 声称此系就保有自他处的地产所为的。除非他听从你的指令，否则派精干的传讯官传唤他至我或我的法官面前，于某日，说明他拒绝接受的原因。我命令你派遣传讯官并执行此令状。副署人……"

第六章

关于领主不听从传唤时的处理办法，以及责令他提供出庭担保的办法，本书已在前面有过详细讨论。当领主最终出庭之后，他要么承认该佃户是合法的继承人，要么否认，要么存有疑问。如果他承认佃户是继承人的话，还要就佃户是否已经请求过履行臣服礼和合理继承金进行承认或否认。如果他对此两点均作承认，就应选择或立即受领佃户的臣服礼和合理继承金，或为他指定一个合适的日子进行受领。如果他承认佃户是继承人但否认佃户有过履行请求的，处理办法同上。但若他否认佃户是合法继承人，尚未获得地产占有的继承人可以针对领主提起收回继承地的咨审（Assise de morte Antecessoris sui），碰巧已占

---

[1] Vide Co. Litt. 101. a.

有地产的继承人则尽管保留着地产，同时耐心等待领主回心转意接受他的臣服。如果领主怀疑这个请求履行臣服礼的人究竟是不是合法继承人，[1]比如不仅领主本人，甚至连该佃户的邻里街坊都无从知晓的话，领主有权把土地收回到自己手里并保留，直到全部疑点得以澄清之后。这也是国王对他的直属封臣所常常采用的手段。

当某位以国王为主要领主且正占有着地产的男爵故去之后，国王应即刻将该男爵领地收回（retains[2]）自己手中并予以保留，直到男爵的继承人为交纳继承金提供了担保，尽管该继承人可能已经成年。领主有时可以基于正当的理由推迟受领佃户就封地所要求履行之臣服礼和继承金。如我们假定有其他人宣称自己才是继承人，并对遗产主张权利的话，在此案悬而未决之际，领主就既不该接受臣服，也不应收取继承金。又或，如果领主认为自己有权将该遗产作为自用地进行占有的话，此时，倘若领主获得了国王或他的法官的令状对占有人提起诉讼，被告可以请求国王的大咨审团进行裁决，除了在某些细节上有所变化，这时的诉讼过程大抵已如前文第二卷所介绍，在此特以

---

[1]《弗莱塔》告诉我们，在臣服礼之前最好是前置一个确认程序以查明主动提出履行臣服者究竟是否为佃户的占有权抑或财产权的合法继承人，以免领主在不经意间受骗。(L. 3. c. 16. s. 23. 24)

[2] 读者也许会注意到表达方式上的差异，即国王的收回（retains）与低级别领主的收回（seises or takes）。在《财政署对话录》（*Dial. de Scacc.*）中提到某地产因占有者亡故而被收归领主手中的表述方式是 *in manum regis delapsa est*（L. 2. c. 10）。默多克先生的《财政署历史》（*Hist. of the Excheq.*）中的一段话为我们提供了理解该表达差异的原因："任何荣誉均得自于国王陛下，而一切变故如死亡之类，都将使荣誉复归于国王，并在他的手中保留下去，直至他决定把它的占有依贵族领地的习惯转移给某位臣服于他的人。"这条规则原本只是针对国王直属封臣的，收回（retain）地产的权利原本只归属国王一人，但却经由拟制（fiction）的神奇力量扩张到了一切低级领主身上，诚然在后者那里只应存在 seise。

下面令状的例子加以说明：

第七章

"国王问候郡长健康。我命令你派精干的传讯官传唤4名来自某村附近地区的守法骑士到我或我的法官面前，于某日，以他们的誓言挑选12名更清楚事实的骑士，对N是否对位于I村的一海德土地享有更多的权利，以及R是否可作为自用地保有着该地产（holding it in his Demesne）做出判断。因为R凭我的令状对N提起该诉讼，而正占有地产的N已经请求我的咨审裁决，藉此认定R和N之间谁拥有作为自用地而占有该地产的更多权利。并派精干的传讯官传唤正保有着土地的N前来旁听选任过程。我命令你派遣传讯官……"

第八章

领主与佃户的继承人之间就给予和受领合理继承金的事宜达成解决之后，前者可以向他的臣服者索要合理的协助金（Aids）。[1]不过，这种做法一定要适度，[2]视佃户们封地之数量和佃户们的处境而为之，以免压榨过度从而使他们丧失体面

---

[1] "起初，协助金是作为附庸者善意的流露而在盛大的节日或领主急需之际赠给领主的，主要在以下3个场合：他的儿子被授予骑士爵位；他的女儿出嫁；领主本人需要交赎金。但随着时间的流逝，赠品成为了义务，而优势地位变成了权利"（Dalrymp. on feuds, p. 52）。谈到协助金时，默多克先生告诉我们，威廉一世为每海德土地收取6先令的女儿出嫁协助金，亨利一世则收取每海德土地3先令。但他又说，为了获得一些必要的关照，他还不能把区别说得太清楚（Hist. Exch. c. 15. s. 1）。读者可另参考 Traites sur les Coutumes Anglo-Norm. par M. Houard. 1. 265. 518.

[2] 诺曼法典把数额固定为向主要领主交纳的继承金的一半。（Grand Cust. c. 35）

(Contenement[1])。协助金在给予或索要的数额上都是浮动的，除非出现了我们所说的过分情况。在某些其他情况下，领主也可向佃户索要协助金，比如他的儿子和继承人被授予骑士爵位，或他的长女出嫁之时。[2] 不过，领主是否可以收取协助金以维系自己战争的开支，则不无疑问。通常的观点认为，他们不得扣押佃户的财产以强制他们交纳（distrain their Tenants），不过如果佃户们自愿的话则另当别论。对于那些合理的协助金而言，领主在必要时有权于未经国王或他的法官的令状许可之际，仅依据自己法庭的决定，而对佃户保有地产上附属的动产实施扣押以强制他们交纳，前提是存在法庭的判决且该判决与合理的习俗（reasonable Custom）相一致。如果领主能够出于合理的协助金之故对佃户[3]实施扣押的话，更大的争议将产生于他能否为与封地有关的继承金或其他役务之争议而对佃户实施合法的

---

[1] *Contenementum*，这个词经常在古代的典籍和法令中出现。"塞尔登先生曾指出，*contenementum* 与 *countenance* 含义相同，当乡下人想对他人表示友好时会说'I will see you with the best countenance.'《大宪章》（在使用这个词时）也是这个意思，指某人在受惩罚时应当被保留维持体面的能力。"（Barr. Anc. Stat. p. 12. See also 4 Bl. Comm. 378）

[2] 协助金和继承金的区分在古代文献中似乎不甚分明，比如诺曼法典在提及协助金时说道：[这种 relevia（协助金）在某些封地为 relevia（继承金）的一半，在别的某些封地为10先令]（*Hujusmodi relevia in quibusdam feodis dimidio relevio equalia: et in quibusdam feodis decem solidos*）。此处依循的还是古代的表述方式（Le Grand Cust. de Norm. c. 35）。布拉克顿则指出，协助金更多的是作为佃户的慷慨而非领主的权利，因此他把它称作习惯（customs）而非役务（services），而且它也是针对佃户人身而非土地的。（Bracton. 36. b）布莱克斯通法官注意到了两者之间的相似之处，特别是就协助金而言，封建法上的领主和附庸与罗马法上的恩主和被保护人相似：恩主（patron）有权自被保护人（client）处获得三类协助金，即长女出嫁、清偿债务以及赎回人身（2 Bl. Comm. p. 63）。关于一般情况，参见 Co. Litt. 76. a. and Mr. Hargrave's note 1. 2 Inst. 231. 232. and Mirror. c. 1. s. 3.

[3] Bodleian 的钞本作"臣服者"。

扣押。当某领主无法强制[1]其佃户履行役务或其他税金时，他必须请求国王或他的法官的协助，为此他将获得下面的令状：

第九章

"国王问候郡长健康。[2]我命令你指令 N 正当且不迟延地向 R 给付税金和合理的役务，因为他就其所保有自他的位于某村的地产而负有役务，且该役务能被证明是合理的。以免他再抱怨说想要正义。副署人……"

第十章

当诉讼藉此令状而开启之后，根据王国的习惯，原告可以从郡法庭上、郡长面前恢复他的不论是继承金还是其他的什么役务。如果他能证明自己权利的话，被告将被要求向领主履行役务，并被郡长课以罚金，根据一般规则，郡法庭审理并课处的罚金应归于郡长支配。罚金的数额非由大谘议会（general Assise[3]）确定，但须受不同地方的习惯制约。各郡之间彼此相异。

---

[1] *Justiciare*. 诺曼法典：Justiciatio 即基于某些事实所为的强制遵守法律的措施（*Justiciatio est coarctatio super aliquem facta, ut juri pareat*）。在给出了定义之后，该法典称此救济只能用于冒犯发生之后，而不得作为预防措施。三类可采取措施的情况包括：*transgressio termini prefixi*、*contemptus justiciae* 以及 *irrogatio Injuriae*。我们还可以得知，此种 *Justiciatio* 包括对财产、封地以及人身的扣押。（Le Grand Custum. de Norm. c. 6）

[2] Vide F. N. B. 337.

[3] 此处所谓"大谘议会或集会"（the general Assise or Assembly），据布莱克斯通法官（1.148）说即议会（Parliament）。

第十一章

接下来讨论的是侵犯领地行为（Purprestures）。所谓 *Purprestures*，其实叫作 *Porpresture*[1]要更合适一些，是指某物受到了不正当的侵占（unjustly encroached upon[2]），比如针对国王的王室自领地（Royal Demesnes）的侵占、阻塞公共道路（Highway）、擅自改变公共河流的河道、在城市的国王道路（King's Street）上兴建大型建筑（Edifice）。通常而言，对王室地产、公共道路和城市的妨害（Nuisance）属于王权的管辖范围。但是此类侵犯领地行为可以由王室法庭或国王派往全国各地进行审判的法官[3]管辖，或当地的咨审团（a Jury of the Place[4]），或

---

[1] *Purprestura vel Porprestura*（或译侵犯王土——译者注）."它指的是在国王自用地上建筑的房屋、圈围地（Enclosure）、公共道路、街道（Highway）、公共水域或其他公共的东西，这个词来自法语 *pourpris*，意即圈围地"（Co. Litt. 277. b.）。古时候的法律人大概是在三个层面上理解 *purpresture* 这个概念的：①臣民对国王实施的侵犯；②佃户对领主实施的侵犯；③邻人之间的侵犯。（Vide Craig. Jus. Feud. L. 1. D. 16. c. 10. and L. 3. D. 5. s. 6. 7. Spelm. Gloss. ad voc. and Cowell's Interp. Manwood's Forest Laws. p. 169. 176. Grand Norm. Cust. c. 10. &c. &c. and Traites sur les Coutumes Anglo-Norm. par Houard. 1. 387）

[2] *Occupatur*. 柯克勋爵说："*Occupationes* 意为对国王权力的僭取（usurpations），即某人利用本非属于他的自由或司法特权从国王处篡夺而来，或非法进入国王地产及保有物，后者被称作侵犯（intrusion），对司法特权和自由的非法利用则称僭取（Usurpation），而 *occupationes* 是 *purprestures*、*intrusions* 和 *usurpations* 的上位概念。"（2 Inst. 272）读者也可参考《财政署对话录》（*Dialog. de Scacc.*）L. 2. s. 10.

[3] 布拉克顿向我们指出，他那个时代的一份总巡回审问条目（Article of the Eyre）要求对以下情况进行调查：对侵犯国王人身的行为，或他的土地、海洋、淡水域及其他（*de purpresturis factis super dominum Regem, sive in terra, sive in mari, sive in aqua dulci, sive infra libertatem, sive extra*）（116）See also 2 Inst. 272. 4 Chap. Stat. de Bigamis. Co. Litt. 293. b. 294. a.

[4] *Patrice*. Vide Spelm. Gloss. ad voc. also 3 Bl. Comm. 349. and 375. and Mr. Christian's note.

街坊邻里。如经审判该人的侵犯领地行为属实，那么他要就其保有自国王处的全部地产被课以罚金；把所侵犯之物恢复原状；如果是在王室管区（Royal District）或城市的道路上修建建筑物的，该建筑物归国王所有；最后，他还要向国王缴纳罚金。

所谓某人向国王缴纳的罚金[1]，如他获得了邻里合法之人的宣誓，便不会丧失任何尊贵的体面。[2]某人对除国王之外的他人为侵犯领地行为时，所针对的只能是他自己的领主，或其他人。如在前者，如果侵犯行为不在咨审范围之内（not within the Assise[3]），侵犯者应被强制要求到领主法庭接受审判：我的意思是如果他还从该领主那里保有其他地产的话。为此，所签发的令状如下：

第十二章

"国王问候郡长健康。我命令你指令 N 不迟延地出庭于他的领主 I 的法庭，并于该处承受他所应得的，因为他的领主诉称他侵犯了保有自他处的自由保有地产。以免……见

---

[1] 说到罚金，我们清楚在征服者威廉和他的儿子鲁弗斯（Rufus）这两位国王在罚金上的政策具有相当的严酷性。亨利一世迫于形势的压力做出了一些让步，其一便是改变了父兄当政时期对罚金数额根据全部财产来估量的做法，改为根据罪行而承担：追随古代的贤君，改变了父兄的做法（*sicut retro a tempore patris mei et fratris mei in tempore aliorum antecessorum meorum*）（LL. Hen. 1. c. 1）。倘若诚如斯言，亦即亨利不过是恢复了古代普通法中那些曾为父兄所违反的规定。而这一规定在亨利之后又蒙受了怎样的糟蹋，我们或许可以从《大宪章》所表现出的对确立该规则之必要性上窥得一斑。（参见 2 Inst. 27）

[2] V. Gul. Somn. Notas ad LL. 1. Cap. 1. p. 176. （*Al. MS.*）

[3] *Infra Assisam*，据斯基尼说是在诉讼应开始之期间内的意思。（*Reg. Maj.* L. 2. c. 74）

证人……"

第十三章

如在领主法庭上的指控属实,被告将无可挽回地丧失保有自该领主处的这块地产。

如果他自该领主处没有保有其他地产的话,他的领主应当在佃户主要领主的法庭上藉权利令状提起诉讼。同样,对除他的领主外的其他人为侵犯领地行为,且侵犯行为不在咨审范围之内(not within the Assise[1])的,也该由权利令状加以救济。但若侵犯行为尚在法定期限之内的,领主可以通过新近侵占地产的认定(Recognition of Novel Disseisin)来恢复占有,对此我们以后再说。在此类侵犯领地案件中,土地界标(Boundaries of Land)时而被损毁,时而被侵占。此时,根据邻里中任何人向法庭的请求,法庭应指令郡长在邻里守法的人的陪同之下勘验该争议界标,并根据他们的宣誓将界标恢复到正确的、或依亨利一世时期的习惯所应在的位置。该令状如下:

第十四章

"国王问候郡长健康。[2]我命令你正当且不迟延地依照它们所应处于的状态,或我的祖父亨利一世时期所应在的位置,对位于某村的 R 之地产和位于布雷尔村(Byre)的亚当之地产进

---

[1] *Infra Assisam*,斯基尼认为即法定期间,从而阻却了新近侵占地产之诉。(*Reg. Maj.* L. 2. c. 74)

[2] Vide F. N. B. 285.

行合理分割（reasonable divisions[1]），因为 R 诉称亚当不正当且未经审判地侵犯了他的位于布雷尔村的自由保有地产。以免我再听到他抱怨说想要正义。副署人……"

---

[1] 参见前文边码第162页，注释1。

第十卷

> 论根据不同契约所产生的俗世之债，比如出卖、购买、赠与、出借、借用、租赁和继承；以及担保和质押，无论动产还是不动产；以及债务契据。

第一章

与世俗之人的各种债（Debts of the Laity）有关的诉讼关系到国王的王权和尊严。因此，当某人向法庭抱怨说有人正拖欠着他的债，并打算在法庭中进行诉讼时，他将获得下面这份传唤令状：

第二章

"国王问候郡长健康。我命令你指令 N 正当且不迟延地向 R 给付 100 马克，他诉称这笔钱是 N 不法侵占自他处的。除非他听从你的指令，否则派精干的传讯官传唤他至我或我的法官面前，于威斯敏斯特，于圣灵降临节后的 15 日内，说明他拒绝执行的原因。我命令你派遣传讯官并执行此令状。副署人……"

第三章

关于诉讼开始之前当事人一方或双方不到庭或缺席时的处理方法,我们此前已经有过详尽的阐述。然而,我们仍需指出这一点,即王室法庭在任何诉讼中都是不常扣押当事人的动产以强制他出庭的。因此,在这类案件中常常采取的方法是:当事人有可能因法庭的判决而被扣押其封地或诉讼保证人。双方当事人均到庭之后,原告应提出他的诉讼请求。债务的来源可能是出借(Lending)[1]、买卖(Sale)、借用(Borrowing)、租赁(Letting out)或寄托(Deposit),也可能是其他正当的起因。

上述第一种债乃因此而生:某人将一定数量、重量、尺寸的某物借给(entrusts)他人。[2]当他进行此种出借时,如果收回的东西比借出去的要多,那么他就是在进行高利贷,如果他背负着此罪名而去世,根据王国的法律,他将被作为高利贷者受到惩罚,对此我们已经在前面有过论述。[3]在通常的情况,某物之所以能被借出,是因为对方提供了担保人(Pledges)[4];

---

[1] 我们的作者在这里所使用的术语分别是 *mutui*、*venditionis*、*commodato*、*locato*、*deposito*,很显然借用自民法。然而我们并不能因此便如 Bishop Nicholson 那样仓促下结论说这是格兰维尔在模仿罗马法(Scotch Historical Library, 255)。无论尊敬的格兰维尔犯过多少错误,他绝不应在这一点上受到指责。——关于 mutuum,请参见下文边码第 252 页,注释 1。

[2] Vide Justin. Instit. L. 3. tit. 15.

[3] 参见第七卷第十六章。

[4] 诺曼法典将担保人分为 *simplices* 和 *debiti retinentes*。前者的例子有:我为 B 向 A 提供 10 先令的担保(*Ego plegio A. quod reddat B. decem solidos*)。此类担保的效力仅延伸至担保人在世期间,并不及于他的继承人。这种担保也可以用于担保某人出庭。而在后一类担保中,担保人也将承担履行债务的责任,于是形成债务人和担保人的二重责任。不过这种担保似乎是为了免除债务人的义务,使担保人代替债务人而进入债的关系之中。(Le Grand Custum. de Norm. c. 60. 89. 90)

有时是提供了担保物（things in Pledge）；有时是作出郑重的承诺（a solemn promise）；有时是根据双方契据的签订（Exposition of a Charter）；再就是把以上诸种担保方式结合起来。在仅有担保人的情况下，主债务人有可能因为经济情况恶化而有无力清偿债务之虞，此时追索（recourse）应向担保人行使，传唤他们的令状如下：

第四章

"国王问候郡长健康。我命令你指令 N 正当且不迟延地履行 I 对 R 的 100 马克债务，因为 R 声称他是 I 的担保人且 I 未履行债务。除非他听从你的指令，否则派精干的传讯官传唤他至……"

第五章

担保人到庭后，或者承认他们之间的担保关系，或者干脆否认。在前者时，他们有义务于法庭所指定的合理时间满足债权人的要求。[1]或者以合法方式证明他们已为清偿或其他合法给付从而免除了担保责任。如果存在数名担保人时，每位担保人的责任都及于全部债务，除非事先有明确规定；且每位担保人都有清偿债务之责任。

因此，当存在数名担保人且有一名或数名担保人表示无力履行协议时，其他担保人将要么就全部债务、要么就不足部分

---

〔1〕诺曼法典记载的规则与此类似，但主题却模糊不清。它规定，臣服者有权就其保有的地产为领主的债务（包括他被拘禁的人身、进行诉讼、出庭等）做担保人，而责任的范围不超过一年的租金。（Grand Custum. c. 60）

为清偿。但若某担保人已表明自己只承担部分债务的,那么不论其他担保人情况如何,他都不必承担超过自己责任的那部分债务。显而易见的是,债权人和担保人之间容易产生纠纷——有时担保人之间也可能发生争执,即在某些担保人宣称自己承担的是小部分责任而其他人却主张前者的责任应当更大时。当每个担保人各有明确的保证份额时,债权人只能就那些承担了少于自己所声称之责任的担保人提起诉讼;但当有的担保人是全部担保而有的担保人是部分担保时,那些承担全部担保责任的人有权起诉那些承担部分担保责任但未完全履行的担保人。至于说以上几点的证明应当如何进行,我们将在下文讨论。已为债务清偿的担保人可以向主债务人追偿,请求后者补偿他的损失,这就是金钱债务诉讼(Action of Debt),我们现在所讨论的就是这种诉。而当某人做他人的出庭保证人并因后者的缺席被课以罚金时,俟后他不能从被担保人那里追索任何东西。[1] 事实上,任何为因犯破坏国王安宁的罪行而在王室法庭受审之人提供出庭担保的人,在前者未能按时出庭时都将因为保证关系而被课以罚金,已如前述。但缴纳罚金之后他也将因此从保证关系中脱身而出。

然而,如果担保人当庭否认担保关系的话,在同时存在数名担保人的情况下,有可能是全部担保人否认的,也有可能是部分担保人承认,而部分担保人否认的。在部分承认部分否认时,正如我们已经讨论过的债权人和担保人之间的诉讼,此时承认担保责任的人和否认担保责任的人之间也将发生类似的诉讼。

―――――――

〔1〕 与此相反,《国王之尊》(*Reg. Maj.* L. 3. c. 1)允许诉讼保证人享有追索权,这无疑更符合正义的要求。而《宝鉴》(*Mirror.* c. 2. s. 24)则与本书保持一致。

在此种诉讼中应当如何举证呢？比方说，是该以决斗还是其他方式，抑或是由担保人提供一定数目的证人之誓言来否认自己的担保责任？有人认为，此时债权人可以通过自己或其他合法证人的宣誓对抗担保人，除非后者成功阻止了宣誓的发生，即当原告已出庭准备采取宣誓，而被告已抢在他宣誓之前加以阻止。

这时，大概只能诉诸决斗了。

第六章

出借（Loan[1]）有时也要求债务人提供担保物作为信用。伴随此种出借合同的成立，通常有动产、土地、保有地产、金钱或其他形式的租金被用作于担保之中。当债权人与债务人订立契约并协商好担保物之后，债务人应当在收到出借标的物的同时立即将担保物的占有移转给债权人，或俟后再为移转。担保物上可以设定担保期间，也可不设定担保期间。

有时，用作担保之物还可能是抵押物。对于此类被冠以抵押物（Mortage[2]）概念的东西而言，在其作为担保之物（ple-

---

[1] *Mutuum*（消费借贷）：乃因为我这样给付于你的，由"我的"变成了"你的"（*quia, ita a me tibi datur, ut ex "meo" "tuum" fiat*）。（Justin. Instit. L. 3. t. 14）维尼乌斯认为这个概念是绝好的暗示，不可顾名思义（*bella allusio, non vera vocis originatio*）。Dr. Wood 指出这个术语在英语中没有对应的概念。

[2] 尽管利特尔顿的表述与此有所出入，但 *Regiam Majestatem*（L. 3. o. 2）与 Grand Norman Custumary（c. 113）以及其后的柯克、克雷格和布莱克斯通（Co. Litt. 205. a. 2 Comm. p. 157. Craig. Jus. Feud. L. 2. D. 6. s. 27）均与本书相吻合。值得一提的是，柯克勋爵明确指出了 *mortuum vadium*（死质）与 *vivum vadium*（活质）之间的区别。某质物之所以被称为"活的"，是因为它不会因对方的占有而"死去"（*Vivum autem dicitur vadium quia nunquam moritur ex aliqua parte quod ex suis proventibus acquiratur*）。诚然，如果说 mortgage 这个概念来自于上述区分的话，格兰维尔无疑要比柯克勋爵早得多。

dge）期间获取的收成或租金均不得冲抵担保物。

当担保物是动产时，在它处于债权人的管理期间，债权人有义务将之保存完好，不得对其为任何可能导致价值减损的使用或利用。如果担保物在保管期间因债权人过失而致价值减损的，应当对减损部分的价值进行估算并从债务中予以扣除。而当担保物于保管期间需要支付必要保管费用，比如保管物需要饲养或修理，双方当事人应当按照约定行事。此外，如果担保物上有设定一定担保期间且当事人双方达成一致的，若债务人于约定期间届满不对担保物进行赎回的话，担保物将归债权人所有，后者可对其随意为处分。但有约定期限的，双方必须遵守约定。如果期间未届满（unexpired[1]）且债务人未清偿债务的,债权人可以进行起诉，债务人将受下面的令状传唤至法庭：

第七章

"国王问候郡长健康。我命令你指令 N 正当且不迟延地赎回他向 R 交付的担保物，该担保物系为担保他对 R 的 100 马克债务而设定，且担保期限已届满，R 诉称他并没有对担保物提出赎回。除非他听从你的指令，否则……"

---

[1] *Existente termino.* 此处似乎应为 *elapso termino*（已届满）。首先，《国王之尊》(*Reg. Maj.* L. 3. c. 3) 就是这么写的：*the day being bygone*. 其次，根据下文的表述 *ad terminum*（一天宽限时间）. 再次，根据下一章令状中的说法 "*a term which is past*（担保期限已届满）". 最后，就在本卷的第八章，我们的作者明确写道，债权人于清偿期届满之前不得请求履行债务。诚然，即便出现了 existente termino 这个微小瑕疵，该《格兰维尔》版本即 Mr. Houard 的藏本，总的来说仍比我国任何其他印刷本的错误都少。

第八章[1]

债务人应当以何种方式提供强制出庭的担保(distrained to appear),是以原债务中的担保物还是其他什么,对此不无疑问。不过这个问题大可交给法庭来审慎裁量,采取最高效便捷的方式进行。在有的情形下,债务人会在担保物无可挽回地归债权人所有之前出庭,提出某些债权人不该取得的事由。不过,债务人出庭后总须要么承认已为债务提供该物作为担保,要么否认。如果他同时承认了担保以及债务的存在,法庭将为他指定一段赎回担保物的合理期间。除非他赎回,否则债权人将获得如处分自己的财产那般对待该担保物的自由。如果债务人否认担保的存在,他或者承认那的确是他的财产,只不过出于某种诸如出借或委托保管等之类的原因而失去了占有并落到对方当事人手中;或者干脆否认该担保物是自己的财产,此时债权人将立即获得自由处分该物的权利。若债务人承认该物是他的财产但拒绝承认它是为担保债务之用的,债权人应举证证明债务的存在,且该争议物是作为此债务的担保而被交付至自己手中的。举出此种证据的方式,则如同前述否认保证关系之存在的方式。*债务未届清偿期之前债权人不得请求债务人为给付,尽管在对债务未约定清偿期的情况下,债务人可于任意时间请求给付。债务人清偿债务之后,债权人应当向他归还价值未蒙受减损的担保物,但如果原担保物在保管期间因任何意外(by any accident)而受价值减损或灭失,债权人即可从债务人的此请求

---

[1] 爱德华·柯克爵士在讨论合同的条件条款(conditions)时征引了我们作者的本章文字。如此粗线条的文字竟可以为如条件条款般精微庞杂的理论提供一般原则!!(Co. Litt. 201. b)

* 即通过誓言或决斗。——译者注

中脱身而出，因为显然，他要么向债务人返还担保物，要么提供补偿，要么放弃他的债权。在债权人与债务人订立合同且就某特定物设定担保之后，若债务人获得出借标的物（the Loan）却不交付担保物，[1]有人会问债权人应当如何寻求救济，尤其在当该物上前后可能已经设定了很多其他担保的时候。对于该问题，王室法庭无法为此类私人协议（private Agreements）提供任何保护或担保，无论是关于给付和受领担保物还是其他类似的东西，在法庭外签订的也好，在除王室法庭外的其他法庭签订的也罢。因此，即便这类契约得不到遵守，王室法庭也不会干涉：因为它没有义务受理这许多关于债权人形形色色权利的问题，无论他们是先前债权人（prior）还是事后债权人（subsequent）抑或拥有特权。当担保物是不动产，且占有已经交付给债权人并约定了担保期间时，那么除非当事人双方约定不动产的收益和租金可用作冲抵债务，否则它们不当然具有该冲抵效力。在有约定的情况下，该约定自是合法且有效的；如若没有约定的话，这个行为尽管表面上仿佛是抵押且不为王室法庭所禁止，但实际上却是放高利贷的一种形式。[2]因此，如果某人

---

[1] 布莱克斯通爵士指出："在格兰维尔的时代，进行不动产转让（conveyance）的普遍办法是移转土地占有（livery of seisin）或实际交付（corporeal tradition），地产的抵押或担保在土地交付债权人之前是无效的。"在征引了我们作者的这段文字后，他继续观察道："彼时，随着公开且明显的不动产转让日益转变为私底下的秘密交易，其中的各种花招诡计已经频出，这极大地激发了我们古代法律的智慧。"（2 Bl. Com. 159）

[2] 这或可从前面所提到的高利贷行为本身那里得到解释，即尽管它是为刑法所关注的，但却并不被法律明文禁止（前文第七卷第十六章），行为人及时悔过的话也不必接受惩罚。但若他死时仍背负着该罪名，高利贷就达到了犯罪的程度：行为即告完成，接下来就是惩罚。不过直到那一刻之前，严格说来，高利贷也只能算是个近乎犯罪的行为，实则并非犯罪。它的推理过程建立在不说是虚假也得算做作的原则上：犯罪的成立基于行为人的死亡，而后者纯

临死时占有着此类担保物，那么他的全部财产将被作为高利贷者的财产进行处置。

在动产担保的情况，上述规则应加以类推使用。还要指出的是，当债务人清偿债务或以其他合理方式履行债务后，债权人恶意扣押担保物不予返还的，债务人可以获得下面的令状向法庭起诉：

第九章

"国王问候郡长健康。我命令你指令 N 正当且不迟延地将位于某村的全部或部分地产归还于 R，该地产系 R 为其 100 马克债务作担保之用且已届担保期间，他声称已经归还了那笔钱，或已请求赎回该地产。除非他听从你的指令，否则派精干的传讯官将他传唤至……"

第十章

受传唤的债权人出庭后，应当要么承认争议地产是提供给他的担保物，要么主张该地产系其占有的封地（holds as his Fee）。在前者，他应当或者归还担保物，或者向法庭提供若干不归还地产的合理原因。在后者，诉讼将依债权人或债务人任何一方的申请而提交到郡里进行认定（Recognition），以确认债权人对争议地产的占有是作为封地还是作为担保物（as his Fee

---

粹是个意外事件，却只字不提另一个事件即当行为人获得高利贷利益的那一刻。《国王之尊》的推理过程与本书相同，却一反格兰维尔的结论，明确禁止这类抵押并认为它属于高利贷（*Reg. Maj.* c. 5. L. 3）。读者们可以在《财政署对话录》中找到一些有趣的讨论（L. 2. s. 10），也可以在规则的字里行间发现彼时真正的时代精神。

or as his Pledge），抑或他的父亲（或祖先）去世时对争议地产的占有是作为封地还是作为担保物，借以防止债务人从其父辈所占有的地产那里做文章。

要说认定（Recognition）的结果，肯定会因双方当事人不同的诉求和防御而五花八门。但如果当事人双方均未请求咨审裁决，法庭将根据双方的权利对案件进行裁决。

第十一章

如果债权人丧失了对地产的占有，无论是应归咎于债务人还是第三人，他都不可通过法庭的帮助恢复占有，哪怕是通过新近侵占地产的认定也不行。

因为，倘若他对担保物占有的不法且未经审判的丧失是可归咎于除债务人之外的人的，应该由债务人来提起新近侵占地产之诉。而如果侵占债权人的行为是可归咎于债务人本人的，法庭无法帮助他对抗债务人或恢复或再进入地产，除非债务人本人自愿如此。因为此时债权人可以诉诸债务之诉（Plea of Debt）强制债务人对他予以赔偿。用以传唤债务人的令状是本章一开始的那份传唤令状。

第十二章[1]

债务人于指定之日出庭后，如果债权人只能提出债务人的一个承诺而没有任何其他的保证人或誓言之类的，王室法庭将

---

[1] Vide LL. Gul. Norman. c. 28.（Al. MS.）这里的规则适用于那些正占有地产的债务人。见前文边码第 208 页，注释 1。

视之为不存在证据。不过他依然可以就债务人违背或不遵守诺言而向教会法庭起诉。诚然，教会法官可以对此类罪行（such crime）行使管辖并对他课以宗教上的惩罚甚至责令他赔偿，可对于各种俗世之债或有关保有地产的诉讼而言，根据王国的法律，教会法庭不能以当事人违背诺言为借口对此类案件进行审理和判决。[1]这么看来，如果债务人对争议债务矢口否认的话，债权人就必须得拿出其他证据来才可以。

如果债务人承认债务的存在，他就有义务对之进行清偿，方式类似于我们此前所讨论过的担保人承认保证责任的情况。不过，要是他拒绝承认债务，债权人[2]可以通过合适的见证人、决斗或债务契据（Charter）来举证。如果有人在法庭上提出关于债务的证据比如债务人或其祖先订立的契据，被告可以选择对此承认或否认。假如否认该契据，他可以采取两种方式提出异议：要么承认印章（Seal）是自己的，但契据本身既非由自己或祖先所订立，又非经自己或祖先许可；要么干脆完全否认印章和契据两者。在第一种方式，如果他当庭公开承认印章是自己的，便须担保契据上的条款履行，并有义务遵从契据所记载的契约内容。毫无疑问，出了这种问题只能怪他自己不仔细，这是他自己因保管印章的漫不经心而蒙受的损失。而在第二种方式，该契据的真实性须在法庭上通过合适的证人，尤其是那些名字出现在契据之上的见证人，进行决斗的方式加以证明。通常说来，法庭中另有他种方式来确认契据的效力，也即通过契据上的一些确定无疑的标记（certain and unquestionable signs）。比方说，存在某些其他加盖了相同印章的契据是毫

---

[1] 参见《克拉伦敦敕令》（Anglo-Sax. LL. Ed. Wilkins. 324）。
[2] 原文似乎有所缺漏，英译者自作主张加入了前面这半句话，以与上下文保持连贯。

无疑问属于债务人的，因为后者曾就那些契据在法庭上公开发过誓，倘若它们的各方面特征均吻合，从而对印章的一致性不再具有疑问，那么就可以视为证据成立。无论证据以何种合法方式成立，债务人将在债务之诉，或地产诉讼，或其他类型的诉讼中败诉，而且要向国王缴纳罚金。因为根据一般规则，无论某人在法庭上或诉讼中说过什么话，其后又自我否认，又或不进行诉讼，又或举证不充分，[1]又或不提供担保，又或为相反的事实提供担保，又或通过充分证据自证其谬误的话，他都要向国王缴纳罚金。假如债务人对他人所出示的契据予以承认的话，他便有义务按照契据的规定满足债权人的要求。在出借物品时设定有多种担保方式的，债务人无力履行的话须同时被强制承担全部担保责任。由此起见，最好是设定多种担保方式，以保证债务人无力偿还债务时，债权人能得到尽可能的满足。

第十三章

对物品的借用（borrowed）[2]有时也是债产生的原因，比如，我把某物无偿借给你以供你使用，在使用完毕后你有义务

---

〔1〕 征服者的法律中也存在类似的规定。（LL. Gul. Conq. c. 28）
〔2〕 *Commodatum*（Justin. Instit. 3. 15. 2）. 使用借贷（*commodatum*）与消费借贷（*mutuum*）有所不同，因为在前者所有权并不发生改变，必须返还原物而非如消费借贷那样可以相同数量质量的物加以替代（Dig. 13. 6. 8. and 9）。诚如 Dr. Wood 所言，"它们在拉丁语中截然不同，而在英语中却没什么区别。"（Civil Law. Inst.）为避免使用同一概念所可能产生的不便和混乱，英译者把一个译作出借（loan），另一个译作借用（borrowing）。无偿出借某物以供使用，和单纯出借之间的区别出现在《拿破仑法典》中，在罗马法中则并没有表现出那么明显。

把仍存在的原物返还给我，并不得使之受到减损。[1]

如果该物在归你保管的期间内毁损或灭失的，你必须返还合理价格的金钱。如果存在应有的证据[2]证明出借某物时约定了该物的使用地点和期限，而借用人却没有按照约定的地点和期限使用并到了应当赔偿或起诉的程度，应该如何处理？事实上，借用人必然不应承担盗窃的罪名，因为他的占有系自财产的所有权人之处得来。

或许有人会问，在已借出某物并约定了地点和期限的情况下，所有权人能否于借用期间将该物取回呢？[3]

第十四章[4]

购买（Purchase）和出卖（Sale）同样也会产生债。当某人把某物卖给他人时，出卖人（Vendor）获得价金（Price），买受人（Purchaser）取得物品。[5]

买卖（a purchase and sale）自当事人双方议定价金的那一刻有效成立，前提是：买卖标的的占有已经移转；[6]或已全部

---

[1] 对此，斯基尼提到了出埃及记（*Exodus*）c. 22. v. 14. 15.

[2] 《国王之尊》："存在出借人或他的见证人提供的证据"。（*Reg. Maj.* L. 3. c. 9）

[3] "对此的答复是，他不得取回或要求返还该物。因为借用物不得被取回或要求返还，除非对借用物的使用已完毕"（*Reg. Maj.* L. 3. c. 9）。不过现代法国民法承认了取回权（Code Napoleon, s. 1889）。

[4] Vide Bracton. fo. 61. b. and Fleta. L. 2. c. 58.

[5] Vide Justin. Instit. 3. 23. §. Custum de Norm. c. 22. and Bracton. 61. b. 出卖人的两个义务即交付标的物和提供担保在现代法国民法中是规定在一个条文当中的（Code Napoleon, 1603），而在本书中则用了本章和下一章两章的篇幅进行介绍。

[6] 所有权非经交付不生变动（*Quia sine traditione non transferuntur rerum dominia*）（Bracton. 61. b）。

或部分支付价金；或至少已交付定金（Earnest[1]）。[2]

但在前两种情况下当事人双方均不得撤销约定（recede from the Agreement），除非存在某些合法且正当的理由，比如合同中有条款规定，任意当事人得于一定期间之内不受惩罚地撤销约定，此时，任意方当事人都可以在上述期间内撤销合同且免于惩罚：因为通常来说，协议产生法律（Conventio legem vincit[3]）。此外，如果出卖人向买受人声明该物品状态良好且无瑕疵（sound and without fault），[4]而买受人能够提出充分证据证明该物于合同缔结之时状态不好且存在瑕疵的，出卖人须取回他的财产。但物品的完好无损只要求是在合同缔结之时就够了，不论其后发生了什么。不过，倘若当事人之间不存在约定的话，我觉得对提出这个主张或请求的期间应该有所限制。在已交付定金的情况下，买受人撤销合同（recede from the Contract）的话将会丧失定金。但当出卖人撤销合同时是否应受惩罚则不无疑问。[5]似乎不应使他全身而退，因为他没有理由站在比买受人更优越的位置上。可如果他该受罚的话，又该受怎样的罚

---

[1] Arrhae. 在民法中，Arrha 或 Earnest 是作为契约的标志或象征而被交付的，或如维尼乌斯（Vinnius）所说，也可以充当一部分价金。在前者，买受人将以丧失定金作为违约的代价，在后者则不存在违约代价。出卖人可能被要求返还双倍定金（Dig. 18. 1. 35. –19. 1. 11. 6. Inst. 3. 24pr）。关于我国法上的 Earnest 制度，vide 2 Bl. Comm. 447.
[2] 若定金未被约定或交付，那么根据《布拉克顿》，当事人双方可以撤销合同。(61. b)
[3] Pactum enim legem vincit（LL. Hen. 1. c. 49）."依法成立的契约，在缔结契约的当事人之前有相当于法律的效力"（Code Napoleon, s. 1134）.
[4] 根据因尼法，买受人在30天内发现物品的瑕疵的话，有权将该物退还出卖人，除非后者发誓称出卖时该物上并无瑕疵。（LL. Inae. c. 56）
[5] 在布拉克顿的时代，出卖人将被课以返还两倍定金的惩罚——与罗马法保持了一致（Bracton. 62. a）。

呢?[1]一般来说,买卖之标的物的风险由实际占有人负担,[2]除非有其他约定。

第十五章

出卖人及其继承人有义务为买受人及其继承人担保该物品,如果该物品是不动产的话。因此,出卖人[3]及其继承人有可能如我们在前面讨论担保(Warranties)时说过的那般被追诉。

如果有人想就购买、受赠或其他与重罪无关的合法手段获取的动产对他人提起诉讼,应当类推适用我们前述的不动产规则。假如买受人受到盗窃的指控,[4]他应当以最清楚无误的方式为自己洗脱罪名,或者通知担保人。[5]如果他选择了后者,该担保人可能是被指明的某特定人,也可能是不特定的某人。假如他指出了担保人的姓名,并请求一个合理的时间通知他到庭承担担保责任,他将获得1天的宽限时间。

如果被指明承担担保责任的人于当日出庭并表示愿意担保买卖行为以及买受人所购买的物品,买受人就将从诉讼中脱身而出,且其后不必遭受任何损失。可若担保人拒绝担保的话,

---

[1] 对此,"返还双倍定金"是《国王之尊》第三卷第十章的规定。

[2] *Quia re vera qui rem emptori nondum tradidit adhuc ipse dominus erit. Hence: Si post emptionem ante traditionem fundo vendito aliquid per alluvionem vel alio modo accrevit quod commodum ad venditorem pertinebit.* (Bracton. 62. a)

[3] 原文作 *Emptor*(购买人),不过显然应为 *Venditor*(出卖人)之误。参见 Bracton. 62. a.

[4] Vide Bracton. 150. b. et seq.

[5] Vide Mirror. c. 3. s. 13. Bracton. 151. b. Fleta. 55. s. 8. 我们发现,担保人有时会作共谋的担保。而某些技艺纯熟的决斗替手也会被买通从事替人作担保的勾当。一旦这种通谋败露,根据《布拉克顿》和《弗莱塔》的说法,该替手将被截去一手一足:要知道,这种情况若是发生在《布里顿》的时代,替手和指定他的人都是要被处死的。

诉讼将先在买受人和担保人之间进行，通过决斗来裁决。可问题是，担保人能否再通知别的担保人到庭呢？如果可以的话，应该追溯到第几手担保人为止呢？[1]还应当指出的是，如果某人因受盗窃的指控而提出担保人，该担保人将被下面这份向郡长发出的令状而拘禁起来：

第十六章

"国王问候郡长健康。我命令你正当且不迟延地把 N 拘禁起来，并责令他提供安全可靠的保证人，以在我或我的法官面前，于某日，出庭为 R 的某物提供担保，因为 H 诉称该物系 R 盗窃自他处，且 R 指名让他到我的法庭上来提供担保，或说明他为何不提供担保的理由。我命令你派遣传讯官并执行此令状。副署人……"

第十七章

如果买受人所指定的担保人是不特定的某人，且他能提出充分的证据证明存在过合法的购买行为，则他能够避免受到陷于重罪的指控。[2]可是，这并不将导致他不蒙受任何损失，我

---

[1] Bodleian 和 Harleian 的钞本说可以追溯到第四手为止，而且句尾没有问号，是作为一个陈述句告终的。这大概就是这段文本的原貌，因为《国王之尊》也是如此记载的（Reg. Maj. L. 3. c. 13）。

[2] 忏悔者爱德华（the Confessor）的法律规定，人们不得在城门外购买任何东西，除非有城市高级官员（the Prefect of the City）或其他值得信赖的体面人士的证言（LL. Edw. Conf. 1）。在他的前辈埃塞尔斯特（Aethelstan）的法律那里，规定基本相同，只是还允许人们在城门外购买价值在 20 个便士（denarios）以内的东西（LL. AEthelst. 12）。埃德加（Edgar）的法律中有可观的部分与以上两者类似（LL. Sup. Eadg.），这说明亨利二世之前的立法者们是有相当的延续性的。

的意思是，他仍有可能丧失该物品。可话说回来，要是提不出充分的证据来，他的处境就危险了。

273　　有关买卖或借用所产生的债，其证据形式与法庭中的一般举证方式类似，换句话说，即采用一份书面材料（a Writing），或决斗。

第十八章

有时，债也会因租赁（Letting out）或租用（Hiring）而产生：[1]某人以收取一定费用为目的，把某物借给他人使用一段时间。前者应允许后者使用物品，后者则应支付租金。当约定的期间（the term stipulated）届满之后，前者可以合法地自行取回自己的财产。[2]如果承租人在约定期限内不交付租金，出租人能否自行以武力强行恢复占有呢？

274　　我们再对前面的这些合同简单说几句话：它们全部产生于私人的合意，王室法庭并不负审查合同本身的责任。事实上，对于这种被视为私人协议（private Agreements）的合同而言，王室法庭并不干涉。

---

[1] *Ex locato* 和 *ex conducto*. Dr. Wood 说："所谓 *locatio* 和 *conductio* 其实是一回事。"在同一个租赁关系中，*Locator* 是出租人，*conductor* 是承租人。（Justin. Instit. 3. 25. pr.）

[2] 如果他发现该物无人占有或不存在取回障碍的话（*Si etiam vacuum invenerit et non obligatam*）。（Bracton. 62. b）

第十一卷

> 论辩护士,他们被置于委托人在法庭上所处的地位,并与他们共进退。

第一章

本书前面部分所涉及的各种权利和财产诉讼,当然也包括某些其他民事诉讼,均可由当事人本人或他所延请的辩护士(Attorney[1])来进行,后者将替代当事人的地位并与他们共进退(put in his place to gain or lose)。不过当事人本人也应当出庭。[2]

辩护士的指定通常发生于国王的民诉法庭法官面前。然而,除了事先已被当事人指定的人之外,任何人都不得被法庭接受

---

[1] *Responsalis*. 从《布拉克顿》和《弗莱塔》对 *Attorney*、*Essoiner* 和 *Responsalis* 这三个概念的使用情况来看,它们之间似乎有些区别(Bracton. 212. b. and Fleta. L. 6. c. 11. s. 6.7)。柯克勋爵好像也这么觉得。(Co. Litt. 128. a)然而,当我们试图把这些差异应用于格兰维尔的著作时一定要谨慎,因为这些差异可能只是在晚近的时候才出现的。布拉克顿对书中本段文字的解释也难逃过度解读之嫌。

[2] 爱德华·柯克勋爵称这个规定为"普通法上的原则,即同一诉讼不得自相增加或拆分"(2 Inst. 249)。而《宝鉴》却认为由辩护士进行诉讼或答辩是不正当的(Mirror. c. 5. s. 1)。

277 为辩护士。[1]在进行指定时，对方当事人不必须出庭；[2]在该辩护士事先已被法庭知晓的情况下，他的委托人（his Principal）也不必出庭。代替别人进行诉讼的人可以是 1 名，也可以是 2 名或更多，可以集体进行也可以分别参与，因此当有的辩护士无法参加诉讼时，其他人可以继续进行。在辩护士的参与下，诉讼可以开始、终结、以判决或终结协议结案，就如同当事人本人在进行诉讼一样的完整且具有效力。

278 　　值得注意的是，仅仅任命某人为自己的管事（Bailiff[3]）或管家（Steward[4]）管理自己的土地或其他事务是不够的，哪

---

[1] 在评论《财政署对话录》时，默多克先生向我们指出："一般来说，委托人（accomptants）有义务指明谁是代理他们进行诉讼的那个人。如果他们想要指定辩护士为自己代理，通常需获得国王的许可（King's leave）。有时候，委托人对辩护士的指定要在国王的面前进行：随后国王再以令状告知他的财务主管（Treasurer）和男爵把某人接纳为辩护士。而有时候，尤其是到了亨利二世后期，委托人所指定的辩护士得到财政主管、财政署大法官、男爵或他们其中一人的担保或许可即可"（Madox's Excheq. c. 23. s. 5）。我们假定高级法庭中存在的诉讼程式是一致的，前引这段话会向我们展示一段自我们书中所描述的严格规定以降曲折的制度变迁史。

[2] 诺曼典法所记载的规则与此相反，对方当事人不在场时对辩护士的指定无效，除非有国王本人在场，他的证言本身便足以记录到卷宗里。（Grand Cust. c. 65）

[3] Ballivum. 亨利·斯佩尔曼爵士说这个概念来自诺曼人。事实上，《诺曼底习惯法汇编》中频繁出现这个职务名称（c. 4. &c）。而柯克勋爵却认为是撒克逊人带给我们的，出现在忏悔者爱德华时期的一部法律中——如果它不是出自后人伪造的话（LL. Ed. Conf. c. 35）。这个概念的含义十分丰富，包括法官（Judge）；王室政务官（Officer of the Crown）；百户区、自治市镇、庄园或宅邸的执行管家（a Bailiff of a hundred, of a Liberty, and of a Borough, of a Manor and of an Estate）。（Spelm. Gloss. ad voc）科维尔说这个词来自法语，我们的郡长（Sheriffs）在以前就是 Bailiffs，郡则是 Bailiwicks（Cowell ad voc.）。参见 Fleta. L. 2.

[4] Seneschallum. 科维尔说道："这是个法语单词，但也日日耳曼语中借鉴而来，照 Tilius 的说法，是由 Schal（servus aut offlcialis，佣人或官员）和 gesnid（familia，家）复合而成。在我们英语中的对应词是 Steward。"（Cowell's Interp. ad voc. Seneshall. See also Madox's Excheq. c. 2. s. 6.）柯克勋爵说它"来自对房屋或某处的占有（Sein）以及管理或控制者（schalc）"（参见 Co. Litt. 61. a 中关于其他语源的分析）。参见 Fleta. L. 2.

怕该人已经出庭且为法庭所允许代替委托人进行诉讼。[1]因为他还需要一项特别授权,即我们在先所说的,辩护士应当在该诉讼中被确定无疑地置于委托人的地位,并与他共进退。

同样也要知道,任何人都可以找人代替自己进行诉讼并与自己共进退,无论是在王室法庭还是在其他法庭中。其他法庭需通过下面的令状来接受辩护士取代其委托人的地位进行诉讼:

第二章

"国王问候郡长健康。我命令你知晓(know)N 已经在我或我的法官面前指定 R 为他的辩护士并与他共进退,在与 R[2]之间进行的关于一普楼兰地产,或其他某物(并指出其名)的诉讼中。因此,我命令你在该诉讼中接受(receive)R 以代替 N 的位置并与他共进退。副署人……"

第三章

当某人在任何诉讼中代替了他人的地位后,接踵而至的问题是,不到庭借口应当适用于辩护士本人还是委托人本人抑或同时适用于他们两者?事实上,辩护士本人的不到庭借口仅在

---

[1] 然而我们的作者在其他令状(第十三卷第十三章)中清晰地告诉我们,管家可以替当事人参与认定过程。区别的根据或许在于诉讼的本质不同:在认定中,辩护士只是起到消极的旁听作用;而在其他诉讼中则需要他进行积极的作为。
[2] 这里大概是搞混了,因为人们在制作印刷版本时,对字母的处理总是不太仔细!

他的委托人解除对他的任命之后才能被接受。[1]如果某人已被委托在法庭上取代他人的地位并为其进行答辩或做职权之内的工作，他的委托人能否将其解职并另任命一人为辩护士，尤其在两人间已经产生某种敌意（Enmity）时？

委托人本人当然可以解除对原辩护士的任命并亲自继续进行诉讼，这是毫无疑问的，因为按惯例，每个人都可以在自己无法出庭时指定他人为自己进行诉讼。按照现行的做法，委托人可以在诉讼的任何阶段解雇原辩护士并在法庭上另行任命一人替代自己，方法亦如前所述。父亲可以替儿子进行诉讼，反之亦然，陌生人之间可以相互替代，丈夫和妻子之间也是如此。当丈夫代替妻子进行有关嫁妆或寡妇地产的诉讼，且依据法庭作出的判决或终结协议使妻子受到财产或权利的损失时，丈夫去世之后妻子本人能否再度就该争议提起诉讼，还是必须遵守丈夫所为的那个决定？妻子似乎不应当因为丈夫生前的行为而依然受束缚，因为当她处于丈夫的权力之下时不得反对或违背丈夫的意志，因此也不得违抗丈夫的意志而去奢求什么权利。[2]诚然从另一方面看，王室法庭所裁决的案件均为终局的，不可再行变更。

第四章

委托人应被扣押自己的部分财产以担保其受辩护士行为后

---

[1] "代理人（Procurator）的不到庭借口仅在代理关系（procuratory）终结之后方可提出"（*Reg. Maj.* L. 3. c. 16）。里弗斯先生对本书似乎采取了另一种解读方式（Vide Hist. Eng. Law. 1. 170）。

[2] Vide Mirror. c. 5. s. 5. 前文边码第117页注释1，以及 M. Houard 的 *Traites sur les Coutumes Anglo-Norm.* Tom. 1. 451 中的说法亦同。诺曼法典同样禁止妻子再度主张寡妇地产的权利。

果的约束，无论该诉讼结果是判决还是终结协议。可如果委托　282
人身无分文或没有什么东西可扣押而他的辩护士却有的话，应
该怎么办？显然，辩护士的财产是不该被扣押的。

第五章

　　委托人必须亲自出庭方可有效地将某人置于自己的地位之
中，这条规定似乎与我们在第一卷中所讨论过的不到庭规则有
所冲突。[1]当时我们说过某人在提供了第三次不到庭借口后可
以派任何人作为辩护士替他出庭，并附书信，而后者应当被法
庭接受。这两条规则的基础并不相同，这里是基于法庭判决的
力量，而前者是基于法庭的命令或要求。在这里应当依循其他
规则，即根据法庭的指令或担保（a Distress），当事人必须在诉
讼进程中指定他人代理自己的地位并与自己共进退。此外，受
教规约束的（Canons Regular）修道院院长和小修道院院长
（Abbots and Priors）可以依自行授权而被法庭接受，甚至不要求
有修道院的书信。

　　其他小修道院院长，不论修士抑或僧侣（Cannons or　283
Monks），甚至 *Cellarii*[2]或外国人在没有他们的主教或院长的授

---

〔1〕　第一卷第十二章。
〔2〕　此处我保留了原文，不仅出于斯基尼对这个词所做的复杂解释所导致的无词
　　对应，而且在于斯基尼的解释是否正确尚未可知。他说这个词指的是那些
　　"住在修道院里，与其他修士或僧侣相隔绝之人"（*Reg. Maj. L.* 3. c. 18）。根据
　　其他权威作者的描述，我把 *cellarii* 理解为这么一群僧侣：他们有权为其他教
　　友创设规则，并照管他们的内心生活。但这种理解会与 *secundus pater in monas-
　　terio* 这个概念相冲突，除非我们同意斯佩尔曼的说法，即这个概念在使用时外
　　延有所扩张（*crevisse videtur in amplitudinem*）（Vide Spelman Gloss. ad voc）。

权信时都不能被法庭接受。[1]圣殿骑士团的指挥（Master of the Knight-Templars）和医院骑士团的指挥（Chief Prior of the Hospital of Jerusalem）也可依自行授权而被接纳，其他较低级别的骑士则不然。[2]某人依前述方式指定了一人或数人为自己进行诉讼之后，代理人或他们中的一人能否把权力再授予另外的人，以代替自己并因之代替原委托人进行诉讼并与之共进退呢？这个问题就更不在话下了。[3]

---

[1]《国王之尊》与此相反，认为他们在没有授权信的情况下也应被接受。（Reg. Maj. L. 3. c. 18）

[2] 关于骑士团的级别问题，读者可参阅 2 Inst. 431.

[3] 根据《国王之尊》的记载："他不能这么做，因为代理人不得做任何超过权限之外的事。"（Reg. Maj. L. 3. c. 19）

第十二卷

> 论权利之诉；以及各种权利令状，它们因不同事由而向郡长或地产的领主发出。

第一章

权利之诉（Pleas of Right）始于且自始至终在王室法庭中进行，如我们前面已讨论过的，审理于斯，终结于斯。有些个别权利之诉虽不在王室法庭中提起，但是当领主法庭无法主持正义时，俟后却也被移送至王室法庭中进行。对于此类经由郡法庭的介入而转入王室法庭的诉讼，其移送事由已在本书的前文中介绍过。[1]

第二章

当有人对其以自由役保有自他人处的地产或役务（Freehold Tenement, or a Service, as held of another by free service）有任何诉讼请求时，如他没有获得国王或他的法官的令状的许可均不得开启诉讼。因此，他首先要申请一份针对领主的权利令状。

---

[1] 见前文第六卷第八章。

如果该诉讼是针对地产的，则令状如下：

第三章

"国王问候 W 伯爵健康。[1]我命令你不迟延地给予 N 位于米德尔顿（Middleton）的 10 普楼兰地产的全部权利，他诉称该地产系保有自你处并负每次与一骑士领地产相当的自由役；或每年 100 先令的自由役；或每次与 12 普楼兰相当的一骑士领的自由役；或他诉称该地产系他保有自你处的自由保有地产，位于某村或莫屯（Mortune）村，并负自由役等；或他诉称该地产系保有自你处，作为他的母亲 M 的嫁妆；或作为市镇农役保有地产；或作为自由教役保有地产；并负自费携带 2 匹马随你参加国王军队的役务；或负为你寻找一名在国王军队中服役 40 日的十字弓兵（Cross-Bowman[2]）的役务。而 W 的儿子 R 却非法侵夺了该地产。除非你听从指令，否则北安普敦郡（Northampton）的郡长将这么做。以免我再听到任何人抱怨说想要正义。副署人……"由于案由多种多样，此类权利令状可能包括五花八门的形式，我们接下来将展示其中的一部分。在有关役务的诉讼中，令状如下：

第四章

"国王问候 N 健康。我命令你不迟延地给予 N 某村地产的

---

[1] Vide F. N. B. 2.
[2] Arbelastarium 来自法语 arbalestier。在征服者威廉分封地产的过程中，Arbelastarii 被视作贵族和军事领袖的一员，是王国的同侪（the Peers of the Realm）。在《末日审判书》（Domesday）的某些篇章中出现过。（Spelm. Gloss. ad voc.）

100 先令租金的全部权利，他声称系自你处以自由役保有该地产，或负其他役务……除非你听从我的指令，否则牛津郡（Oxford）的郡长将这么做，以免我再听到任何人抱怨说想要正义。副署人……"

第五章

"国王问候 R 健康。我命令你正当且不迟延地使 N 及其妻子 A 获得合理的财产即位于某村的一处宅邸，他们声称该宅邸系保有自国王处的自由保有地产，并负每年 2 先令的自由役；或位于某村地产的 1 马克租金，他们声称该租金系 A 的自由嫁妆，且被 A 的妹妹 B 自他们处侵占，或被 G 自他们处侵占。除非你听从我的指令，否则郡长将这么做，以免我再听到任何人抱怨说想要正义。副署人……"

第六章

这些诉讼均在领主的法庭，或依不同地区惯例在由不同人负责的法庭中进行，这个问题太过庞杂，几乎不可能把它用文字表述清楚。[1]

第七章

对于这些法庭之无法主持正义，应当由这种方式加以证明：

---

[1]《国王之尊》和《布拉克顿》用同样的借口回避了对这个问题的讨论，虽然后者同时指出，在请求勘验、要求提供担保、提出异议和开始决斗等问题上，这些法庭要类推适用王室法庭的程序。(329. b)

原告向郡长起诉并获得国王的令状之后，郡长将派 1 位官员在为当事人指定到庭的那天出席领主法庭，同时指示 4 名或更多骑士出庭，与那位官员一同听取并检视（hear and see）原告的证据，亦即查明该法庭是否无法在该诉讼中对他主持正义。原告本人和其他几名曾耳闻目睹事情真相的人应当用自己的誓言来作证。

经过上述庄重的程序，案件将从该法庭移送至郡法庭，在那里进行审理和终局性裁决，不得再有不明不白之处，或是就该争讼案件退回领主及其继承人的法庭再行审理。但在这些案件通过我们所说的方式被确证无法主持正义之前就被移送至高级法庭的，低级法庭的领主可以利用这一条件并在指定的案件开庭当日恢复管辖：因为他的法庭并未被证实无法主持正义，领主当然有权重新取得管辖权，除非依前述方式他的法庭被确证无法主持正义。还要注意的是，在某案件已因此原因被移送至王室法庭之后，领主不得于指定的当日主张对它的管辖，除非在诉讼的第三天（third day of the proceding）他在合法的人在场的情况下主张管辖。

倘若原告未获指定任何进行诉讼的日期，或是遭遇到了拖延，他就可以充分说该（领主在封地上选择的任何）法庭无法主持正义。如果领主在这块封地上没有住所（Residence[1]）的话，他可以在该封地上任意指定一个法庭并向原告指定一个日期进行诉讼。不过领主不得指定他的封地之外的法庭。[2]

---

[1] Reseantisam. 见前文第一卷第十二章。
[2] 与此一致的还有 Mirror. c. 2. s. 28. Bracton. 330. a. and the Grand Custumary of Nomandy. c. 6. and 61.

第八章

令状只得向原告所声称的争议地产保有自其处的领主发出，而不能向其他领主发出，也不能向主要领主发出。或许有人会问，若原告所声称的领主与被告的领主不同的话，应当如何处理？此时，令状所指示的领主对该诉讼非但没有管辖权，又不法且未经审判地攫取了其他领主主持法庭的权利，前者对于此种侵占应当是心中有数的。这时应当诉诸郡法庭或王室法庭进行诉讼，两位领主都将被传唤到庭解决共同的争议，所依照的方式我们已在讨论担保的那卷讲过了。

第九章

事实上，对于交给郡长管辖的诉讼而言，不仅包括上述领主法庭无法主持正义时的权利之诉，还有某些其他诉讼。比方说，当有人诉称他的领主向他索取不正当的税金、役务或就他所保有的地产而言更为沉重的役务时；[1]或前述有关天生农奴的诉讼；或一般来说，任何由国王或他的法官发出的令状指令郡长进行管辖的诉讼；或在前面的例子中除非某人不做，郡长将进行管辖的诉讼。这些诉讼只要得以发生，就由郡长进行审理和裁决。我们接下来再看一些令状：

第十章

"国王问候 N 健康。[2]我禁止你不正当地打扰 H，或听任他

---

[1] Vide 2 Inst. 21.
[2] Vide F. N. B. 21.

受打扰，就他所保有自你处的位于某村的自由保有地产。我禁止你向他索取、或使他遭受任何索取，他所不应向你履行的税金和役务，或他的祖先早在我的祖父亨利一世时期便不曾或不应履行的税金和役务。除非你听从我的指令，否则郡长将这么做，以免我再听到任何人抱怨说想要正义。副署人……"

第十一章

"国王问候郡长健康。我命令你正当且不迟延地为 M 抓获他已逃跑的天生农奴 R，包括他的全部动产和后代（his whole issue[1]）。无论他在你辖区内的何处，除非他在我第一次加冕后逃到了我的自用地上。我禁止你处罚任何对他进行了不正当扣押的人。……副署人……"

第十二章

"国王问候郡长健康。[2]我命令你正当且不迟延地使 G 获得作为质物和担保物（Gage and pledges）的牲畜，他诉称 R 自他处将它们侵夺并不正当地扣押，以向他索取据他声称并不负担的税金。同时使他正当地……以免……"

---

[1] 以及他的全部后代（Cum totâ sequelâ suâ）。Mr. Barrington 指出，如果某农奴出生于某确定地区，他和他的后代就是领主的奴隶（Bondmen），"这也能说明在古代文献中在提到农奴时要加上 Cum totâ sequelâ suâ 这一句，根据 Sir James Ware 在讨论爱尔兰农奴（Betaghii）的说法，后代不仅包括子女，也包括侄子和外甥（Nephews），p. 149. 亦参见 Madox's Form. Angl. p. 416."（Barr. Obs. on Anc. Stat. p. 306）

[2] Vide F. N. B. 152.

第十三章

"国王问候郡长健康。我命令你正当且不迟延地丈量位于某村的牧场的面积，P 的妻子 I 和她的妹妹 R 诉称 H 不正当地过度放牧（surcharged）。并禁止 H 在该牧场上放牧多于他所应放牧的牲畜，以及多于根据他在某村的封地应属于他的牲畜。以免……副署人……"

第十四章

"国王问候郡长健康。我命令你不迟延地指令 R 正当且不迟延地允许 H 获得位于某村的林地（Wood[1]）和牧场的地役权（Easemen[2]），H 声称自己应当且曾经时常拥有它们（usually has had them）。并禁止 R 或其他人对他进行妨碍或干扰，以免……副署人……"

第十五章

"国王问候郡长健康。我禁止你允许 R 不正当地向 S 索取就后者自 N 处所保有的 R 的封地而言更多的役务，并取回他被扣押以强制履行他所不承认其自由保有地产所负担之役务的牲畜，直到该诉讼在我们的面前提起并查明这些役务究竟是否是正当的。副署人……"

---

[1] *Bosco.* 有时仅指树林，有时也指树林所生长的土地。(Co. Litt. 4. b)
[2] *Aisiamenta.* 来自法语 *aise*，等于拉丁语 *voluptas*。(Spelm. Gloss. ad voc.)

第十六章

"国王问候郡长健康。[1]我命令你正当且不迟延地对位于某村的 R 之地产及其附属物和位于某村的 D 之地产依照它们所应处于的状态、或我的祖父亨利一世时期所应在的位置进行合理分割,因为 R 诉称 A 不正当且未经审判地侵犯了他的位于该村的自由保有地产。以免……副署人……"

第十七章

"国王问候郡长健康。我命令你正当且不迟延地使 R 对医院骑士团的教友的动产所做的合理分配得到遵守,因为有合理的理由证明这一划分系由 R 所为,且应当得到遵守。副署人……"

第十八章

"国王问候郡长健康。我命令你强制 R 正当且不迟延地向 N 归还他的动产,后者诉称其不正当且未经审判地从他位于某村的自由保有地产中夺走。由于他的侵占行为,且由于我的咨审诉讼,他已通过新近侵占地产的认定在我的法官面前恢复地产占有,因为存在合理的证据表明他应该拥有它们。以免……"[2]

---

[1] 前文第九卷第十四章曾出现过相同的令状。
[2] Vide 2 Inst. 311.

第十九章

"国王问候郡长健康。我命令你将此认定延期至某你能出席的合适时间,该认定系关于 R 和 M 之间位于某村的地产之划分(divisions[1]),我的法官们已将该诉讼连同 H 送至你面前由你处理,可是,据称你却授权别人来代替你主持诉讼,诚然对于我的法官们(Judges[2])而言,任何属于他们的事务均禁止由他人代为执行,当他们把这些事务转交他人之手时就已为习惯所不容了。副署人……"

第二十章

"国王问候郡长健康。我命令你正当且不迟延地使 R 的妻子 A 自 R 的全部封地中获得合理的寡妇地产,名录须清晰且不得缺漏,并把主要宅邸留给他的继承人,并分给妻子另一处宅邸,如果指定给她的寡妇地产中没有宅邸的话。这一诉讼不得终止,因为 R 保有了我的男爵领地,且我和法律都不允许骑士的妻子丧失寡妇地产。但对于 R 的动产你应当妥善保管,使之不被移动、分割或用作其他目的,直到他的债务清偿完毕。再对剩余的动产依据我的王国的习惯作合理分割。如果自 R 去世以来,他的动产中有任何部分被移动了,则应当归还到他的动产之中以清偿债务。副署人……"

---

[1] 参见前文边码第 162 页,注释 1。我们的作者在这份令状的后半部分文风忽然为之一变,使用的语言优美得有些莫名其妙。

[2] *Ad Justicias. Justicia* 即法官(Justice or Judge),或在其后的时代里写作 *Justiciarius*(Vide Selden op. Omn. 1669. Madox's Exch. 24. &c)。塞尔登先生认为这是一个可资证明《格兰维尔》撰写于亨利二世时期的证据,我已经在英译者导言中向读者做过说明了。

第二十一章

"国王问候教会法官健康。[1]我禁止你在教会法庭中审理 N 和 R 之间有关世俗封地的案件,该诉讼系 R 将 N 起诉至教会法庭并你的面前,而它是属于我的王权和荣耀的。副署人……"

第二十二章

"国王问候郡长健康。我命令你禁止 R 在教会法庭中进行他与 N 之间有关位于某村的世俗封地的诉讼,该诉讼系 R 将 N 起诉至教会法庭的法官面前。如果 R 向你提供了进行诉讼的担保,那么责令 N 也提供担保或保证人,并把他带到我或我的法官面前,于某日,说明他把关于位于某村的他的世俗封地的诉讼起诉至教会法庭的原因,而这些诉讼是属于我的王权和荣耀的。副署人……"

第二十三章

至于说关于这类诉讼开始或终结的规矩或者说正确方式,以及在那些郡法庭进行的其他诉讼,我愿再强调一遍,即不同郡之间的人们各行其是、习惯五花八门,在有些郡盛行的习惯在其他郡却不适用。至于我所追求的程序上的简洁,我敢说除了王室法庭之外,没有别的法庭能达到我的目标。

---

[1] Vide F. N. B. 90.

第二十四章

此外还要注意，有时令状中包含的东西要少于所呈堂的诉因（Count）（后者常常附带了其他的一些诉求），而有时却又多些。令状中也会出现错误，有时是姓名出错，有时则是役务的数量出错。事实上，当令状中包含的诉因少于呈堂的理由时，当事人不得请求比令状中记载的事项更多的东西。而当令状中包含的诉因多于呈堂的理由时，多余的部分将被忽略掉，其余部分仍作为令状而有效。从法律的严格性着眼，姓名的错误将导致另外一份令状的签发；役务数量的错误则将导致该令状的作废。

有的时候，某块自由保有地产所实际负担的役务要比应当负担或领主所规定负担的役务小，此时要问，领主是否可以根据令状挽回自己役务上的损失？他当然可以，但那是在原告获胜后，领主可以通过收回地产（Eviction）以从使他受损失的当事人手中恢复占有。[1]

第二十五章

还要说明一点，即人们在未得到国王或他的法官的令状指示的情况下，没有义务就他的自由保有地产在他的领主的法庭上出庭答辩。当然，我所指的争议封地是世俗地产。

不过，即便是在两名僧侣之间关于教会的某自由教役保有地产发生的争议，或是在保有自由教役保有地产的僧侣作为被告、不论原告是谁时的争议，这些诉讼所涉及的权利问题都应在教会法庭审理，然而其前置程序是对地产的性质作出认定，对此我们会在下面做介绍。此时该认定过程必须在王室法庭中进行。

---

[1] 亦即恢复地产所本应负担的役务。

第十三卷

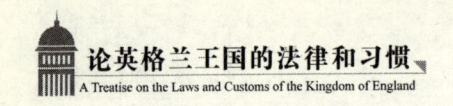

> 论咨审诉讼和认定；以及不同种类的侵夺。

第一章

有关经权利令状提起的诉讼以及其在法庭中的一般程序，我们就说这么多。接下来我们讨论仅与占有问题相关的诉讼在处理时的一般步骤。此类问题得王国法律规定之利，由咨审予以处理，并通常且主要以认定的方式进行裁决，我们的任务便是看一下不同形式的认定。

第二章

其中一种认定是收回继承地的认定（mort D'Auncestor）[1]；另一种是针对教堂牧师的最终圣职推荐权的认定（de ultimis presentationibus）；还有关于认定地产的性质是教会地产还是世俗地产；以及认定某人去世时所占有的（seised of）地产是以自物保有（as of fee）还是以担保保有（as of pledge）；以及认定某人是否成年；以及认定某人去世时所占有的自由

---

[1] Vide Bracton. 252. a. et seq.

保有地产是以自物保有还是以监护保有（as of ward）；以及认定某人的上一个圣职推荐行为是基于他的自物保有地产还是监护保有地产；以及其他具有类似特点的案件，通常应由双方到庭，在一致协商和法庭的建议下达成对争议问题的处理结果。此外还存在一种认定，即新近侵占地产（*Novel Disseisin*）。若某人去世时以自物保有占有着一块自由保有地产（any one dies seised of a Freehold in his Demesne as of Fee），他的继承人可以正当地主张其祖先的占有。如果他是成年人的话，他将获得如下令状：

第三章

"国王问候郡长健康。[1] 如果 T 的儿子 G 向你提供了进行诉讼的担保，那么派精干的传讯官传唤某村邻里的 12 名自由且守法的人至我或我的法官面前，于某日，准备宣誓后回呈（return）以下事实：G 的父亲 T 去世时所占有的位于某村的 1 码田（Yardland）地产是否属于自物占有；他的去世是否发生在我第一次加冕（first Coronation[2]）之后；G 是否是他的最近继承人。同时允许他们勘验地产并把他们的名字记录下来。并派精干的传讯官传唤正占有土地的 R 前来听取认定。我命令你派遣传讯官……副署人……"如果占有该争议地产的祖先彼时正在旅行途中，令状如下：

---

[1] Vide F. N. B. 433.
[2] 柯克勋爵告诉我们说这天是 1154 年 10 月 20 日（2 Inst. 94）。也即规定了一个 30~40 年的最长年限。

第四章

"国王问候郡长健康。[1]如果 T 的儿子 G 向你提供了进行诉讼的担保，那么派精干的传讯官传唤某村邻里的 12 名自由且守法的人至我或我的法官面前，[2]于某日，准备宣誓后回呈以下事实：G 的父亲 T 动身前往耶路撒冷或圣雅各（St. Jago）旅行时（他在该旅行途中去世）所占有的位于某村的 1 码田地产是否属于自物占有；——他的出发是否发生在我第一次加冕之后；G 是否是他的最近继承人。同时……"一如前述。而当继承人尚未成年时，令状如下：

第五章

"国王问候郡长健康。我命令你派精干的传讯官传唤……"其余部分照旧，只省略这句话："如果 T 的儿子 G 向你提供了进行诉讼的担保。"[3]

令状中的这句话也被略去："G 的父亲 T 的去世是否发生在我第一次加冕之后。"如果他已皈依宗教，令状须按此情况作如下变动。

---

[1] Vide F. N. B. 434. 据菲茨赫伯特（Fitzherbert）说，只要在他出发去海外旅行时占有该地产便可以申请到这份令状，不必要求去世的具体时间。(参见上文)

[2] 柯克勋爵在评论《大宪章》时说道："在本法令之前，新近侵占地产令状和收回继承地令状须回呈至国王面前（coram rege），或至民诉法庭上，而这也为格兰维尔的话所验证：至我或我的法官面前（coram me vel coram Justiciariis meis）。但自从《大宪章》之后，这些令状就成了回呈至我派往各处的巡回法官面前（coram Justiciariis nostris ad Assisas cum in partes illas venerint）。"(2 Inst. 24)

[3] Vide Fitz. N. B. 434.

第六章

"国王问候郡长健康。如果 T 的儿子 G 向你提供了进行诉讼的担保……"这些话同上,只在令状中插入以下句子:"……准备宣誓后回呈以下事实:G 的父亲 T 在皈依宗教时所占有的位于某村的某块地产是否属于自物占有;他对宗教的皈依是否发生在我第一次加冕之后;G 是否是他的最近继承人。同时允许他们勘验地产……"如前所述。

第七章

当郡长收到收回继承地(*mort D'Auncestor*)令状[1]且原告已向郡法庭提供进行诉讼的担保之后,咨审程序就该开始了。首先,根据前引令状的指示,挑选 12 名自由且守法的邻人,此挑选过程要求原被告双方均在场,不过已受传唤前来旁听选任的被告即使缺席也不影响。事实上,他将被传唤一次以旁听那些即将参与认定之人的选任过程。被告可以提出合理依据反对某些人的资格,并把他们排除在认定之外。如果经一次传唤后不到庭且有证据加以证明的,法庭也不再等他,与此同时不阻却 12 名咨审员(Jurors)的选任,郡长将带他们前去现场勘验争议土地或其他自由保有地产。被告此时将只受一次传唤。郡长会把选出的 12 个人的名单记录下来。在这一切工作准备就绪之后,郡长将通过国王或他的法官的令状传唤被告于某日至国

---

[1] 尽管接下来作者给出的 3 份令状全是关于原告父亲去世的情况,然而我们并不能就此认为该救济仅适用于原告父亲的去世,因为收回继承地令状适用于原告的父亲、母亲、兄弟、姐妹、叔伯、姨母、甚至侄子(女)和外甥(女)。不过到此为止。(Vide Bracton. 254. 261. and 2 Inst. 399)

王或他的法官面前听取认定过程。

如果原告已达法定年龄，被告可以在第一日和第二日提出不到庭借口，[1] 但在第三日，无论被告是否出庭均不影响认定的进行，因为任何仅针对占有问题的认定均不得允许两个以上的不到庭借口。

然而，新近侵占地产的认定程序中不允许提出不到庭借口。到了第三天，不论被告是否出庭均不影响认定的进行，已如前述。如果咨审员（Jurors）的认定结果倾向于原告，他将获得对地产的占有，郡长将受以下令状指示把占有交到原告的手中：

第八章

"国王问候郡长健康。我命令你知晓 N 已经在我的法庭上恢复了对位于某村的某地产的占有（recover...Seisin），此恢复之根据系他与 R 之间诉讼的认定结果。因此，我命令你不迟延地使他取得该占有。副署人……"

第九章

伴随着土地占有，胜诉方还将恢复移转占有之时封地之上所属的全部动产及其他东西（other things）。但当占有已被完全恢复后，丧失占有的一方当事人可以通过权利令状请求权利救济。不过仍需讨论的是，该权利救济的提起要在多长时间之内进行。

---

[1]"咨审要比其他救济方式更为快捷，原因便在于其不允许提出不到庭借口。"Mr. Harrington 的这番话（Observations on Ancient Statutes, p. 105）作为一般性的描述而言，从《格兰维尔》的文本看来显然是有欠准确的。

第十章

如果认定的结果倾向于缺席的被告,他仍将保持占有,因此对方当事人无法恢复它。但这一占有并不构成对权利之诉的阻碍。反之,针对任何地产所进行权利之诉也不对就同一地产在决斗之前所进行的为恢复某人继承地之占有而进行的认定构成阻碍。然而,应当如何惩罚被告这种藐视法庭的行为?

第十一章

当事人双方均到庭之后,通常要询问被告是否能提出拒绝咨审团裁决的理由。此类认定请求可能是某成年人针对某未成年人提出的[1],有时也可能由未成年人对成年人提出,还可能由成年人对成年人提出。[2]在一般情况下,当被告承认原告的祖先于去世时是以自物保有方式占有该土地且满足前面令状所提到的几个条件的话,认定便不再继续进行。

而当只对占有无异议却不满足其他几个条件的话,认定便须就未满足的条件作出裁决。此类认定可能因形形色色的原因而终止,比方说:被告主张原告的占有系当其父或其他祖先去世之后取得的;或他的祖先在去世时确实占有该地产,但原告已在对该地产的这种占有中通过自身的某些行为阻却了咨审的发生,如已对该地产为出卖、赠与、抛弃或其他合法行为并将该地产处分给了被告。[3]

---

[1] 诺曼法典禁止成年人提起收回继承地认定,除非他在其祖先去世的消息被当众宣布之后的一年零一日内购买到了该令状。(Grand Cust. c. 99)

[2] Vide Bracton. 274. a. et seq.

[3] Bracton. 270. b.

一旦这样的抗辩主张得以成立，该争议财产的权利问题将诉诸决斗或其他为法庭所惯常使用的举证方式来确定。被告所能主张的其他类似情况还包括，原告违反了他们之间在王室法庭作出的协议诉讼（Fine）；以及该地产已为在任何法庭所进行的决斗所确认系归被告之所有；以及可以是前者作出的判决*；以及原告曾放弃请求。[4]如果法庭经指控和查证认为原告是农奴的，咨审也将终止。[5]具有相同效果的还包括对私生子身份的查证。[6]国王的特许状也可以阻却咨审的进行，比如该争议地产已被指名属于被告所有；或在祖先拥有不止一位继承人、或在军役保有地产时存在女性继承人、或在自由农役保有地产时存在男性和女性继承人时，国王的特许状将该地产的继承限制在被告一人身上等。[7]

甚至还包括，若原告所主张的其祖先地产的占有是以以下方式获得的：作为被告或其祖先的担保物（Pledge）、借用物（Loan）或其他类似性质取得的，咨审将不再继续，而是改用其他诉讼程序。

血缘关系（Consanguinity）也将阻碍咨审的进行，即当原被告系出于同一亲族，而争议地产也属于该宗族的遗产，诸如此类的问题被递交到法庭上来的时候。[8]另外一个事由在于处理嫁妆的问题，即当长子已将一部分地产赠与弟弟时，后者在没

---

* 按前文，指该地产已为在任何法庭所进行的判决（Judgement）所确认系归被告之所有。——译者注

[4] Bracton. 271. b.
[5] Bracton. 271. b 以及前文第五卷第五章。
[6] Bracton. 280. a 以及前文第七卷第十三章。
[7] Bracton. 272. b 以及前文边码第 153 页，注释 3。
[8] 参见前文第二卷第六章。

有留下直系卑亲继承人而去世的。[1]在这种情况下,正如在与之相类似的其他情形下,用以解决此类问题的咨审应当终止,因为一个人不能同时担任某不动产的继承人兼领主。[2]如果原告自认或被控曾参与过反对国王的军队且经查证属实,咨审也将告一段落。[3]自由市镇农役保有地产也不适用咨审。此乃处于更有功效的考量,符合王国的特殊法律的要求。[4]倘若不存在上述这些应终止咨审的例外情况,认定就必须继续进行,并在当事人双方均在场的情况下,通过12名咨审员(Jurors)的誓言的裁决来决定争议地产的占有归谁所有,其方式已在本书的前面部分有所叙述。

第十二章

如果某未成年人针对某成年人提起咨审的话,后者将不得提出不到庭借口,因为在第一日不论被告是到庭还是缺席,认定都将照常进行。这是一条基本原则。

无论在什么情况下,到庭的被告均不得主张任何咨审应当终止的事由,不管对方当事人到庭与否,认定过程照常进行。当被告到庭之后,正如我们已经讨论过的,他不得主张该未成

---

[1] 参见前文第七卷第一章。
[2] 参见前文第七卷第一章。
[3] Bracton. 272. b.
[4] 我们可以推断说,该法律适用于某些城市和自治市镇,那里的市民和居民有权通过遗嘱对土地作处分。在存在这些习惯的地方再去要求调查祖先对地产的占有就显得不合时宜了,伦敦和牛津似乎就有这种习惯。(Bracton. fo. 272) Mr. Somner认为,该理由提到的所谓"功效"(utility)是指为了共同体的善(good),通过鼓励处分上的自由来达到维护土地流转的目的。尽管他自己也承认,这个目的也许在格兰维尔此处的表述中体现得并不那么清楚。(Somner on Gavelkind, p. 97)

年人曾实施过任何导致咨审应被阻却的行为。从而无论被告是否到庭，也不论他是否成年，认定都将确定无疑地进行。当未成年人恢复地产占有之后，针对他的权利之诉的提起必须要等到该未成年人达到法定年龄之后。若未成年人希望向对方提起诉讼的话，认定将以同样的方式不加改变地进行，正如通常在未成年人与成年人之间进行的诉讼那样。

第十三章

当某成年人对某未成年人提起诉讼时，事实上，后者通常有权提出一个不到庭借口。而在他到庭之后也可以请求延期，因为他尚未成年。因此咨审将有可能直到他成年之前都不再进行，关于收回继承地的认定也将推迟。但我们必须作出说明：就咨审可以凭借某未成年人的年龄问题而暂时终止而言，该未成年人必须声明他正占有着该争议地产，由此该认定须推迟到他成年方可继续进行；他还不能忽略对该事实的声明，即他的父亲或其他祖先在去世的那天以自物保有的方式占有着该地产——因为针对某未成年人所提出的认定甚至其他财产诉讼，均不得仅凭该未成年人的现实占有和拥有权利的一面之词而终止。然而对于那些未成年人，其祖先所占有的地产并非以自物保有的方式，而是以监护保有之类的其他方式占有，如此这般的话，虽然主要认定（the principal Recognition）将告终止，但另一个认定却将因此而产生，即确认该未成年人的祖先去世时所占有的地产是依自物保有方式抑或监护保有方式。咨审团将由以下令状进行召集：

第十四章

"国王问候郡长健康。我命令你派精干的传讯官传唤某村邻里的 12 名自由且守法的人至我或我的法官面前,于某日,准备宣誓后回呈以下事实:未成年人 N 的父亲 R 去世时占有的位于某村的 1 普楼兰地产是作为自物保有还是作为监护保有,I 的儿子和继承人 M 请求对 N 的父亲 R 占有地产的方式进行咨审。同时允许他们勘验地产并把他们的名字记录下来。并派精干的传讯官传唤正占有土地的 N 前来听取认定。我命令你……"

第十五章

还要注意,在已经为双方当事人到庭宽限了 1 日之后,对被告不需再次进行传唤。认定将根据 12 名咨审员的誓言作出,确定该未成年人的祖先去世时对争议地产的占有是以何种方式为之的。据此认定结果,除非该未成年人的祖先去世时所占有的地产是以监护保有的方式,原告将从该未成年人手中恢复占有。或许有人会问,仅凭这一点是否便足以使他恢复占有呢?

似乎不该这样:因为这既没有证明原告的祖先在去世时对该地产的占有是以自物保有之方式,也不能说明原告本人是他的最近继承人。诚然,话说回来,这毕竟表明了那个未成年人是无权保持对争议地产的占有的。如果这些论断都正确,地产的占有又该归谁呢?是否该诉诸主要认定呢?假如经过 12 名咨审员的誓言证明未成年人的祖先去世时所占有的地产确实是以自物保有的方式,那么占有仍将留在该未成年人的手中,直到成年之前均不受干扰。

在此情况下，对方当事人或其继承人能否于将来再度起诉呢？当未成年人达到法定年龄之后，对方至少可以就该地产对他或他的继承人起诉。此外我们还要留意，针对未成年人的咨审仅在一种情况下照进行不误，那就是我们之前已经讨论过的未成年继承人的情况。[1]如果未成年人在针对他的咨审中获得了保持占有的权利，那么他将不再受权利之诉的干扰，直到他成年为止。因为根据一条基本原则，未成年人无义务就任何有剥夺其遗产、生命或肢体之虞的诉讼进行答辩，直到他成年为止。例外在于有关他父亲的债、他自己的债，以及新近侵占地产的诉讼。然而，当占有从未成年人手中移转至对方当事人那里之时，后者也可以保留占有且不必就未成年人所提出的权利之诉进行答辩，直到未成年人达到法定年龄为止，正如未成年人没有义务对原告进行答辩一样。其原因具有普遍的效力：诸如此类与未成年人进行的诉讼，其结果并非固定不变不可逆转的。

倘若未成年人声明放弃他的年龄特权（privilege of his age）的话，他需要向法庭提出自己已经成年。为此，通常须凭以下令状召集8名自由且守法的人前来作出认定：

第十六章

"国王问候郡长健康。我命令你派精干的传讯官传唤某地产所位于的村邻里的8名[2]自由且守法的人至我或我的法官面前，于某日，准备宣誓后回呈以下事实：凭借我的令状向R主

---

[1] 参见第七卷第九章等。
[2] 参见 F. N. B. 569，那里提到的人数为 12 名。

张位于该村的 1 海德土地的 N 是否已达法定年龄。同时允许他们勘验地产并把他们的名字记录下来。并派精干的传讯官传唤正占有土地的那人前来听取认定。我命令……"

第十七章

如果该人的成年已藉由上述认定得到证实，自此以后，他将被作为成年人对待，包括在主要认定程序中。不过仍存疑问的是，该达到法定年龄认定的效力能否在其他诉讼（suits[1]）中加以援引，尤其是那些未成年人有权享有年龄利益的诉讼。如果认定的结果是他尚未达到法定年龄，他便可以在主要认定中获得年龄特权。可是，问题依旧存在：他在其他情况和诉讼中的获益应到何时为止。

第十八章

我们接下来讨论最终圣职推荐权的认定。[2]当某教堂出现职位空缺且围绕圣职推荐权产生争议时，可以通过任意方当事人向法庭提出请求最终圣职推荐权认定加以解决。此时他可以

---

[1] Impetitionem pro impetitiones. 这个概念一般出现在刑事诉讼中，当我们发现这个词与浪费（waste）连用的时候（sine impetitione vasti），我们必须知道在封建法上，浪费是一种刑事犯罪。这个概念所适用的范围随后有了大幅度的扩张。（Vide Spelm. Gloss. ad voc. *impetitus* and *impetitio* and Cowell ad voc. *impeachment*, &c)

[2] Vide Bracton, 237, b. et seq. 这里顺便提一下，柯克勋爵征引了本章以及接下来的两章，还有其他一些权威著作，得出结论说在普通法上，如果某人推荐了牧师且后者被承认并任命的话，其他合法的推荐权人均无法恢复对推荐权的占有，而只能通过权利令状加以救济。（Co. Litt. 344. a)

获得如下令状：

第十九章

"国王问候郡长健康。[1]我命令你派精干的传讯官传唤某村邻里的 12 名自由且守法的人至我或我的法官面前，于某日，准备宣誓后回呈以下事实：哪位推荐权人推荐了上一名位于某村的某教堂的已故牧师，该教堂的职位现在空缺且 N 声称拥有圣职推荐权。同时把他们的名字记录下来。并派精干的传讯官传唤侵夺该圣职推荐权的 R 前来听取认定。我命令……"

第二十章

此类认定中所允许的不到庭借口可在前面的讨论中找到。在认定过程中，无论当事人一方缺席抑或全部缺席，上一个圣职推荐行为（the last Presentation）被确定归谁（他本人或祖先）所行使，谁就将恢复占有，因而当地的主教须根据他的推荐任命某牧师——如果他是适合的人（a proper person[2]）——令他担任空缺教堂的职务并终其一生保有该职务，无论其后他的推荐人的圣职推荐权发生了什么变化。他的对手，亦即在认定中失去推荐权的那方当事人，可以在其后由他本人或他的继承人提起权利之诉，关于此我们前面已经有过讨论。有人可能会问，能否主张什么东西以阻却这种咨审的进行？事实上，为了达到阻却咨审的目的，被告可以承认原告的祖先作为不动产领主或

---

[1] Vide F. N. B. 68.
[2] "在学识、经历和举止上都合适的人"，这是《国王之尊》(*Reg. Maj.* L. 1. c. 2) 中的话。Vide 1 Bl. Comm. 389.

长子继承人实施了上一个推荐行为，但随后他已经把那块封地连同圣职推荐权一道转让给了被告或其祖先。在此种情况下，原咨审将被阻却，当事人双方应先解决前述争议，且都可以请求就该争议进行咨审。当事人一方或双方还可以承认对方或其祖先实施了上一个推荐行为，但并非作为自物保有，而是作为监护保有。并就此问题请求认定。此时的认定由以下令状召集进行：

第二十一章

"国王问候郡长健康。我命令你派精干的传讯官传唤某村邻里的 12 名自由且守法的人至我或我的法官面前，于某日，准备宣誓后回呈以下事实：对于某教堂已故去的上一位牧师，他的推荐人 R 所实施的上一个推荐行为是基于自物保有还是基于监护保有，[1] 并把他们的名字记录下来。并派精干的传讯官传唤侵夺了该推荐权之人前来听取认定。……"

第二十二章

根据认定所确认的结果，如果上一个推荐行为的实施是基于监护保有，那么原推荐人的圣职推荐权将告一段落，该权利将移转至对方当事人手中；反之，如果基于自物保有，原推荐人将继续占有圣职推荐权。

---

[1] 据 Cottonian 和 Bodleian 的钞本尚有"同时允许他们勘验地产"。

第二十三章

接下来处理确认（ascertain）地产性质，即确认某块土地是世俗封地还是教会封地的认定。无论哪方当事人提出请求，下面的令状都将被签发：

第二十四章

"国王问候郡长健康。我命令你派精干的传讯官传唤某村邻里的 12 名自由且守法的人至我或我的法官面前，于某日，准备宣誓后回呈以下事实：位于某村的某教堂的牧师 N 所保有的 1 海德土地是否为其所主张的那样是他的教堂的自由教役保有地产，还是如某村的 R 所主张的是 R 的世俗封地（be the Lay Fee[1]）。同时允许他们勘验地产并把他们的名字记录下来。并派精干的传讯官传唤正占有土地的 R 前来听取认定。我命令……副署人……"

第二十五章

无论在此种认定抑或别的认定中，除了大咨审团（the Grand Assise）所作的认定之外，均不允许使用两个以上的不到庭借口。因为在未经法庭查明当事人确实患有重病衰弱的情况

---

[1] *Sit laicum feodum.* "在普通法上，无论是牧师起诉俗人还是反过来，都存在堂区牧师权利令状（Juris Utrum）。可是在牧师之间进行的诉讼，在这部法案（《威斯敏斯特法Ⅱ》）以前就不存在 Juris Utrum，因为这是专属教堂的权利，并非世俗地产所能享有。普通法令状上的用语是或为世俗封地（an sit laicum feodum）。"（参见 2 Inst. 407 以及柯克勋爵的权威评述）

下，该当事人不得被许可使用第三次不到庭借口。这在咨审中也并不常见，因为咨审通常会排除这个借口的提出。我们正在讨论的这种认定，其程序与其他认定相仿。一旦某地产经认定确认为教产，它就不能再被视作世俗地产，哪怕对方当事人主张他正通过某约定的役务保有着该地产。

第二十六章

我们要讨论的主题轮到了确认某人去世时占有的地产是基于自物保有还是基于担保保有。当某人诉称某自由保有地产是他或他祖先的担保物并要求恢复，而对方当事人却不承认该地产是担保物，并在法庭上主张它是他的自物保有地产时，认定就该由下面的令状召集进行：

第二十七章

"国王问候郡长健康。我命令你派精干的传讯官传唤某村邻里的 12 名自由且守法的人至我或我的法官面前，于某日，准备宣誓后回呈以下事实：N 所占有的位于某村的 1 普楼兰土地是基于自物保有还是基于担保保有，因为 R 诉称该地产是他或他祖先 H 的担保物……"或"位于某村的 1 普楼兰土地是否为 N 的自物保有地产，因为 R 根据我的令状诉称该地产是他或他祖先 H 的担保物，并与 N 在我的法庭上进行诉讼。同时允许他们勘验地产并把他们的名字记录下来。并派精干的传讯官传唤正占有土地的 N 前来听取认定。我命令……副署人……"

第二十八章

有时，某人占有着一块作为担保物的地产直至去世，他的继承人打算凭借该占有的缘故申请收回继承地令状以对抗已占有系争地产的真正继承人的权利。此时被告需要通过请求认定来确认原告祖先的占有乃是基于担保保有而非自物保有。该认定之过程已如前述，其召集令状如下：

第二十九章

"国王问候郡长健康。我命令你派精干的传讯官传唤某村邻里的12名自由且守法的人至我或我的法官面前，于某日，准备宣誓后回呈以下事实：R的父亲N去世时所占有的位于某村的1普楼兰土地是作为自物保有还是作为担保保有。同时……"

第三十章

如果认定的结果是该地产为担保物，主张其为自物保有地产的佃户将丧失系争地产，且俟后无法主张因该地产曾作为债之担保物而于清偿债务后要求返还。[1]如果认定的结果是该地产为被告的自物保有物，原告将被禁止以任何形式恢复对该地产的占有，除非凭借权利令状。可能的问题是，在此种或其他认定中，是否应等待某人的担保人到庭——无论他是何种类型的担保人或无论出于什么原因成了担保人——尤其在当事人提出两次不到庭借口后再请求担保人出庭的时候？[2]

---

〔1〕 这段文字十分晦涩且自相矛盾，很有可能是在传抄中出现了差错。
〔2〕 《国王之尊》第二卷第三十五章对这个问题作出了肯定的回答。

第三十一章

剩下的几种认定程序可以从前文出现过的认定,以及法庭基于当事人双方的请求而作出的裁决中推出。比如,关于确认某人是否已成年的认定,已在本卷第十五、十六、十七章中有所讨论。

类似的,还有本卷第十三、十四、十五章讨论的关于确认某人去世时占有的地产是基于自物保有还是基于监护保有的认定;以及本卷第二十、二十一、二十二章讨论的关于确认某人对上一个推荐行为的占有是基于自物保有还是基于监护保有的认定。这些认定在不到庭借口的提出、推进和终止上都与我们前面详细讨论过的程序一致。

第三十二章

最后留待我们处理的认定是关于新近侵占地产(*Novel Disseisin*)[1]的。若某人不正当且未经审判地侵夺了他人的自由保有地产,且该案件被呈至国王的法官,换句话说,被呈至国王

---

[1] 关于所谓的新近(*novel*)概念,如果行为发生在巡回审判(Eyre or Circuit)之前,那么该行为或侵占就是过去的(ancient);而倘若侵占发生于最近一次巡回审判之后,那它就是新近的侵占。布拉克顿在著作的第160页及以下用了大量的篇幅来讨论新近侵占地产案件。亦参见 2 Inst. 24.《耶路撒冷法典》(c. 63. et seq.)也有关于新近侵占地产案件救济的规定,只不过因为圣地(the Holy Land)的缘故做了少许修正。《拿破仑法典》那位可敬的译者发现 *novel disseisin* 这个术语不曾出现于《大宪章》之前。他肯定是忘记《格兰维尔》或《宝鉴》了。无论《宝鉴》的作者目前多么悬而未决,但格兰维尔无疑证明了这个概念早在《大宪章》之前便已为法律人所熟知。(See Mirror. c. 2. s. 25)

依贵族[1]的建议而派往各地的法官面前。（间隔的时间或长或短[2]）被侵占地产的当事人可以通过以下令状寻求救济：

第三十三章

"国王问候郡长健康。[3] N 向我诉称 R 不正当且未经审判地侵夺了他位于某村的自由保有地产，且该侵占发生于我上次巡视诺曼底期间。[4]因此，如果 N 向你提供进行诉讼的担保的话，我命令你使他恢复对该争议地产及其全部附属动产的占有，并使他自己的动产保持和平状态，[5]直到圣灵降临节。同时派 12 名自由且守法的人勘验该地产，并把他们的名字记录下来。并派精干的传讯官将他们传唤至我或我的法官面前准备进行认定。并指令 R 或（当找不到本人时）他的管事（Bailiff[6]）为听取认定提供担保物或保证人。我命令你执行……副署人……"

第三十四章

新近侵占地产令状随受侵占的自由保有地产类型的不同而具

---

[1] 布莱克斯通法官认为指议会。（1 Comm. 147. 148）
[2] 括号里的这句话通常被认为是被后人篡改的（1. Reeves's Hist. Eng. Law. 1. 189）。然而这种观点有着充足的理由受到质疑，这段文字只不过是对一些理所当然之事的强调罢了。因为派遣巡回法官的时间，本来就是随着国王的加冕、赴诺曼底的巡视和其他事件而无法确定的。（2 Inst. 94）
[3] Vide F. N. B. 394.
[4] 指 1184 年。而如果本书写作于 1187 年的话，那么可以表明新近侵占地产救济的时效为 3 年，其中每天都可以请求，直到一个新的日期（AEra）被固定下来。
[5]《默顿法》（Statute of Merton, c. 37）确认了这个说法。（2 Inst. 235）
[6] 参见边码第 278 页，注释 4。

有多种形式。如果土地上的堤坝（Dyke[1]）被提升或推倒或磨坊的蓄水池（Pond[2] of any Mill）被破坏，以致对某人的自由保有地产造成损失，且对该侵犯的控告恰当其时，处于国王的巡回审判（King's Assise）期间之内，令状可能会有如下的区别：

第三十五章

"国王问候郡长健康。[3] N 向我诉称 R 不正当且未经审判地将他位于某村的堤坝加以提升或推倒，导致对他位于某村的自由保有地产造成妨害，且该侵占发生于我上次巡视诺曼底期间。因此，如果 N 向你提供进行诉讼的担保的话，我命令你派 12 名自由……勘验该堤坝以及地产并把他们的名字记录下来。并派精干的传讯官将……"其余同上。

第三十六章

"国王问候郡长健康。[4] N 向我诉称 R 不正当且未经审判地将他位于某村的磨坊的蓄水池加以破坏，导致对他位于某村或别处的自由保有地产造成妨害（nuisance[5]），且该侵占发生于

---

[1] *Fossatum*. 普林尼（Pliny）使用过这个词。在古代的法律家那里，这个词主要有两种含义：①营房或壕沟；②沟渠、堤坝或护城河。但读者们万万不能把这种古代术语的含义局限于以上这简单的几个意思，可以参考斯佩尔曼向我们提供的宝贵资料。

[2] *Stagnum*，爱德华·柯克爵士告诉我们，此物"包含了水域和土地，并因此被冠以池塘（*Stagnum*）之名"。(Co. Litt. 5. a)

[3] Vide F. N. B. 408. 409.

[4] Vide F. N. B. 407.

[5] See Bl. Com. 3. 220.

我上次巡视诺曼底期间。因此，如果 N 向你提供进行诉讼的担保的话，我命令你派 12 名自由……勘验该蓄水池以及地产……"其余同上。

如果受到侵占的是共牧权（Common of Pasture），令状如下：

第三十七章

"国王问候郡长健康。[1] N 向我诉称 R 不正当且未经审判地侵占了他位于某村的共牧权，该牧场属于他位于某村或别处的自由保有地产，且该侵占发生于我上次巡视诺曼底期间。因此，如果 N 向你提供进行诉讼的担保的话，我命令你派 12 名自由……勘验该牧场以及地产，并把他们的名字……"

第三十八章

此类认定不允许提出不到庭借口。[2]

因为，在第一天，无论侵占嫌疑人是否到庭均不影响认定的进行，[3] 无论成年人、未成年人还是担保人，都不予等候。若某人当庭承认了侵占事实，但同时指明了担保人，认定将告

---

[1] Vide F. N. B. 399.

[2] 注意，《诺曼法典》（Grand Custum. c. 94）中允许此类认定存在一次不到庭和一次缺席！

[3] 诺曼法典向我们详细介绍了整个诉讼过程：首先是公布咨审员（Jurors）名单，双方当事人有权对他们提出合法的异议。咨审员逐一宣誓所说的是事实（sworn to speak the truth）。随后，任何人都不得与他们进行私下交流，除了法官本人。法官将向他们简要介绍需要作裁断的问题，并郑重要求他们给出真实的裁决。然后轮到咨审员们作裁断，整个过程要严防他们受到贿赂。当咨审员们就裁决意见达成一致之后，由其中一人公开向法官提交他们的结论。（Le Grand Custum. de Norm. c. 96）

终止,承认事实的人将被判向国王缴纳罚金。

随后,该担保人将被传唤到庭,[1]并与指明他的人进行诉讼。

然而应当注意,败诉的当事人,不论他是私诉原告抑或被告(Appellor or the appealed[2])都要因暴力侵占行为向国王缴纳罚金。此外,如果自诉人不遵守时间(keep his day)的话,他的保证人将被国王课以罚金,同样的规则也适用于当对方当事人于指定当日缺席时。因该规则而被课处的罚金应归于国王。

在认定中,证实存在新近侵占地产行为的当事人将获得当下所能取得的动产和收成,为此郡长将被国王或他的法官的令状所指示将这些动产的占有移转给他。[3]法庭所作出的其他认定一般是不怎么提及动产或作物问题的。除非郡长已采取必要措施使他获得动产或收成,该当事人可以诉请并获得下面的令状:

第三十九章

"国王问候郡长健康。[4]我命令你强制 R 正当且不迟延地向

---

[1] 诺曼法典对此的规定更为简明清楚,不允许担保人对新近侵占地产行为作正当化担保,因为暴力行为不应被容忍(*Violentum enim est et nullo modo sustinendum*)。(Le Grand Custum. de Norm. c. 94)

[2] *Appellans sine appellatus*. 这个概念一般在刑法中出现。这里之所以借用了刑法术语,是因为侵占地产行为就其对和平的侵犯和危害来说已经接近了刑事犯罪的程度。参见 Mirror. c. 2. s. 23.

[3] "已就侵占诉讼(Ejectment)提供充分证据的原告可要求郡长将属于该地产的最多价值10马克的动产或作物交到自己手中"(*Reg. Maj.* L. 3. c. 76)。读者切记不要把 Ejectment 理解成现代的意思("逐出地产之诉"),这只是英译者斯基尼自己的话。

[4] 前文第十二卷第十八章曾出现过相同的令状。

N 归还他的动产，后者诉称其不正当且未经审判地从他位于某村的自由保有地产中夺走。由于他的侵占行为，且由于我的咨审诉讼，他已通过新近侵占地产的认定在我的法官面前恢复地产占有，因为他可以合理地证明他应该拥有它们。以免……副署人……"〔1〕

---

〔1〕 本卷花了极大的篇幅处理 Assises 的问题。在即将结束本卷之际，我认为向读者们摘录里弗斯先生的这段文字是有所裨益的："我们要注意，这些 Assises（格兰维尔有时也称呼它们为这个，但在更多情况下是 Recognitions）并非为同一性质。其中，收回继承地（de morte antecessoris）无疑是一个诉讼的开端，独立于其他诉讼；而其他 Assises ［包括最终圣职推荐权（de ultima presentatione）和确认地产性质（utrum laicum feodum vel ecclesiasticum）亦不例外］则只是对某个既存诉讼中事实问题的确定。因此，在后一类诉讼中召集认定（Recognitions）的令状仅仅是纯粹的传唤令（writs of Summons）：这些传唤令都提到了，某些诉讼已根据国王的令状而在法庭中进行；这些令状是根据当事人的请求而发出的，它们似乎是根据当事人双方的合意，为解决某些有争议的附带问题（an incidental question）而被诉诸的。另一方面，收回继承地令状则具备了开启一个全新诉讼的外观，它只在原告提供了担保的情况下被签发：如果 T 的儿子 G 向你提供了进行诉讼的担保，那么传唤（Si G. filius T. fecerit te securum de clamore suo prosequendo, tunc summone），且没有提到任何已经开始了的诉讼。具有相同性质的还有新近侵占地产（de novâ desseisinâ）令状。"（Reeves's Hist. Eng. Law. p. 188）

第十四卷

论属于王权管辖的刑事诉讼。

第一章

在讨论完民事诉讼之后，接下来我们处理刑事诉讼（Criminal Pleas）。当某人被控弑君（King's death）或在王国或军队中煽动叛乱（promoted a sedition in the Realm or Amry）时，[1]不要求有明确的指控人出现（appears）。如果没有明确的指控人出现，而只是存在公众的呼声（public voice）对他进行指控，[2]

---

[1] 布拉克顿在谈及冒犯国王罪（laese majesty）时说，任何人当知晓他人有此预谋时应即刻报与国王或他的大臣知晓。他不应在同一地方心安理得地逗留两夜或两天时间，而是应立即放下手头的工作（不论这些工作有多么紧急）赶紧报告国王，勿使国王对该消息之接收有所迟延（Bracton. 118. b. See also Fleta. L. 1. c. 21. 22. and Mirror. c. 8. s. 1）。在后一本著作中，我们会发现这样一个离奇复杂的定义："叛国罪即某人向其有义务以友善待之者所为的一切明知或意图达到的侵害（Treason is every mischief which a man knowingly does or procures to be done to one he is in duty bound to be a friend to）。"

[2] 这是格兰维尔时代的法律中最古怪的一条规定。在某人将要受到指控时赋予他进行自我防御的义务，这大概是人类为在社会状态下共同生活的必然结果，也符合彼时的社会状况，并为所有国家的国内法所强制推行。但这条规定却似乎是实施酷刑（peine forte et dure）这一惩戒所意图达到的目标。这条古怪的规定表现了人们试图用强有力但却僵化的立法措施来使法律达到善的或明智的目的这一夙愿，全然不考虑手段选择上的平和或巧妙。随着法律日趋精

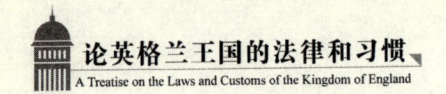

论英格兰王国的法律和习惯
A Treatise on the Laws and Customs of the Kingdom of England

那么首先，刑事被指控人（the accused）应当要么提供合适的担保（Pledges），要么被妥善地监禁起来。[1] 对案件事实的查明，应当在法官在场时以多种纠问和质询（inquisitions and interrogations）的方式进行，要考量可能的真实情形，并权衡每个对被指控人有利或不利的假设。他必须要么以神明裁判来涤罪（purge himself by the Ordeal[2]），要么彻底洗脱加诸其身的罪名。可是一旦神明裁判的结果是他犯了死罪（Capital Crime），那么如同在其他重罪的场合，他只有听凭国王的怜悯获得生命和肢体上的刑罚。[3]

炼和人性化，这一规定自然而然地逐渐淡出历史。至于说对我们的作者在这里提到的内容的理解，我们可以从布拉克顿那里得到一些提示，而这要归功于里弗斯先生的大作（143.a）。布拉克顿提到了一种依王国的荣誉（*per famam patriae*）公诉（Indictment），与本书此处的记载有些类似。规定这种程序的基础，在于假定它是由良善正直的人提起的，而非基于大众的流言蜚语。不过诺曼法典中对此有更进一步的规定：然而，在刑事案件中，为公众所广泛知晓或存在可信赖见证人的臭名昭著者不必等待法律的指令即可被逮捕并监禁（*In criminalibus tamen manifestis seu notoriis maliciis quos fama publica seu fide dignorum testimonium nunciant culpabiles, non expectato Juris ordine debent arrestari et carceribus mancipari*）（Grand Cust. c. 4. and 68）。在 Mr. Kelham 所译的《布里顿》中关于王权之诉的章节（page 18. Note 15）中，读者可以找到对嫌疑犯提起公诉的宝贵记录。读者还可以参考 Bracton. 143. LL. Hen. 1. c. 45. Mirror. c. 2. s. 22. and Fleta. L. 1. c. 21.

[1] "在普通法上，一个受叛国或其他重罪指控的人都可以在提供担保之后获得保释：因为在普通法上，监狱就是那些找不到保证人之人的担保。"（Co. Litt. 189）这有利于我们弄清楚原文那简洁但含义稍显模糊的句子。本章中也给出了类似的说明，只不过举出的是作为例外的杀人罪而已。

[2] *Per legem apparentem.* 在提及本章内容时，斯佩尔曼爵士说道："我不认为（这个词）在这里应被理解为决斗而非神明裁判。"这个假设也得到了《诺曼底习惯法汇编》第 87 章的附和。无论它是对是错，*lex apparens* 这个词的通常含义是指决斗。（Spelm. Gloss. ad voc. lex and his Reliq. p. 80）

[3] 原文为 *Ex regiae dispensationis beneficio, tam vitae, quam membrorum suorum ejus pendet judicium.* 英译者从《国王之尊》的译本中获益良多："如果某人被判犯了这些罪行，对他的判决和惩罚须完全听凭国王的意旨和愿望，诚如一切重罪和煽动罪的情况。"（L. 4. c. 1）

如果，从一开始（in the first instance）便存在明确的指控人，他需要（如果有能力的话）提供进行诉讼的担保。如果他提不出什么担保的话，也可以用庄重的承诺（solemn promise）来代替，[1]如其他重罪诉讼一样。而在通常情况下有一个承诺也就足够了，以免担保责任过重导致人们不愿意起诉。[2]指控人对诉讼提供担保之后，正如我们已经提及的，被指控人要么提供安全可靠的担保，要么将被投入监狱。在全部重罪之诉中，被指控人在提供担保后一般将予释放，[3]——除非在杀人罪的诉讼中，鉴于他所造成的恐怖，不应将其释放。下一步便是为双方当事人指定出庭的日期，在此之前允许使用那些通常的不到庭借口。

最终，指控人应当提出指控：他曾目睹或以其他法庭上的证据证明自己知晓，被指控人已预谋（conspired）或着手实施了（done）某些针对国王生命的举动；或打算在王国或军队中煽动叛乱；或为达成上述目的与他人勾结串通、为他人提供建议或授权。指控人还应表示自己愿意遵照法庭的指示提供证明。[4]

另一方面，如果被指控人以合理的方式（in due manner[5]）否认了对方的一切指控，该诉讼通常将诉诸决斗裁决。值得注

---

[1] *Fidei suae religionis.*《国王之尊》："信誓旦旦的承诺就够了"（L. 4. c. 1）。在教会法学家看来，真诚原则的介入（*fidei interpositio*）与誓言息息相关。（Lyndwood's Provinc. 271）
[2] 布拉克顿给出了相同的理由（118. b）。
[3] 但 the Mirror 的记载与本书相反。（c. 5）
[4] 参见 Bracton. 119. a. Fleta. L. 1. c. 21. s. 2.
[5] *Seriatim de verbo ad verbum*（Fleta. L. 1. c. 21. s. 2）. *Sufficit si communiter se defenderit dum tamen de causa.*（Ibid.）在举证责任上，对控告人的要求比对被告人严格得多。

意的是，一旦决斗开始，当事人中无论哪一方都不得增加或减少决斗誓词中的任何内容，或试图采取其他手段逃避自己的责任，否则即要承担战败的后果并接受处罚。

当事人双方也不能提出和解，除非获得了国王或他的法官的许可。指控人战败的话要向国王缴纳罚金，理由我们已经在前面详细讨论过了。

关于战败者所应受的惩罚与名誉减损，前文已有详细的介绍。如果被指控人战败的话，等待他的判决也已在前文有介绍，我们只补充一点：他的全部动产将被没收，其继承人也将被永久剥夺继承权。[1]

任何成年的自由人都可以成为这类案件的指控人。当某未成年人提出此类控诉时，他应以我们的前述方式提供担保。农役保有人（Rustic[2]）也可以提出指控。女子则不得实施任何重罪的指控，除非在某些特殊情况下，我们稍后再讨论。指控人可以凭借年龄或身负重伤（Mayhem[3]）的原因拒绝对方的决斗请求。

当事人的年龄豁免仅限于60岁及以上。"身负重伤"可以是外伤或损耗引起的骨折和头部损伤。在这种情况下，被告人必须以神明裁判的方式涤罪，亦即烙铁审（如果他是自由人）

---

[1] 布拉克顿在提到叛国罪时说，这类罪行是如此的严重，以至于不该让他们的继承人继续生活（118）。这位严肃的法学家忽然摇身一变成为了雄辩的演说家。

[2] 斯基尼说（Reg. Maj.）这其实是农民（Husbandman）。英译者使用了字面意思，并将在本章的最后为读者进行说明。Vide Mirror. c. 2. s. 28.

[3] 据说 mahemium 来自古代法语 mehaigne。（Co. Litt. 126. a. 288. a. Cowell and Spelm. Gloss.）

和水审 [如果他是农役保有人（Rustic）] 的方式。[1]

第二章

关于欺骗性隐匿无主埋藏物（fraudulent concealment of Treas-

---

[1] 神明裁判（The trial by Ordeal）是最受迷信思想所偏爱的产物，曾被弗勒里（Fleury）、勒布伦（Le Brun）等一大批作家视作古典时期的产物，因为普林尼（L. 8. c. 2）曾提到托斯卡纳（Tuscany）有一家人因阿波罗的眷顾而未受圣火的伤害。不过 M. Houard 却通过更合理地推断，说它来自于基督教对使徒神迹的宣传（*Traités sur les coutumes Anglo-Normand. Tom.* 1. p. 577）。无论如何，这种审判方式早在因尼王时期（Reign of Ina）便已出现，其在全国的使用亦为威廉一世即位时所发现。而他的诺曼人却十分崇尚决斗审判，将此裁判作为迷信的手段加以拒斥，但它仍通行于老人、残废者和女人之间。根据因尼法的记载，被指控人需要就火审还是水审做出选择。如果他选择了前者，就要为他准备一块不超过3磅重的烙铁。而用以加热烙铁的火堆则在寺院中燃起。在火焰升起之后，除主持仪式的僧侣外，其他人一律不准进入该寺院。两人从左右两端抓住烙铁置于火上，并由他们来判断烙铁的温度。待到他们承受不住以后，再换相同数目的人从两端（*ab utroque latere*）抓住烙铁继续加热。所有见证人在当晚必须保持空腹。待到拂晓时分，牧师为见证人们洒圣水，并命他们饮下，再拿出福音书供他们亲吻，之后为他们画上十字。随即进行弥撒仪式。从这时起，火堆里将不再添柴，但烙铁仍将搁在余烬之中直至读毕短祷文。弥撒结束之后，全体在场人员均要在庄严肃穆中祈求上帝将真相展示给他们。人们把烙铁抬起来，被指控人旋即将它攥在手中，走出9英尺的距离，从他的脚下起算（*juxta mensuram pedum ejus*）。审判结束之后，被指控人的手将被包扎起来，并在包扎条上加盖印章。3天之后再拆开包扎，看手的创口有没有感染，正如 M. Houard 所说：只要被火灼烧过的部位结下伤疤而不是化脓了，就可以认为他是无辜的（*ce qui doit, je crois, faire entendre que l'on n'étoit pas coupable, quand la main conservoit des marques de brulure, mais seulement lorsqne la brulure tomboit en supuration*）（*ubi supra*）。如果被指控人选择了水审，就要为他准备一只盛满水的容器，在火上加热至沸腾。轻微罪行的被指控人需要把手伸入沸水中没至手腕，重大罪行的被指控人则需把手伸入没至肘部。其他仪式则与火审相仿（LL. Inae. c. 77）。The Mirror 的记载与格兰维尔相同（c. 3. s. 23），对此黑尔勋爵告诉我们："约翰王时期的通过火与水（*per ignem et aquam*）涤罪，亦即神明裁判曾在当时的卷宗记录的时常出现，但在这位国王之后就不怎出现过了，因为我未曾在其后的时代中发现过。"（Hist. Com. Law. p. 152）

ure Trove）的诉讼，在一般情况下，根据前述惯例和规则，需要有明确的指控人。[1]如果某人只是被公众的呼声所指控犯下这种罪，依王国法律的规定，他通常不是由神明裁判来涤罪，[2]而是须受其他形式的裁判（Assise），除非他在法庭上被控或自认曾从某处发现并取走某种金属（Metal）。[3]如果从其所被指控的事实所作出的推断对他不利的话，他将被强制进行神判涤罪，以证明他并未发现或取走任何物品。其他诉讼过程同上。

第三章

如果某人被指控犯有杀人罪（Homicide）的话，[4]对他进行审判和裁决的方式要基于我们先前所作的区分。在一般情况下，被控犯此罪者并不因提供担保而解除羁押，除非国王本人对他表示了宽宏和仁慈。杀人行为可以分为两种。第一种是秘密实施的谋杀（Murder），无人目睹、无人知晓[5]——除实施

---

[1] Vide Bracton. 119. b. Britton. c. 17. s. 1. Dial. de Scacc. L. 2. s. 10. 现代法国民法规定，如果埋藏物发现人是不动产所有人，那么归该所有人所有；如果发现人并非所有人，由发现人与不动产所有人平分。（Code Napoleon）

[2] Yet see LL. Hen. 1. c. 63. Ed. Wilkins.

[3] 在布拉克顿的时代，有可能使人做某人占有了无主埋藏物的推断的事实是，该人的衣着或生活水准跟以前相比忽然有了极大提升。这就足够把人送进监狱的了。（120. a）

[4] Vide Fleta. L. 1. c. 23. Bracton. 120. b. 134. a.

[5] "（作为犯罪的）谋杀，其名称得自条顿语 moerda，其古老的含义为秘密地杀害他人"（4 Bl. Comm. 194）。这位博学的法官征引了我们作者的此处文字以资证明。当然也有别的权威文献可提供证明。谋杀，即某人在夜间或休息时于村内外被杀（Murtre, est quant home est tue de nuit ou de repos dehors ou dedans vill）（Assises de Jerusalem. c. 85）。谋杀是一种非正常的死亡，有可能出自不知名的杀手之手（Porro murdrum propriè dicatur mors alicujus occulta cujus interfector ignoratur）（Dial. de Scacc. L. 1. s. 10. See also Bracton. 121. Fleta. 34. s. 6. Britton. c. 6. s. 1. and c. 23. Reg. Maj. L. 4. c. 5）。

者本人及其共犯外。因此，捉拿之声（Hue and Cry[1]）无法及时针对实施者发出，诚如那部法令[2]所规定的。

只有死者的血亲（the blood of the deceased）才可以提出这种控告。更严格的限制是，较近的继承人可以排除其他较远继承人进行诉讼的权利。[3]

第二种杀人罪是一般意义上的杀人，可以称做一般杀人罪（simple Murder）。

这种诉讼的提出也只能由死者的血亲进行，[4]或者是与死者存在臣服或支配（Dominion）关系，并能以自己的见闻作证词来为死者提供证明。如果女子能像作为目击证人（Eye-witness）那般[5]对事实加以陈述的话，她[6]就可以向任何人提出关于其丈夫被杀的指控，[7]因为丈夫和妻子是一体的关系（one

---

[1] 原文为 *Clamor popularis*，英译者遵循柯克勋爵的权威将之译作 Hue and Cry。柯克勋爵告诉我们，它早已为征服者之前的人们所熟知（2 Inst. 171. 172），所以当这个貌似在法国具有悠久传统的制度被植入英格兰时，大家并没有表现出多少惊诧。(Beaumanoir c. 67)

[2] "这部法令《呼叫追捕法》（*Statute of Hue and Cry*）已经佚失了。"柯克勋爵说。(2 Inst. 171)

[3] *De multro（murder）vel Homicidio propinquior in genere sequelam faciendi retinet potestatem: Si autem propinquior in non aetate fuerit vel aetatem transegerit, alius propinquior interesse poterit in sequela, vel alias de genere in quem consenserit omnis parentela.* (Le Grand Custum. de Norm. c. 69. See also Britton. c. 1. s. 11.)

[4] Vide Co. Litt. 25. a.

[5] 因为"原告于伤害发生时不在场"总是一个极好的防御手段。(Vide 2 Inst. 316)

[6] "但并非全部妻子，而只能是当丈夫被杀时正处于其掌控（arms），或曰占有（in seisin）之下的妻子。因为他可能有很多妻子，且她们在他被杀之时都在世，而只有他最后娶的妻子才有权提起诉讼并代表其他妻子，因为目前的法庭并不负责查清谁是他的正当妻子，其他妻子就本案提起的诉讼应当暂停。"(Mirror. c. 2. s. 7. See also Bracton. 125. a. Fleta. L. 1. c. 35. and 2 Inst. 316)

[7] 柯克勋爵曾在两处著作中援引本章内容为他的假设提供依据，即在《大宪章》之前，女子可以像男子一样就自己任意祖先的去世提起诉讼（Co. Litt. 23. b. and 2 Inst. 68）。然而根本看不出来格兰维尔怎么会为这个草率的论断提供依据。

357 flesh)。女子针对他人对她本人人身所实施的伤害,此类诉讼应被受理,我们以后再说。被告人应当选择,是服从女子的指控还是进行神判涤罪。假如被控犯有杀人罪之人是被一群人当场抓获且为本郡的咨审团(Jury)所证明了的,有时会被强制进行涤罪。

第四章

纵火罪(Burning)[1]的诉讼进程、审理和裁决所采用的形式和顺序,与我们之前所讨论的相仿。

第五章

358 抢劫罪(Robbery)[2]的程序与前面的罪名相比亦没有任何区别。

反之,他是对立规则的主张者,在本章中明确地、并在本卷第一章中间接地排除了女子在任何情况下起诉的权利,除非事关她丈夫的死和自己的人身伤害。布拉克顿也明白无误地将女子起诉的权利限制在这两种情况之内。(fo. 125,and 148)即便如柯克勋爵这样的权威方家,他所对于古代文献所作的推论和评注也并非完全值得信赖。他的名字曾出现于诸多错误之上。而就举出无数例证来说明某论断的真实性而言,没有什么比此更容易了。

[1] "纵火指的是那些出于敌意或报复,在和平时期恶意纵火燃烧城市、市镇、房屋、人、牲畜或其他动产的行为。"(Mirror. c. 1. s. 8. See also Britton. chap. 19)

[2] Roberia. 抢劫之所以被称为 roberia,据柯克勋爵说,乃因其就像从某人的衣服上(de la robe)拿财物似的(Co. Litt. 288. a. and 3 Inst. 67)。科维尔认为这个词来自法语 robbe,即 vestis(衣服),斯佩尔曼则认为来自 raubas,也是指衣服。撒克逊人用 reaferar 来表达此意,reaf 亦即 vestis。因为在古时候,出门在外之人一般不随身携带什么东西,除了几件衣服以外也没什么可抢的(参见 Cowell and Spelm. Gloss.)。因尼法对抢劫罪的处罚是归还被抢物品并处罚金60先令(LL. Inae. c. 10)。

第六章[1]

强奸罪（Rape）[2]是指某女子指控某男子值国王安宁之际（whilst in the King's Peace）对她的人身施加暴力。[3]受到这种侵害的女子应当于事发后即刻前往最近的村子，向当地正派的男子（respectable Men）陈述她所受的伤害，并展示暴力行为所造成的外在标记（external marks of violence）。[4]随后，再向百户区长官（Chief Officer of the Hundred）做同样的事。最后，在郡法庭中公开就侵害提起诉讼。此类诉讼被提起之后，审理裁决程序一如前面的罪名。被女子指控犯有该罪名之人进行的审理，其方式如同前述人身伤害案件。要注意的是，被告人仍须就服从指控或神判涤罪做出选择。对其判决已如前述。哪怕罪犯（Malefactor）主动提出愿意娶被强奸者为妻也不得进行原宥。因为这种情况经常出现，即身份卑贱的男子使出身高贵的女子蒙受了永远洗刷不去的耻辱，或显赫尊贵的男子因为下贱低微的女子而蒙羞，从而玷污了他们纯洁的血统。不过在判决作出之前，按照王国的习惯，女子和被指控人可以通过婚姻进行和解，但这必须得到国王或他的法官的许可，以及双方父母的一致同意。

---

[1] 出于明显的原因，英译者对本章的翻译是按照通用的方式进行的。
[2] Vide Mirror. c. 1. s. 12. and Bracton. 147. a.
[3] Vide LL. Gul. Conq. c. 19. and 2 Inst. 180. 181.
[4] 在7名寡妇或已婚女子的见证之下，该失贞女子应当尽可能陈述她受伤害的经过（Visio audem virginis defloratae per septem mulieres viduas vel maritatas fide dignas debet fieri, per quas, si necesse fuerit, de defloratione veritas recordetur）（Grand Custum. de Norm. c. 67. See also Britton. c. 1. s. 30. &c）。

第七章

欺诈类犯罪（Falsifying）[1]是一个笼统的称谓，包含有多种类型。比方说，伪造授权许可、虚假度量衡、制造假币和其他类似的种种存在欺诈行为的案件，受指控或自认者应当就此受到惩处。这类诉讼的进程和方式一如前面那些罪名，我们不再赘述。只说明一点，即对伪造的授权许可应当作区分，看它是王室的（royal[2]）抑或私人的。因为如果在前者，被指控人应被认为是犯了冒犯国王罪。而在伪造私人许可状的场合，被指控人的罪责要轻一些，如同其他欺诈犯罪一样进行处理，亦即根据前述，听凭国王的意旨而承受肢体上的伤害。

第八章

至于盗窃和其他属于郡长的管辖[3]的罪行，由于它们的审理和裁决方式依不同郡形形色色的习惯而五花八门，并非是我的当下计划所能涵盖的：这本书只涉及在王室法庭中进行的诉讼。

这本关于英格兰法律的书至此便完成了。

---

[1] 参见 Britton. c. 4. Bracton. 119. b. and Fleta. L. 1. c. 22.

[2] 布拉克顿说，对于国王的授权许可，无论法官抑或私人都不得提出异议，当出现争议时加以解释，而只能询问国王本人的意思。如果许可状是有瑕疵的，比如有涂改的痕迹或伪造的印章，最好是在国王在场的情况下进行处理。（Bracton. fo. 34. a）

[3] 鉴于郡长的这部分管辖权已经被《大宪章》废止，英译者在此附上诺曼法典中的原文，向读者们展示一下彼时诺曼底法律家眼中的郡长管辖权和职责。*Offlcium autem Vicecomitis est placita tenere : vias antiquas et semitas et limites aperire : aquas vero transmotas ad cursum debitum reducere, et de malefactoribus, et seditiosis mulieribus, et arsionibus, et deflorationibus virginum violentis, et ceteris actibus criminosis diligenter et secrete inquirere.* （Le Grand Custum. de Norm. c. 4）

索引

A

Abbots, 修道院院长

——cannot without King's consent 不得在 alien, 未经国王同意和确认的情况下, 150

——of Canons Regular may appear for their Order, 受教规约束的修道院院长可依自行授权而出庭, 282

Absence, 不到庭

——of Lords, 领主, 79

——of Parties, 双方当事人, 36

——of Summoners, 传讯官, 31

——of Tenant, 被告, 33

——of Demandant, 原告, 34

Accusations, 指控, 345

Accuser, certain or uncertain, 指控人, 明确的或不明确的, 344, 347

Admeasurement of Dower—Writ of, 对寡妇地产进行测量之令状, 135

Administration, who entitled to, 被指定进行的管理, 167

Advocatio（Note 1）, 推荐权, 83

Advowsons—general doctrine of, begins at, 推荐权

——一般规则, 开始于, 83

A Esnecia（Note 1）, 资格, 155

Afforciament（Note 1）, 候补咨审员, 65

Age, Writ to ascertain, 年龄确认令状, 322

Aids（Note 1）, 协助金, 234

Aisiamenta（Note 1）, 地役权, 295

Allegiance, 忠诚, 218, 219

Amercements, 罚金, 249

——in County Courts belong to Sheriff, 郡法庭审理并课处的罚金应归于郡长支配, 238

Appeal of Felony, 被控犯有重罪, 172

Appellans（Note 2）, 私诉原告, 340

205

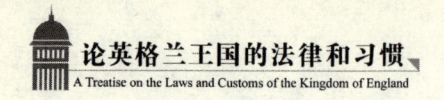

Appeals, who may prosecute, 控告, 可以提出者, 350

Arbelastarius（Note 1）, 十字弓兵, 287

Arrha（Note 2）, 定金, 267

Assisa（Note 1）, 裁判, 43

Assise Grand（see Grand Assise）, 大咨审团, 54

Assises, general doctrine of, begins at, 咨审, 一般规则, 开始于, 304

Assise of, *darrein presentment*, 咨审, 确定上一个圣职推荐行为, 325

——*mort d'auncestor*, 收回继承地, 305

——*novel disseisin*, 新近侵占地产, 334

——when it lies not for burgage tenure, 自由市镇农役保有地产不适用咨审, 316

Attachment（Note 1）, 扣押, 80

Attornato faciendo, Writ *de*, 作辩护士之令状, 279

Attornies—general doctrine concerning, begins at, 辩护士一般规则, 开始于, 275

——Attorney may cast Essoins for himself, 辩护士可以为自己提出不到庭借口, 280

——may be removed, 可以进行替代, 281

Avunculus（Note 4）, 叔伯、舅父, 151

B

Bailiff, cannot, as such, appear as Attorney, 管事, 此类不得作为辩护士出庭, 277

Ballivus（Note 2）, 管事, 277

Banco, Justicii in（Note 1.）, 民诉法庭的法官, 50

Baro（Note 2）, 领主, 213

Bastards, cannot inherit, 私生子, 不得继承, 180

——formerly inherited in Wales (Note 1), 以前在威尔士可以继承, 181

——who succeed to, 私生子的继承, 184

Bastardy, when bar to an Assise, 私生子身份阻却咨审, 314

——Writ to inquire concerning, 调查令状, 181

Bishops, cannot without King's consent alien, 主教, 不得在未经国王同意和确认的情况下, 150

索 引

——do not when consecrated perform Homage, 已被奉为圣者的, 无需行臣服礼, 222

——do when consecrated perform Fealty, 已被奉为圣者的, 需行效忠礼, 222

Bladum（Note 1）, 庄稼, 40

Boscus（Note 2）, 林地, 295

Breve（Note 3）, 令状, 5

Burgage Tenure——not entitles King to Custody, 市镇农役保有地产
——国王没有监护权, 173
——when it bars an Assise, 阻却咨审, 316

C

Campio（Note 1）, 替手, 44

Capital Messuage, not allotted in Dower, 主要地产, 不得作为寡妇地产, 130

Cellarii（Note 1）, 僧侣, 283

Champion, when hired, inadmissible, 替手, 若是受雇佣而来的, 不被接受, 46
——if formerly a Villein, objectionable, 若以前是农奴, 被排除, 107
——when conquered how punished, 战败后将如何惩罚, 47
——collusively vouched（Note 2）, 共谋的担保, 270

Charters, proof of, 契据, 证明, 263
——falsifying, 伪造, 360

Chattels, when forfeited, 动产, 被没收时, 186, 191
——of Intestate, 无遗嘱的, 185
——of Usurer, 高利贷者的, 186
——not distrained for non-appearance, 不出庭时不扣押, 246

Chief Manor, not allotted in Dower, 主要庄园不得划入寡妇地产, 131

Chirograph, 骑缝证书, 206

Clamat（Note 1）, 抱怨, 6

Clamor popularis, 公众的呼声, 354

Coin false, 制造假币, 360

Commodatum（Note 2）, 使用借贷, 264

Concord, why called Final, 终结协议, 为何被冠以终局之名, 203
——breach of, how punished, 违反, 将如何惩罚, 205
——Concords, general doctrine of, begins at, 终结协议一般规则, 开始于, 197

Conditions, 条件条款, 255

Conductum（Note 1）, 承租人, 273

Confiscation, 没收, 349

Consanguinity, in questions of freedom, 血缘关系, 在自由的争议时, 102

——in questions of Intestacy, 在无遗嘱的争议时, 167

——bar to Assise of *Mort d'auncestor*, 阻却收回继承地咨审, 315

Constitution (Note 1), 法令, 60

Consuetudines (Note 2.), 税金, 203

Consuetudinibus et servitiis, Writ de, 税金及役务, 之令状, 237

Contempt of Court, 藐视法庭, 36, 80, &c

Contemptus Brevium (Note 2), 控诉令状, 5

Contenement (Note 2), 体面, 235

Contracts private, 私人协议, 273

Counts, when they vary from Writ, effect of, 诉因, 当与令状不一致时, 效果, 302

Courts inferior—when allowed Records, 低级法庭

——可以制作卷宗记录时, 209, 213

——County-differ in their Customs, 郡法庭依习惯而不同, 301

——of Lords-differ in their Customs, 领主法庭

——依习惯而不同, 289

Crimen falsi (Note 3), 欺诈类犯罪, 2, 360

Croftum (Note 3), 小农场, 201

Curtesy of England (Note 1), 英格兰鳏夫产, 194

Custody of Heirs, 继承人的监护, 170

——discharges Relief—when 免交继承金, 226

Customs, 习俗, 155, 162

Custum (Note 1), 诉讼费用, 34

D

Darrein presentment—Writ of, 确定上一个圣职推荐行为

——之令状, 324

Debt—Writ of, 债

——之令状, 245

Debts—Pleas concerning, 债

——有关的诉讼, 244

——how proved, 如何举证, 262

Default, how punished, 缺席, 如何惩罚, 20

Deposit, 寄托, 246

Descents, general Canons of, 血统继承, 一般规则, 151

——amongst Grecians, Normans,

Lombardi, &c（Note 1），希腊人、诺曼人、伦巴第人等的血统继承，152

Desponsatio（Note 1），婚约，112

Disseisins，侵占地产，334

Distresses，通过扣押以强制，124，221，236，246，281，&c

Divisa（Note 1），分配，162

Divorce, for Incontinence bars Dower, 离婚

——因不贞，阻却寡妇地产之主张，133

——for Relationship bars Dower, 因亲属关系，阻却寡妇地产之主张，133

Dominium（Note 1），所有权，150

Dower, general doctrine of, begins at, 寡妇地产，一般规则，发生于，111

——in what senses used, 在何种意义上使用，111

——*ad Ostium Ecclesiae*, 在教堂门口，112

——*Ex assensu Patris*, 经父亲的同意，134

——admeasurement of, 测量，113

——how demanded, 如何请求，122

——not of land already in Dower, 事先已取得的，131

——its assignment not postponed for Heir's Infancy，分配不因继承人未成年而受推迟，131

——barred by Divorce for Incontinence ored by Divip, 因不贞或亲属关系的离婚而被阻却，133

——Writ of Right of, 之权利令状，119

Duel, Trial by, 决斗，以决斗来裁判，39

——its rise and decline（Note 2），其产生及消亡，40

——reason of（Note 1），其理由，42

——not allowed in questions of Villenage, 农奴身份问题不可以决斗，105

——not waged by Villein-born though Knighted, 被授予骑士身份的天生农奴不得进行决斗，107

——Courts not bound to defend their Records by, 法庭没有义务通过决斗来为自己制作的卷宗作辩护，210

——Courts bound to defend their Judgments by, 法庭有义务为自己的判决作辩护，210

——Duel, in Criminal matters, 在刑事案件中的决斗, 349

——when only compromised by License, 除非因许可而和解, 349

Duodecima Manu（Note 2）, 12个人的宣誓, 10

E

Earnest, 定金, 267

Ecclesiastical Court—holds not plea of Debt—when, 教会法庭
——不得进行审理, 262

——when it has Jurisdiction generally, 一般具有管辖权的案件, 303

Election of Knights on Grand Assise, 大咨审团选出的骑士, 58

Enfranchisement—modes of effecting, 解放农奴
——有效的方式, 105

——under Saxons（Note 2）, 萨克森人, 105

Escambium（Note 1）, 补偿物, 74
——when Bracton wrote（Note 1）, 布拉克顿的记载, 74

Escheat, for want of Heir, 地产复归
——因无继承人, 188——for incontinence of female Heir, 因女性继承人的不贞, 189

——for felony, 因重罪, 189

——for conviction of Theft, 因确证犯有盗窃, 191

——for Outlawry, 因被褫夺法权, 190

Essoins, principal kinds of（Note 1）, 不到庭借口, 主要的种类, 7

——general doctrine of, begins at, 一般规则, 开始于, 7

——not allowed by one of full age against Minor, 成年人不得对未成年人使用, 317

——nor in Novel Disseisins, 新近侵占地产中不得使用, 311

——may be cast by Attorney for himself, 辩护士可以为自己主张, 280

Essoiners, may appoint Essoiners, 不到庭陈述人, 可以指派不到庭陈述人, 22

——Writ to take as Defaulters, 作为缺席人的传唤令状, 16

Essonium（Note 1）, 借口, 7

Exceptions to Jurors, 对咨审员的排除, 60

Exchequer, 财政署, 173

Executors-who, 执行人, 166

F

Failure of Justice in Lord's Court, 领主法庭无法主持正义, 289

Faldae（Note 2），羊栏，202

Faldae secta（Note 2），羊圈，202

Falsifying Judgments, 错误的裁判, 211

False-claim, punishable, 虚假起诉应惩罚的, 36

Fama publica（Note 1），公众的呼声，345

Fealty, 效忠, 157, 193

Fee, how lost 地产, 如何丧失, 220

Felony—appeal of, 重罪
——被控告, 172
——forfeits Land, 收回地产,189

Females, Custody of, 女性监护,175

Feme sole may make a Testament, 女子可以自己订立遗嘱, 163
——covert cannot without Husband's consent, 已婚则不得未经丈夫的同意, 163

Feodum（Note 2），封地，124

Fidei interpositio（Note 2），庄重的承诺，347

Final Concord, forms of, 终结协议形式, 198, 200

Fine—bar to Assise of *Mort d'auncestor*, 协议诉讼
——阻却收回继承地咨审，314

Fines—general doctrine of—begins at, 协议诉讼
——一般规则, 开始于, 197

Forfeitures, 没收财产, 189, 190, 191, 220, 349, &c, &c

Forgeries, 伪造, 360

Forinseca（Note 1），外部的，202

Forisfacio（Note 2），剥夺，178

Forisfamiliatus（Note 1），脱离家庭，159

Fossatum（Note 2），沟渠，336

Francalmoigne, 自由教役保有地产, 138

Freedom, how proved, 自由
——如何证明, 102
——not to be purchased with Villein's own money, 农奴不得使用自己的钱来购买自己的自由, 106
——means of acquiring, 取得的方法, 105

Frussetum（Note 2），林地，201

G

Gifts of Land, how far allowed, 地产赠与被允许的, 138

——defective without seisin，缺乏占有的瑕疵，138

Grand Assise，大咨审团，54

——bars to，阻却事由，51

——the Essoins it allows，允许使用的不到庭借口，59

——concerning what things，适用的事由，62

Gylda（Note 3），基尔特，108

H

Heirs——how far bound by Ancestors Gifts，继承人

——因祖先的赠与所负的义务，150

——how divided，如何分类，151

——when disinherited（参见 Forfeiture，Escheat，&c），剥夺继承权

——in right line preferred to tranverse line，直系优于旁系，151，158

Heres remotior（Note 1），远亲继承人，143

——*Ultimus*，a Man's Lord，最终继承人，即某人的领主，187

Hiring，租用，273

Homage，difference between and Fealty（Note 1），臣服礼

——与效忠的区别，156

——performed by Husband of Eldest Daughter，由长女的丈夫履行，156

——general doctrine of，begins at，一般规则，开始于，215

——must be received by Lord, when，必须获得领主的接受，218

——performed to several Lords for different Fees，对不同地产的数位领主履行，218

——liege，when due，绝对的臣服，218

——form of，形式，218

——effect of，效果，219

——not performed by Women，女子不行臣服礼，217

——not by consecrated Bishops，封圣的主教不行臣服礼，222

——for what due，涉及的内容，223

——Homage，to whom，臣服礼，向何人行礼，224

Homicide，its species，杀人罪种类，354

——properly so called，命名，355

——not bailable，不得保释，348，353

Hue and Cry，捉拿之声，354

Husbands—their power over their Wives' Inheritance,丈夫
——对于妻子遗产的权力,157
——perform Homage for Wives' Land,为妻子的地产行臣服礼,218

I

Impetitio(Note 1),诉讼,323
Imprisonment,监禁,346,348
Incendiaries,纵火罪,357
Incontinence, in female Heirs how punished,不贞女性继承人,如何惩罚,178
——divorce for, bar to dower,因不贞而离婚,阻却寡妇地产,133
Infamy,不名誉,68
Institution(Note 1),法令,60
Interrogations in Pleas of Crown,王室法庭的质询,346
Intestacy,无遗嘱,167,185

J

Judgments, inferior Courts bound to defend by Duel,判决低级法庭有义务以决斗捍卫自己的判决,210
——falsifying,错误,211
——in Capital Offences,死罪的判决,347

Judicium Dei,神明裁判,350
Jurata,咨审团,56,240
Juris Utrum(Note 1),堂区牧师权利令状,328
Jurors,咨审员,60,240
Justices Itinerant(Note 1),巡回法官,186
Justicia(Note 3),法官,298
Justiciare(Note 1),强制措施,237
Justicii in Banco(Note 1),民诉法庭的法官,50

K

King's Death, crime of,弑君罪,2,344
——Peace,国王的安宁,4,33,36,&c
——Writ of Warranty,国王的担保令状,10
——Charters falsifying,伪造国王的授权许可,360
Knight's Heir in custody of Lord,骑士的继承人在领主的监护之下,170
Knights, summoned as Jurors on Grand Assise,骑士被传唤来在大咨审团中担任咨审员,58
Knight's Fee, relief of,骑士领继承金,228

213

Knight, if formerly Villein, objectionable as Champion, 骑士此前为农奴的，不得作为替手, 107

L

Languor (Note 2), 衰弱, 18
Law, loss of, 法律资格丧失, 47
Laese Majesty, 冒犯国王罪, 2, 344
Legacy, 遗产, 168
Lex Apparens (Note 3), 涤罪, 346
Libertate probanda, writ de, 证明自由令状, 101
Limitation, of Mort d'Auncestor, 限制收回继承地, 306
——of Novel Disseisin, 新近侵占地产, 335
Loans, 出借, 246
Locatum (Note 1), 出租人, 273
Lords may distrain their Tenants, 领主可以对其佃户实施监禁, 221

M

Magna Assisa Eligenda, writ of 选择大咨审团之令状, 58
Mahemium (Note 2), 伤害, 350
Manor chief not to be allotted in Dower, 主要庄园不得划入寡妇地产, 131

Maritagium (Note 1), 婚姻, 138
Marriage of female Heirs—Lords consulted on, 女性继承人的婚姻——领主的建议, 176
Marriage-hood, free or not, 嫁妆, 自由或不自由的, 192
Mayhem protects from duel, 重伤阻却决斗, 350
——what, 什么是重伤, 350
Measures false, 虚假度量衡, 360
Medletum or Melletum (Note 3), 扭打, 3
Messuage capital, 主要宅邸, 131, 155
Metal discovering, 发现金属, 353
Minor, when bound to answer generally, 未成年人有义务答辩的一般情况, 321
——must answer Minor in his custody, 必须为在他监护之下的未成年人答辩, 171
——no Essoin against, by one of full age, 成年人不得对未成年人行使不到庭借口, 317
Minority of Heir, of a Knight, 继承人未成年
——骑士, 170
——of a Sockman, 自由农, 170

──of a Burgess，自治市镇市民，170

Misericordia（Note 3），罚金，33

Mort d'Auncestor，Assise of，收回继承地之咨审，305

　　──bars to，阻却，313

　　──writ of，之令状，306，&c

Mortgage，抵押物，352

　　──when usurious，高利贷的情况，258

Mulier（Note 2），夫人，116

Mulieratus filius（Note 2），婚生子，141

Mutuum（Note 1），消费借贷，252

Murder，谋杀，354

　　──not bailable，不得保释，2，353

N

Nativus（Note 1），天生农奴，100

Ne injuste vexes，writ of，禁止非法勒索之令状，293

Nihil habet，writ of，寡妇地产取得之令状，128

Non-plevin（Note 1），未收回，17

Novel-Disseisin，assise of，新近侵占地产之令状，334

　　──meaning of Term（Note 1），含义，334

　　──allows no Essoin，不允许使用不到庭借口，311，339

　　──allows of vouching warrantor，允许传唤担保人到庭，340

Nuisances，妨害，239，337，338

O

Ordeal（Note 3），神明裁判，350

Outlawry，法外之人，189

Oxland（Note 1），奥克斯兰，199

P

Parage（Note 2），平等关系，223

Parentela（Note 2），亲属关系，133

Pares（Note 1），同侪，221

Pasture，admeasurement of，共牧权测量，295

　　──disseisin of，侵占，338

Perjury，伪证，67

Persona（Note 1），牧师，84

Pleas，how divided，诉讼，如何划分，1

　　──criminal appertaining to Crown，刑事的，属于王权的，2，344

　　──criminal appertaining to Sheriff，刑事的，属于郡长的，3

　　──civil discussed in King's Court，

民事的，在王室法庭审理的，4
——civil discussed in Sheriff's Court, 民事的，在郡长法庭审理的，5, 292
Pledges, 保证人 32, 247
——in criminal cases, 刑事案件中，7, 8, 346, 347, 348
——of Essoiners, writ to summon, 不到庭陈述，传唤令, 16
Pone, writ of, 案件移送之令状，120
Possession, writs to deliver, 占有移转令状，18, 49, &c
Praecipe quod reddat, writ of, 指示交付之令状，6
Precariae (Note 1), 日工, 203
Presentation, when devolving on Tenant in Dower, 圣职推荐行为，当转移至寡妇地产中时，131
Proclamo (Note 1), 主张, 102
Prohibition, writs of, 禁止之令状，56, 97, &c
Purchase, 购买, 266
Purgation by ordeal, 以誓言涤罪, 350
Purpresture, or Porpresture, 侵犯领地行为, 238
Putagium (Note 2), 不贞, 180

Q

Quaestus, or Questus (Note 1), 受赠地, 114
Quit-claim, 放弃请求, 314

R

Rape, 强奸, 2, 358
Rationabili parte Bonorum, writ of, 遗产合理份额之令状, 167, 297
Rationabilibus divisis, writ of, 地产划界之令状, 243, 296
Recognitiones (Note 1), 认定, 5
Recognitions, general doctrine of, 认定，一般规则, 305
Record, courts of, 卷宗记录，制作的法庭, 208
Records, of inferior courts not conclusive, 卷宗记录，低级法庭的记录不具有决定性, 209
——when allowed to inferior courts, 低级法庭可以制作的情况, 209
——no court bound to defend by Duel, 法庭不负义务以决斗来防御, 210
Recreantisa (Note 3), 懦夫, 47
Rectatus (Note 2), 嫌疑人, 33
Reliefs, 继承金, 226
Relief, of Knight's Fee, 继承金
——骑士领, 228
——of Socage Lands, 农役保有

索 引

地产, 228

——of Baronies, 男爵领地, 228

——once paid not again due, 交纳之后则免除, 227

——when not due (Note 1), 免交的情况, 227

Replegiare (Note 3), 取回, 87

Replegiare de averiis, writ of, 收回被扣押的牲畜之令状, 294

Reseantisa (Note 2), 重病, 12

Respectus (Note 1), 延长期, 26

Responsalis (Note 1), 辩护士, 275

Right, writs of, 权利之令状, 286, 288, &c

Robbery, 抢劫, 357

Roberia (Note 2), 抢劫, 357

Rustic, may bring an Appeal, 农役保有人也可以进行控告, 350

——tried by water-ordeal, 以水审涤罪, 350

S

Sale, 出卖, 266

Seals, 印章, 263

Sedition, 叛乱, 2, 344

Seisina (Note 1), 占有, 9

Seneschallus (Note 1), 管家, 278

Sequela (Note 1), 后代, 294

Serjeanties, 侍君役保有地产, 229

Servientes (Note 1), 仆人, 25

——*Domini Regis* (Note 1.), 国王陛下, 25

Sextarii (Note 1), 夸脱, 57

Sheriffs, their jurisdiction, 郡长, 其管辖权, 3, 5, 292, &c

——entitled to Amercements in county courts, 可以在郡法庭中课处罚金, 238

Socagium (Note 1), 农役保有地产, 144

Socage Lands, how descendible, 农役保有地产, 如何继承, 153

——how long partible (Note 2), 何时为可分割的, 153

——Relief of, 继承金, 228

Sockman's Heir in whose custody, 自由农继承人的监护, 174

Stagnum (Note 3), 池塘, 336

Steward cannot, as such, act as Attorney, 此种管家不得作为辩护士出庭, 278

Stika, or *Stica* (Note 2), 斯提克, 57

Succession, Rules of, 法定继承, 规则, 151

Suits, how removed from Lord's to County Court, 诉讼, 如何从领主法

217

庭移送至郡法庭，290

Summons, doctrine of, begins at, 传唤
——规则，开始于，6

——writs of, 之令状，6, 58, &c

Suretyship, 担保，249

T

Tales, 候补咨审员，64

Terminus (Note 1), 期限，27

Testaments, 遗嘱，163

Theft, 盗窃，3, 191, &c
——cognisable by Sheriffs, 由郡长管辖，3

Toft (Note 2), 废弃宅基地，199

Treasure Trove, 无主埋藏物，2, 351

Treason, 叛国，2, 344, &c

Turbaria (Note 4), 泥煤采掘权，201

U

Ultima presentatio, Assise of, 最终圣职推荐权之咨审，324

Ultimus Heres, a Man's Lord, 最终继承人，某人的领主，187

Utlagatus (Note 2), 法外之人，189

Usury, when Mortgage amounts to, 高利贷以抵押的名义，258
——punishment of, 惩罚，185

Usurers, not convicted whilst living, 高利贷者，生前不受指控，185

V

Vassal, 附庸，219

Vicinetum (Note 2), 邻里，38

View, 勘验，37
——writ directing, 指示令状，38

Villa privilegiata (Note 2), 特权镇，108

Villeins-born, 天生农奴，109

Villenage, general doctrine of, begins at, 农奴身份
——一般规则，开始于，99
——plea of, not held by Sheriff, 诉讼不由郡长管辖，100
——when bar to an Assise, 阻却咨审的情形，314

Villenagium (Note 1.), 农奴，99

W

Wardship, 监护，169, 319, &c

Warrantia Diei, writ of 担保令状，10

Warrantor, writ to compel him to appear, 担保人，强制出庭之令状，75

Warrantus (Note 2), 担保人，72

Warranty, general doctrine of, begins at, 担保，一般规则，开始于，71

——writ of, 之令状, 75, 123

——vendors bound in, 出卖人有义务, 269

Waste of Felon's Lands, 对犯重罪者土地的荒废, 190

Widows, must ask Lord's consent to marry, 寡妇, 须请求领主的同意才能结婚, 178

——not liable to custody, 不受监护, 179

——do not forfeit for Incontinence, 不因不贞而被剥夺遗产, 180

Wife, cannot, in Husband's life, sell her dower, 妻子, 不得于丈夫在世时出卖她的寡妇地产, 116

——her husband may sell her Dower, 丈夫可以出卖她的寡妇地产, 116

——may appoint Husband her Attorney, 可以指定丈夫为她的辩护士, 281

Will, of Lands not allowed, 遗嘱

——关于地产的, 不被允许的情形, 140, 165

——of personal, how far allowed, 私人遗嘱, 被许可的范围, 164

——witnesses to, 见证人, 166

——under Ecclesiastical cognizance, 属于教会法庭管辖的, 168

Women, can do no Homage, 女子, 不行臣服礼, 217

——in what cases they can prosecute Appeals, 在何种情况下可以提出指控, 355, 357

Writs, Errors in the effect of, 令状, 错误与效果, 302

——forms of, 形式, 6, 10, 15, 16, 18, 19, 30, 38, 49, &c, &c

219

译后记

作为英格兰法律史上的第一部专门性著作,格兰维尔的《论英格兰王国的法律和习惯》就篇幅而言仅能算是"小册子";就内容的广度抑或深度而言,它都被后来布拉克顿和布莱克斯通的著作全面地超过了。尽管如此,英国法律史学者对这部著作的评价几乎都是正面且相当之高的。它对于亨利二世治下司法状况的记载、对于普通法早期形态的留存是如此珍贵,以至于梅特兰那"格兰维尔的时代"的说法,确是毫不夸张。

当翻译工作面临的是这样一部年代久远(甚至在《大宪章》之前)的巨著时,概念的把握将成为译者的最大难题,可遗憾的是,概念的翻译必然导致其所带起的原有生活世界的丧失。为将这种遗憾减至最小,译者不得不采取扩充汉译容量的办法,比如将"it was seised in his Demesneas of Fee"译为"以自物占有的形式拥有着它"。所幸在译者的工作开始时,《元照英美法词典》已经出版,这为本书的翻译工作提供了极大的便利。译者在很大程度上遵循了元照词典的译法,如侍君役保有地产(*Serjeanties*),以及《国王之尊》(*Regiam Majestatem*)等。只有少数概念如 Essoin 和 Attorny,根据书中的描述采用了特殊的译法,分别译为"不到庭借口"和"辩护士"。在此提请读者留意。

关于《论英格兰王国的法律和习惯》一书较早的版本情况,

译后记

约翰·比尔教授在1900年的重印版导言中已经有详细的介绍，在此译者仅就之后的进展进行说明。1932年，乔治·爱德华·伍德拜恩（George Edward Woodbine）编辑出版了一个新的拉丁文校勘版（*De legibus et consuetudinibusregniangliae*, New Haven: Yale University Press）。而在本书所采用的英译本问世的一个半世纪之后，英语世界终于出现了第二个、也是迄今最新的一个译本：1965年，牛津大学的中世纪史专家乔治·德雷克·戈登·哈尔（George Derek Gordon Hall，缩写 G. D. G. Hall）完成了该书的拉英对照本，并附有注释（*The Treatise on the Laws and Customs of the Realm of England Commonly Called Glanvill*, Clarendon: Oxford University Press, 1965）。此外，译者并未检索到其他的当代语言译本。

本书中的某些令状在许多著作中有着极高的出场率，也随着这些著作的翻译而被引入国内学界，如伯尔曼的《法律与革命》（贺卫方等译，中国大百科全书出版社1993年版）；卡内冈的《英国普通法的诞生》（李红海译，中国政法大学出版社2003年版）；哈德森的《英国普通法的形成》（刘四新译，商务印书馆2006年版）；梅特兰的《普通法的诉讼形式》（王云霞等译，商务印书馆2009年版）。尽管除梅特兰外其他三位作者采用的《格兰维尔》版本均为Hall的对照版，但就这些令状的概念和措辞的处理方式而言，这些著作的译者们为我当下的翻译工作提供了诸多借鉴。我应当感谢学术共同体前辈们的探索之功。

本书的初翻译开始于2012年春季的重庆，结束于当年冬季的北京。此后几经修改和校对，终于勉强可以算是见得了光。感谢导师贺卫方教授三年来对本书译事的支持。感谢重庆大学法学院的苗文龙老师的翻译动议,以及对译文的悉心校对。对于本书中若干译名的确定,译者曾请教于北京大学法学院的李红海教授。重庆大学法学院的侣化强教授慨然将本书纳入《宗教与法律经典文库》出版计划,中国政法大学出版社的彭江老师提出了细致的修改意见,在此一并致谢。当然,对于译文中的种种错漏不妥之处,理应由译者独自来负责。

吴训祥

2015 年 6 月 17 日

于北京大学凯原楼

声　明　1. 版权所有，侵权必究。
　　　　2. 如有缺页、倒装问题，由出版社负责退换。

图书在版编目（ＣＩＰ）数据

论英格兰王国的法律和习惯/（英）格兰维尔著；吴训祥译. —北京：中国政法大学出版社，2015.7
ISBN 978-7-5620-6133-5

Ⅰ.①论… Ⅱ.①格… ②吴… Ⅲ.①法制史－研究－英国 Ⅳ.①D956.19

中国版本图书馆CIP数据核字(2015)第144676号

出 版 者	中国政法大学出版社
地　　址	北京市海淀区西土城路 25 号
邮寄地址	北京 100088 信箱 8034 分箱　邮编 100088
网　　址	http://www.cuplpress.com（网络实名：中国政法大学出版社）
电　　话	010-58908289（编辑部）58908334（邮购部）
承　　印	固安华明印业有限公司
开　　本	880mm×1230mm　1/32
印　　张	8.25
字　　数	200 千字
版　　次	2015 年 9 月第 1 版
印　　次	2015 年 9 月第 1 次印刷
定　　价	32.00 元